車

理想の書物

ウィリアム・モリス
W・S・ピータースン 編
川端康雄 訳

筑摩書房

理想の書物　目次

＊本文中の〔　〕は訳者による補注である。また［　］は編者による補注である。

図版目次

理想の書物

William Morris:

THE IDEAL BOOK

ESSAYS AND LECTURES ON THE ARTS OF THE BOOK

Edited and introduced by William S. Peterson

編者序論

ダンテ・ゲイブリエル・ロセッティ、エドワード・バーン゠ジョーンズ、ウィリアム・モリス、その他仲間の画家数名が、一八五七年にオクスフォード・ユニオン〔大学学生会館〕討議場の湿った壁に絵を描いたとき、フレスコ技法に無知であったために、忘れ難い、夢か幻のような中世風の画像を生み出したのはいいが、まさに夢幻のごとく、それはたちまちのうちに消えていってしまった。だがそのエピソードにはもっと長続きする遺産があって、それはラファエル前派の画家たちのひととなりを十分にあらわす一連の逸話である。例えば、バーン゠ジョーンズの回想によれば、モリスは中世の衣装の細部に狂信的なまでに厳密を期したので、オクスフォードの「ずんぐりむっくりの鍛冶屋」に甲冑一揃いを作らせて画家たちがモデルに使えるように図ったのだという。鉄兜が届いてモリスはさっそく試着してみた。ところが、階上で作業に当たっていたバーン゠ジョーンズが下を見て驚いたことに、面頬が上がらないので友が「鉄のなかにはめ込まれて、怒って踊り回り、中でわめいていた」(1)。

中世の甲冑に閉じ込められ、回りが見えなくなってしまったモリス——この光景は興味をそそる。確かにそれは、モリスの生涯がそれほど満足のいくものではなかったという解釈を暗示してはいる。しかし私たちは、モリスの晩年のもうひとつの逸話をそれと並べてみるべきである。こちらの逸話の象徴性も前者に負けずに効力があるように見える。一八九二年十一月上旬、モリスの所蔵するインクナブラ〔初期印刷本〕と中世写本の目録作成のために少し前に雇われていた青年シドニー・コッカレルは、モリスの書斎で資料調べをしている間、日がな一日あの遠い時代に没入していた。日が暮れて、また十九世紀へと舞い戻り（というか本人がそう思い）、ケルムスコット・ハウスの階段を上がっていった。「おやすみの挨拶を言いに客間に上がると、モリス夫妻は紅白の大型の象牙の駒を使ってチェッカーに興じていらした。モリス夫人は華麗な青のガウンに身をつつみ、ソファーに座っておられるお姿は、生きたロセッティの絵、あるいは何かの古写本の、王と王妃が描かれたページを髣髴させた」(2)。たとえ妻が彩飾写本から立ち現れたように見えたのであっても、モリスは結局は中世の夢にとらわれて動けなくなってしまうことはなかった。彼の芸術と私生活に満ちあふれている中世主義は、ヴィクトリア朝の醜悪な現実からの単なる逃避手段ではなかった。モリスが一生の間に果たした驚くほど多面的な活動を統合するテーマは、芸術と職人技術《クラフツマンシップ》を今一度結合したいという欲求であり、引きつづいてこのこと

1　ウィリアム・モリス。1889 年 1 月 19 日に撮影。国立肖像画美術館（ロンドン）提供。

が、ペヴスナーからモダン・デザインの先駆者と呼ばれる理由となる[3]、機能的構造と素材の正直な使用を最優先する例の見方を導き出したのである。モリスが時として自分の鉄兜の面頰を上げようともがいて上げられずにいるように見えたとしても、おそらく当人が喜んだであろう極めつきの逆説によって、彼の美の理論がまぎれもなくグロピウスとフランク・ロイド・ライトと二十世紀の方向を指し示していること、これもまた私たちは忘れないでおくべきである。

モリスの芸術活動の最大のディレンマは、歴史上の諸様式の隷属的模倣を激しく断罪しておきながら、(バーン＝ジョーンズの言葉を使えば)「霊感と希望」[4]を求めてたえず中世芸術に向かったということである。こんな美の綱渡りをするにはどうしても相当な離れ業が必要だった。一八九三年に書いた手紙でモリスはC・M・ギアに次のような助言を与えた(この助言をモリスは「少々危険な」ものだと認めている)。ギアはこのときケルムスコット・プレス版『世界のはての泉』の挿絵を鋭意準備中だったのだが、結局不首尾に終わった。「……君は今、いわば、中世のデザインに浸ってみるべきです。十三世紀と十四世紀の彩飾画や木版画などを見て、スケッチしてごらんなさい。……ただし(まあ、いつだって但し書きがつきます)君がその方向に引かれていると感じ、昔の作品に心底夢中になるのでなかったら、それもみな水の泡でしょう。若い時分、私は近代の生活を無視しきることに本当に成功したと思います。そしてそれは大いに私の役にたちました」。意味深長なことに、ギア宛の次の手紙で、モリスは自分の助言が「怪しいもの」だったと書いた。(5)結局のところ、ヴィクトリア朝イギリスには、中世の様式をやみくもに復興する危険を戒めるような実例があちこちに散見されたのである。ラスキン自身、郊外のヴィラや鉄道駅や銀行の建物の疑似中世主義を憎悪するようになっていた。ラスキンは戦慄をおぼえたのだが、それはヴェネツィア・ゴシックへの彼の賞讃に対する悪意に満ちた返答と見えるような形で生じてきた。モリスは(ちなみにラスキンはモリスを「純金の延べ板」のごとく純粋で「この時代の最も有能な人物」だと評した(6))、同じような誤解を受けないように常に特別な注意を払っていなければならなかった。

一八九一年のモリスのケルムスコット・プレス設立は、実際、ヴィクトリア朝ゴシック・リヴァイヴァルの最終局面として見るのが有効だろう。ケルムスコット・プレスを支えた理念(例えば機械への不信やゴシック様式を一連の道徳価値と結びつける見方)は、ラスキンの『ヴェネツィアの石』のなかの「ゴシックの本質」と題する章から直接引き出されたものだった。驚くまでもないが、この文はケルムスコット・プレスの四冊目の刊本となり、それに附した序文でモリスはこれを「必要かつこれなしではすまされない、数少ない今世紀の発言のひとつ」だと賞讃した。だが、ラスキン同様、モリスが懸命にあらがっていたのは、有害な産業主義だけにとどまらない。書物生産におけるにせの中世主義リヴァイヴァルとも戦わねばならなかったのであり、それは、ヴィクトリア朝の都市や郊外を急速に汚しつつあった「ゴシック病」ほどではないにしても、それに近い由々しき事態だったのである。

もちろん、チジック・プレスが賢明にも十九世紀中葉からキャズロン活字の使用を復興していたが、タイポグラフィの中世主義化の歴史を劃する一大イヴェントは、一八七七年夏にイギリスの活版印刷開始四百周年を祝してロンドンで催された「キャクストン展」だった。初期印刷本をずらりと並べ、稼働中の木製印刷機を展示したこの展覧会は大いに人々の耳目を集め、ある業界誌によれば、「『タイムズ』でさえタイポグラフィの歴史の争点をめぐる投書のために紙面を割くと伝えられた」[7]ほどだった。スタンリー・モリスンはこの催しが「書誌学とタイポグラフィの研究に決定的な影響をおよぼした」[8]と信じた。もっと大衆的なレヴェルでは、国民的英雄としてのキャクストンの再発見は、タイポグラフィの初期の様式の復興を、総じて劣悪な形で、促進した。そのため一八八〇年代までには、アンウィン兄弟社、レデンホール・プレス（ここは中世風のつづりでYe Leadenhalle Pressと称することがあった）、ジョージ・フォークナー父子商会といった重要な会社でなされたような「オールド・スタイル」[9]の印刷が、当時の最新流行の印刷様式のひとつとして「美術的」印刷と競り合っていた。一八八一年の『古美術研究』誌には、「ご家庭のリネンや靴下や下着に縫い込むため」の「オールド・イングリッシュ・タイプ」の文字とモノグラム〔組み合わせ文字〕を読者に売り込む宣伝広告が出ている（「色はトルコ赤で、黒の仕上げのご注文も承ります」)。

「中世風」という語が勝手次第にふりまわされていた。アンウィン兄弟社の活字見本帳にこう書かれているのはその一例である。「オールド・スタイルの字体は今や頻繁に使われております。とりわけ上等の書物と装飾品に。グレシャム・スティーム・プレスで使用されているシリーズは、前世紀初頭に彫られた原母型をもとにしており、そのため、中世風の文字らしさが完璧に備わっております」(10)。オールド・スタイルの印刷業者がやたらとまきちらしていたもうひとつの語は「古風な」quaint だった。これは広告や印刷業界誌のなかに憑かれたようにあらわれ、あげくのはてにその名も『古風』*Ye Quaynt* なる雑誌が出てきたほどである。フォークナー父子商会は「古風で珍奇」なクリスマス・カードのシリーズを出した。オールド・スタイルの印刷業者中でもひときわ熱が入っていたレデンホール・プレスのアンドルー・トゥアーは、『古《いにしえ》の書物からとられた古風な挿絵千点』(一八八六年)と題する一巻を編んだ。

オールド・スタイルの印刷というのは、しばしば、オールド・スタイル(つまりキャズロンの派生物)の本文用活字と、キャクストンもどきの見出し用活字と、過去四世紀から借用した縁飾りと装飾を一緒くたにしたものからなり、それに加えて、今日のもったいぶった骨董屋が使いそうな旧式のつづりを用いていた。フォークナー父子商会の典型的な奥付はこうなっている。「本書と其の印刷に於ては、ランカスター公領は古都マンチェスターのジョージ・フォークナー親方並びに其の息子らが、親方ウィリアム・キャクストン其の人が印刷者で在りし古の昔の流儀に依り、巧みな技もて為されり」[11]（これが中世英語のつづりで書かれている）。活版印刷におけるこの種のにせの中世主義は明らかにウィリアム・ベックフォードやホレス・ウォルポールのような十八世紀のディレッタントたちのまがいもののゴシック——あるいは、さらに悪いことに、ヴィクトリア朝の安普請の建売業者たちがゴシックの名のもとにしでかした恐ろしい所業——に相当するものだったのであり、（まさにピュージンとラスキンが建築においておこなったように）ヴィクトリア朝のこの荒れ果てた商業印刷の世界に足を踏み入れ、「古風」な印刷効果を出すのに腐心することと中世の書物の根本的な構成原理を再発見することとの区別をはっきりつけることは、モリスに残された仕事だったのである。バーン＝ジョーンズが一八九四年にチャールズ・エリオット・ノートンに、自分とモリスは制作中のチョーサーの本を「小さな大聖堂」[12] a pocket cathedral にするつもりだと言ったとき、そのたとえはまことに言い得て妙だった。ケルムスコット・プレス本の一冊一冊は、「ゴシック様式でなされた」ヴィクトリア朝の鉄道駅ではなく、しっかりした材料で建てられ、職人技術を信仰の表現とみなすラスキン的ヴィジョンに霊感を受けた、ミニチュアの大聖堂、あるいは、少なくとも、教区教会たることが目論まれていたのだから。

他の多くの工芸と同様に、モリスは本造りの技術にも長い間魅了されていた。オクスフォード大学の学生だった時分、彼とバーン＝ジョーンズはボドリー図書館で彩飾写本や中世の木版画を調べながら長い時間をすごした。一八六〇年代の後半に二人は、モリスの『地上楽園』にバーン＝ジョーンズのデザインによる木版挿絵（図29）を多数つけた豪華版を出そうという野心的な計画をたてた。(13) この企画は、大掛かりだったこともあり、また木版画にしっくり合うような重厚さと色調を備えた活字体をモリスが見出せなかったということもあって、完成には至らなかった。このとき、期待はずれのこの目論見は、本文と挿絵を調和させることの大切さをモリスに痛感させる、最初の実際的教訓となった。これにひるむことなく、一八七一年にモリスは、ふたたびバーン＝ジョーンズの力を借りて、自作の詩『恋だにあらば』に使うための縁飾りと装飾頭文字をデザインし、版木に彫り込んだのだが（図28）、またもやヴィクトリア朝の活字体が貧弱なために思いどおりに事が運ばず、結局この本で装飾がついたのは表紙だけだった。それ以後一八八〇年代後半まで、モリスが出す本は品よく印刷されてはいても活字とデザインの点で際立っていたわけではなく、本人は中世後期やルネサンス期の流儀で美しい彩飾写本を制作することで——そのいくつかを彼は友人たちに贈り物として捧げた——満足していたのだった。

だが一八八八年に、友人で近所に住む（そして社会主義運動の同志でもある）エマリー・ウォーカー（図2）がロンドンでの第一回アーツ・アンド・クラフツ展覧会で十一月十五日におこなった講演を聴いて、それまで眠っていた書物芸術へのモリスの関心が、突然燠をかきたてられてよみがえった。ウォーカー（一八五一―一九三三年）は温厚篤実の士で、生涯を通じて、モリス、トマス・J・コブデン゠サンダースン、ハリー・ケスラー伯、ブルース・ロジャーズといった、彼と面識があったもっと華々しい人物たちの陰に隠れてしまったのではあるが、地味ながらイギリスの傑出したタイポグラファーとなりつつあったのである。[14] 職業は写真製版業だったが、本当に好きだったのは初期印刷本で、それを蒐集し、印刷者の目でつぶさに調べた。単なる好古趣味を嫌悪しつつ、ウォーカーは、十五、十六世紀の印刷のなかに、近代の書物のどこがおかしいのかという問題（モリスも数十年にわたって頭を悩ませていた問題）に対する答を見出した。だめなのは、余白の取り方の誤り、行間と語間の空きすぎ、活字デザインの欠陥、安物のインクと紙の使用に原因がある――そう彼は看破したのである。

その晩ウォーカーはニュー・ギャラリーでの講演で、これらの問題すべてを、そしてさらに多くのことを語った。オスカー・ワイルドが翌日の『ペル・メル・ガゼット』紙で伝えたところでは、「氏は印刷と手書きの密接な関連を指摘した。手書きが良質であるうちは印刷者たちには見習うべき実例があったが、それが衰退したとき、印刷もまた衰退した

2　エマリー・ウォーカー。国立肖像画美術館（ロンドン）提供。

のであると」。挿絵で肝心なのは「活字と装飾の調和を図ることだ」と彼は言った。特筆すべきこととして、ウォーカーの講演には幻燈による一連のスライドがついていて、それを使って、十五、十六世紀以降印刷は衰退の一途をたどってきたという自説を例証した。驚くべき美しさで（そしてこれまで誰も見たことがないほど大きく拡大された形で）そのスライドは中世後期と初期ルネサンスの写本と印刷本を映し出した。ヴィチェンティーノの習字帖の一ページがスクリーンに現れたとき、ワイルドによれば、聴衆は思わず拍手喝采したという。(15)

講演後、モリスとウォーカーのハマスミスまでの一緒の帰り道で起こったことはよく知られている。思いがけぬことに、幻燈で大きく拡大されても文字の魅力が衰えることはなく、それらの巨大な文字の姿が未だ脳裏に焼きついて離れないでいるモリスは、新しい活字体をデザインしたい旨を伝え、ウォーカーの援助をあおいだのである。このときに端を発する非公式の協力についてのウォーカーの説明は、いかにもこの人物らしく、簡潔で寛大なものである。「モリス氏は、私が印刷の実際面についていくばくかの知識を有していること、それゆえ、氏の頭を占めるようになった主題である初期印刷者たちの手法のいくつかの細部を説明できる者であるということを知って、家に訪ねるようにと招待して下さり、他の問題でも私たちには共通の関心事があったものだから、私は喜んでその誘いに応じた。このときから一八九六年に氏が亡くなるまで、足しげくお宅に通い、私が氏に教えることができた簡単な初歩的事項とは比べものにならないほど、印刷の芸術的側面について氏から多くを学んだ(16)」。モリスはモリスで、自分がウォーカーに大いに恩恵を受けたことを常日頃から認めていた。そしてケルムスコット・プレスの二代目の書記となりのちにその歴史を記述したシドニー・コッカレルは、一九〇九年に、ウォーカーの果たした役割について、こんな包括的な評価を加えている。「イギリスに関するかぎりは……彼は何といっても〈美しい印刷の復興〉運動総体の父であり、そのような存在として歴史のなかに生き続けることは疑いありません。一八八八年のアーツ・アンド・クラフツ展覧会での彼の講演は、その運動を支える原理を最初に公の場で提示したものでした。もっとも、ウォーカーはそれ以前にも内々で同じ主張をしていたし、キャズロンのオールド・フェイス活字体やミラーやリチャードのオールド・スタイル活字体の擁護運動を始めていたのでした。何よりも彼のおかげで、それがチジック・プレスに名声をもたらし、そこからわが国の他の重要な印刷所に伝播していったのです。ウォーカーがいなかったら、ケルムスコット・プレスは存在しなかったといっても過言ではありません(17)」。

モリスの弟子を自認する人物から発せられた言葉であるので、これは印象深い証言である。とはいえ、モリスがウォーカーから得た知的恩恵は、正確にはどれほどのものだったのだろう。あいにくそれは答えるのが難しい問いである。というのも、ウォーカーはタイポグラフィについての持論をめったに公表しなかったからであり(18)（彼とモリスが馬が合った一因は、二人とも抽象的理論よりも職人の目と手の方に信頼を置いていたということにあった)、そしておそらくモリスは、ウォーカーの講演を聴く以前に色々な実例を通して本能的に同じ結論に達していたからだった。例えば、例によって初期印刷本の研究に基づくウォーカーのタイポグラフィについての信条の中心項目は、語間をきっちりと均一につめる必要性だった。近代の植字工への彼の助言は、通常間隔を広くとって用いる語間の込め物は、広くせずに薄いもので埋めるべきだというものだった。だがモリスが一八八三年に社会民主連盟のためにデザインした会員証を見ると、早くもその時期にモリスが、印刷ではないにせよ書き文字《レタリング》において、語間を最小限につめる重要性を十分に理解していたことがわかる。

本書にあらわされているタイポグラフィ論への彼ら二人の相互の貢献の度合いを図るもうひとつの方途は、『アーツ・アンド・クラフツ論集』(一八九三年)と題する一巻に両者の連名で出された「印刷」という論文(本書一五七—一七〇ページ)を、もっと前の、アーツ・アンド・クラフツ展覧会協会の一八八八年の『第一回展覧会カタログ』(七七—八一ページ)にウォーカー一人の名で発表された、ウォーカーの講演の要約といってもよいずっと短いヴァージョンと比べてみることである。おおまかなところでは二つの論文はほぼ同じものだが、主としてモリスの追加を反映していると思しき一八九三年版では、特に十五世紀から採られた実例の挿絵が大幅に加えられ、タイポグラフィ、語間、余白、用紙のデザインについて新たに論じられている。二つの論文の相違が最も顕著なのは、一八八八年の方は口調がつつましく控えめで穏当である（実際、これはエマリー・ウォーカーの声であるる）のに対して、モリスの手が入った一八九三年の論文は、ヴィクトリア朝印刷の悪弊を断罪して活気にあふれ、すぐれて論争的な文章になっている点ではないだろうか。どの考えがどちらの人物から発したものなのかが常にはっきりしているわけではないにせよ、二人のうちのいずれが名プロパガンディストであったか、一目瞭然である。

または、理論から実践へと目を転ずるなら、ケルムスコット刊本を、ウォーカーがデザインに多少関与した他の書物、とりわけダヴズ・プレスから出た書物と比べてみればよい。ただし、思ったほどこれでわかりはしないだろう。ダヴズ・プレス刊本を分析してみて明らかになるのは、ウォーカーがモリスよりも幾分か軽やかな活字体を好んだこと、ページにまったく何も装飾を入れないでおきたいと願ったこと（それはモリスがめったにしなかったことだが）、要するに自分の本のモデルを十五世紀ではなくルネサンス期の本に求める傾向があったことである。とはいえ、ダヴズ・プレス本は装飾がないのをのぞけば根本的にケルムスコット本と似ているのであり、ついでに言えば、一九〇〇年（ダヴズ・プレス設立の年）までに、からみあった影響の糸をほぐすのはもはや不可能になっている。なにしろウォーカーも協働者のコブデン＝サンダースンも、モリスのなした例を鑑として仰いでいたのだから。事実、一八九一年以降、程度の差はあれ、すべての私家版印刷工房《プライヴェット・プレス》の書物がモリスのタイポグラフィ観の影響を示しているのである。

というわけで、ウォーカーの貢献の度合いを十分に見定めることはまず無理だろう。だが、モリスは一八八八年のあの晩に、さらにもうひとつの工芸の復興を手伝ってもらうのにまさにうってつけの人物を見出したことを知ったのである。ケルムスコット・プレスの共同事業者になってもらいたいと依頼した。だがウォーカーは断った。断った理由は、一説では「投下資本がない」から、または多忙のため、または（ウォーカー自身の言葉によれば）「多少は分別をわきまえていた」から、と諸説ある。[19] それでも、以後ウォーカーはほとんど毎日のようにケルムスコット・ハウスを訪れ、しばしば夜の更けるまで居残って、二人して書架から本を引っぱりだし、印刷における美と適合性の問題を熱心に語り合った。どちらがどちらの弟子だったというのでもなく、二人は対等に相対していたのである。最初にウォーカーの講演を聴いたときに学んだ説は、モリスには初耳のものではなかった。むしろモリスは、多年にわたっておのが心の内奥に胚胎していたものを突然に発見して狂喜したのであり、そしてその認識に歓呼の声をあげつつ、近代の書物の外観を一変させることになる一連の理念と理想を迎え入れたのである。

ヴィクトリア朝の大半の本のデザインが悪質なもので（そもそもデザインされていたら

の話だが)、劣悪な活字体とまがい物の材料を使っていた事実を示すのは別に難しいことではない。もっと注目に値するのは、当時の書籍印刷業者に広がっていた自分たちの仕事への自己満足である。十九世紀の間に印刷技術が飛躍的な進歩をとげたのだから、活版印刷の最新の産物はそれだけで過去のものより格段にすぐれているはずである——これが彼らの通念だった。例えば以下の文は一八八二年にある印刷業界誌に載ったものだが、典型的な自画自賛の文句である。「機械の完成度にかくも大きく依存する技術は、後続世代の継続的な労働によって必然的に進歩し優れたものになっていく。そして十九世紀の最良の活版印刷機は、アルドゥスやプランタンのきわめて偉大な努力をはるかに凌駕するのみならず、ずっとあとの時代のバスカーヴィルやボドーニの大変声高に自慢された功績よりもさらに勝っている。そして今日の活字鋳造業者の見本帳は、初期の印刷の巨匠たちの手になるいかなる作品と比べてもひけをとらない[20]」。こんな具合に真情を吐露する際にしきりと使われた語のひとつが「繊細」(delicate)だった。近代の活字のもつ極端にか細いストローク〔筆致〕やセリフ〔HやMに見られるような、欧字の先端に付くひげ状の突出線〕はおしなべて繊細だと評され——この語は、当時、これを書く者に「細かい」(fine)、「鋭敏」(sensitive)、「優美」(graceful)、「精妙」(exquisite)といった同類の形容詞を暗示するものだった——、他方、オールド・フェイス活字は「重苦しい」(heavy)、「粗野」(coarse)、「不体裁」(clumsy)といったレッテルをはられた。暗黙の前提となっていたのは、活字のディテールの細かさが品質の洗練を証す印――つまり文明の発展段階の上位にいるという印――だということだったのだが、これに対してモリスは、活字デザインに注意を向けたとき、か細いストロークを近代の頽廃のひとつの徴候とみなし、自身のゴールデン・タイプを極太にすることによって激しく異を立てたのである。ヴィクトリア朝の印刷業者たちは、自身の「繊細」な活字体と装飾が「高い教養と卓越した美術趣味を備えた知識人」[21]を満足させるのだと主張した。モリスは、ブラウニングの〔詩集『男と女』のなかの〕チャイルド・ローランドのように、ひるむことなく喇叭を口にあて、そして吹いた。高らかな音をたて、彼はモダン・フェイス活字体の脆弱さを攻撃し、版面における力強さ、黒さ、太さといったより素朴な美徳の卓越性を主張したのだった。

とはいえ、モリスがこの戦いを孤立無援でおこなったとか、論文や講演で彼が唱えたタイポグラフィの理論が文化の真空地帯で展開されたなどと考えてはならない。モリスがヴィクトリア朝の悪趣味のどん底から印刷を救い出したのだという従来の見方は、根本的には正しいのだけれども、どうしてそうなったのかは、一部の史家が思っているよりもはるかに複雑な問題である。エマリー・ウォーカーが独自に近代書物印刷の病弊についての同一の診断に立ち至った次第はすでに見た。同じように考えていた人はほかにもいたのであり、モリスは荒野に呼ばわる者の孤独な声なのではなかった。彼の業績は、同時代の相当数の人々が声に出していた不平不満と救済策を寄せ集め、それにまとまった知的枠組を与え、非凡な雄弁をもってそれを伝達し、最後に、ケルムスコット・プレスで驚くべき美しさをもつ一連の書物を生み出すことによって、自分が説く教えをみずから実行したことだった。

ヴィクトリア朝の書物制作への最も包括的な攻撃のひとつは、アメリカ人の書籍販売業者で長くロンドンに住み、チジック・プレスと私的にも仕事の上でも関わりがあったヘンリー・スティーヴンズが、一八八二年十月にケンブリッジの図書館協会で口頭発表した論文でなされたものである。[22] まさにモリスを先取りするような言葉で、彼はこう述べた。「美しくかつ長持ちする書物を製造するのに要する費用は、せいぜい、不体裁で無様な本を製造するのにかかる費用程度のものですむと思われる。趣味のよさ、技術、それに厳しい習練が、美術の他の分野と同様、書物の正しい制作においても必要不可欠のものである。十分に評価された『美しい線』は、われわれの判断するところでは、他の場合と同様、ここにおいても本質的で明確なものである」。スティーヴンズはさらに続けて、インク、用紙、余白、題扉の改善のための詳細な——そして総じて非常に健全な——助言を与えている。モリスと同じく、彼は製本業者の裁断の刃物を文明への脅威とみなした。スティーヴンズが推奨する実例は、予想にたがわず、チジック・プレス本と十五世紀の印刷だった。

モリスが属したいくつかの芸術団体や学術団体も、ケルムスコット・プレス設立の前後に、同時代の印刷の惨状について懸念を表明していた。一八九〇年には芸術協会で当代きってのタイポグラフィ研究家の一人トールボット・ベインズ・リードが「タイポグラフィにおける昔の流行と新しい流行」と題する論文を口頭発表した(23)。リードの見解とモリスのそれとの類似は歴然としている。リードは個人的にはオールド・フェイス活字体の方を好むことを漏らし、モリスを髣髴とさせる言葉遣いで特にジャンソンの活字体を賞讃した。だが、モリスとウォーカーが共著の論文「印刷」で述べたのとある程度同じ分野にわたってはいるが、リードの論文は専門的にすぎて狭く、きわめて説得力に欠ける。

一八八八年の第一回アーツ・アンド・クラフツ展覧会でのウォーカーの講演が実を結ぶのは、翌年、モリスの『ウォルフィング族の家の物語』をチジック・プレスでバーゼル・ローマン字体を使って印刷し、モリスがウォーカーおよびC・T・ジャコービの援助を受けてデザインし、それが人目を引く形で展示されたときだった。一八八九年の展覧会（第二回アーツ・アンド・クラフツ展覧会）のカタログには、建築家レジナルド・T・ブロムフィールドの「書物の挿絵と書物の装飾について」と題する論文も載った。ブロムフィールドは――これはモリスとウォーカーによって裏書きされ、すぐさま熱烈な私家版印刷工房の人々の間でドグマとして固まった意見なのだが――書物における挿絵の複製の唯一正しい形態は木口木版と（それとは質的に異なる第二の選択として）正確な石版印刷《リトグラフィ》であるという意見を唱えた。アーツ・アンド・クラフツ展覧会協会は部分的にはアート・ワーカーズ・ギルドの派生物だったのだが、後者もまた書物芸術に強い関心を示した。ギルドの会合で論じられたり提示されたりした題目のなかには、「書物の挿絵に応用されたものとしての写真製版」（一八八六年五月七日）、「印刷本の挿絵」（一八八六年六月四日）、「本の装丁」（一八八七年十月十七日）、「印刷活字の改革」（一八八七年十二月二日）、「印刷以前の書物の装飾」（一八八八年一月六日）、「印刷本へのゴシック風挿絵」（一八九〇年十一月二十八日）、「カリグラフィ、タイポグラフィ、美しい書物」（一八九二年六月三日）、「紙の製造」（一八九二年十二月二日）、「カラー印刷」（一八九四年五月十八日）、「書物の挿絵」（一八九六年一月三日、十七日）といったものがあった。[24] モリス（彼は一八九二年にギルドのマスターをつとめた）、ウォーカー、コッカレルを初め、ケルムスコット・プレスに関与した人々がこの組織で活動した。例えば、ケルムスコット・プレスに紙を供給していたジョーゼフ・バチェラーを説きつけて、洗い桶を使った紙の製造法をギルドのメンバーの前で実演させたのは、おそらくモリスだった。[25]

一八九三年の『書誌学会紀要』において、モリスの印刷観が出された同時代の文脈を指し示すもうひとつの印象的な例が見出される。彼の論文「理想の書物」（本書一七一—一八四ページ）のすぐ隣に置かれたのが、チジック・プレス社主のチャールズ・T・ジャコービが同じ日に協会で口頭発表したもうひとつの論文「近代の書物の印刷」（『書誌学会紀要』一八七—二〇〇ページ）だった。ジャコービの論文は人柄を反映して常識的でぱっとしないもので（「キリスト教世界で最大の凡人で、実に無知」と後年スタンリー・モリスンがこぼしたほどである)[26]、それはモリスも言っていたことの多くをかなり水増ししたかたちで含んでいる。だが、『紀要』のページを逆にめくってジャコービからモリスへと戻ることは、おとなしい良識から、醜悪な本に文明の堕落のさらなる証拠を見る人物の熱弁へと移ることである。

モリスが単に書物の印刷の改善だけを望んでいるのでないということを認識しなかったら、タイポグラフィについての彼の著作のもつ倫理的な強さは理解できない。実際(これは彼が生涯に果たした活動全体に当てはまることだが)、彼は西洋史の方向を変えたいと思っている。フランシス・メネルがエリック・ギルの『タイポグラフィ論』(一九三六年)にぶつけた苦情は、モリスにも当てはまるのではあるまいか。「ギルは印刷について書こうとしているが、実は彼が書いているのは印刷者のことなのだ。頭にずっとあるのはその仕事のことではなくて、その仕事をしている人間のことである。……」[27]。モリスは、芸術作品たる書物を生み出したいと切に願っているのではあるが、さらに一層彼の頭を占めているのは、近代世界における人間的な価値全般の喪失という問題なのだ。この点でもまた彼はラスキンに似ている。ラスキンのめざしたのは、ゴシックの大聖堂それ自体よりは大聖堂の背後にある芸術的、社会的、経済的価値をよみがえらせることだったのだから。本書の前半部分でモリスが中世の書物と写本について詳細に考察しているのはここに由来する。それらは、専制的な産業資本主義制度によって奴隷とされていなかったときに職人が達成しえたことを彼に思い起こさせ、彼を鼓舞するものだったのである。
彼の著作のなかのこうした政治的な反響のすべてを受け入れることも、あるいは、それに気を配ることでさえも、もちろん絶対に必要だというわけではない。そうしないで、中世の挿絵入り本に関するモリスの鋭い分析と、タイポグラフィのデザインについての見事な洞察に富む助言とに完全に集中することも可能である。とはいえ、版面に秩序を与えることがモリスにとっては究極的に人間存在に意味を与えるためのひとつの方途なのだということを忘れてしまうなら、彼がこちらに語りかけていることの半分しか私たちの耳に届かないだろう。

ブック・デザインについてのモリスの理論は十五世紀の印刷者たちの実践に直接根ざしている。これは何も、彼がケルムスコット・プレスで中世の書物そのままの模倣を試みたということではない。それは彼の主義に反することだったろう。そうではなく、初期の職人技術の諸条件を取り戻して、その間に介在する数世紀間がまるで存在しなかったかのごとく、書物芸術の展開を続行していったということなのである。モリスに言わせるなら、古典〔古代ギリシア・ローマの作品〕のモデルを重視するルネサンスと、職人技術を破壊する近代のテクノロジーとが、その両者の間で西洋芸術の自然な成長を断った。唯一の解決策は水源に、つまり中世の工芸に立ち返ることだと彼は信じた。真の源泉に戻ることによって、芸術は再び正常かつ有機的に発展することができるだろう。

モリスは幼少の頃から中世の書物に知的関心を示していたが、それを——写本と印刷本の両方を——本気になって蒐めるようになったのは、一八八〇年代の後半に印刷所の設立を考え出してからのことで、そのとき蒐集を始めたのも、所有欲からではなく、自分に霊感と知識を与えてくれる実例を備えるためなのだった。晩年のほんの数年のうちに、モリスは素晴らしい蔵書を作り上げた。ポール・ニーダムが最近述べたように、「著述家としてよりもまず蒐集家として知られるウィリアム・ベックフォードやロバート・カーズンのような人々をのぞけば、ウィリアム・モリスは、イギリスのいかなる主要な文人よりも質の高い蔵書を備えていたと言って差し支えないだろう」(28)。百点近くの中世写本(図7、8、9)を別にすれば、その蔵書の大きな強みは十五世紀のドイツとフランスの挿絵入り本にあったのであり、モリスは、彼の理想の書物の定義で肝要な点だった本文と挿絵の調和の実例として、再三これに依拠した。その次の世紀に個性的な才能ある挿絵画家も存在したが(とりわけデューラー)、活字と絵の微妙な調和が失われてしまったことをモリスは認識していた。

モリスの本造りの初期の実験が基礎としたのは、まさしくこの点だった。キャズロンは均整のとれたオールド・フェイス活字体だが、木版画の太い線と合うに足る強さはまったくなくて、そしてキャズロンが当時利用できた唯一のすぐれた活字体だった。『ウォルフィング族の家の物語』（一八八九年）と『山々の麓』（一八九〇年）は、いずれもモリスがタイポグラフィへの関心をかきたてられたが未だ自身で活字体を生み出すには至っていない時期にチジック・プレスで印刷したのだが、この二作品のためにモリスが使ったのがバーゼル・ローマン・タイプ（これを昔彼は『地上楽園』に採用しようと考えたことがある）、すなわち十五世紀の活字体に基づいてヴィクトリア朝にデザインされた活字体だった。バーゼルはゆったりした活字体で、他の点では完全にはうまくいかなかったが、少なくともモリスが進みたいと思っていた方向を指し示してはいた。それはキャズロンよりもずっと色が濃く、先端がとがっていないセリフはゴールデン・タイプを予示する。

モリスが最も深い共感を示したのは北方ゴシックだったのだが、新しいローマン活字体は最初期のヴェネツィアの印刷者たちの活字体――それも、衰弱をもたらすルネサンスの影響が出る前が好ましい――に基づくべきだと彼は結論した。「ささやかな仕方でみずから印刷者になることを本気で考えています[29]」とモリスは一八八九年十一月二十一日に友人のF・S・エリスに書いた。「そのための第一歩は、新しい活字を一揃い彫ることでしょう。ウォーカーと私は、あらゆる事柄を考え合わせて、ジャンソンのものが最高のモデルだと考えています。あらためて伺うが、君はどう思われるかな。彼のプリニウスを手にしたことがありますか。ボドリー図書館でヴェラム〔仔牛皮紙〕刷り本を見たことを私は鮮

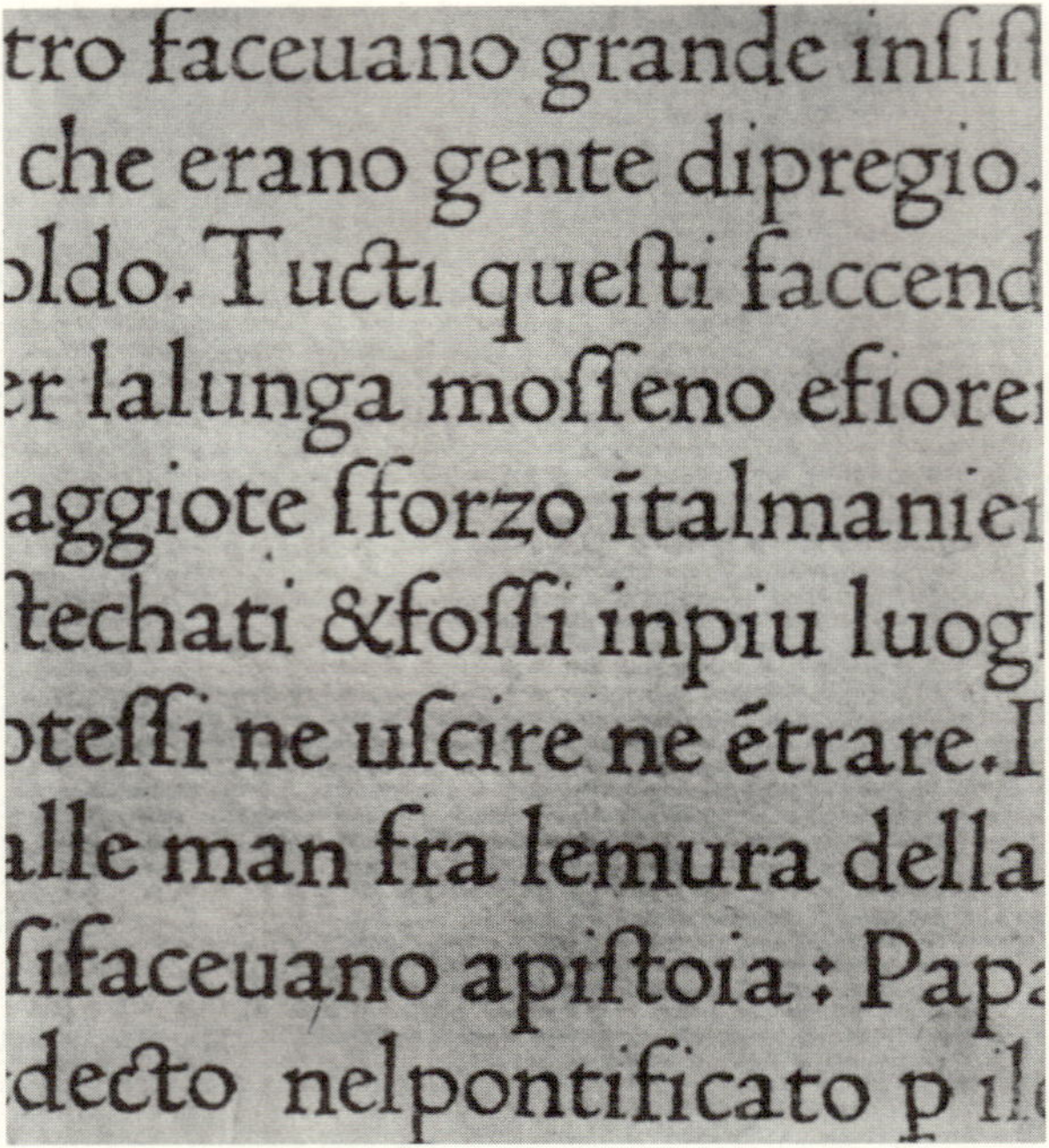
tro faceuano grande inſiſt
che erano gente dipregio.
ldo. Tucti queſti faccend
r lalunga moſſeno efiore
aggiote ſforzo ĩtalmanie
techati &foſſi inpiu luog
oteſſi ne uſcire ne ẽtrare. I
alle man fra lemura della
ſifaceuano apiſtoia : Pap
decto nelpontificato p il

3　レオナルドゥス・ブルヌス・アレティヌス〔アレティーノ、アレッツォのレオナルド〕『フィレンツェ史』(ヴェネツィア、ヤコブス・ルベウス印刷、1476年)、 紙葉番号H6表。エマリー・ウォーカーがモリスのためにページの一部を写真で拡大したもの。これがモリスのゴールデン・タイプの主要なモデルとなった。セント・ブライド印刷図書館提供。

明に覚えています」。ひとつのモデルとしてニコラ・ジャンソンの活字体に向かうことで、モリスは、一世代あるいはそれ以上にわたってなされたジャンソンに基づく活字リヴァイヴァルに規範を立てた（ジャンソンは「世界一美しくて読みやすい活字」とブルース・ロジャーズは評し、ロジャーズ自身の「ケンタウロス」タイプはその優美な翻案だった[30]）。しかし、これはいかにもモリスらしいことだが、ヤコブス・ルベウス版のアレティーノ著『フィレンツェ史』（ヴェネツィア、一四七六年）で使用されたもっと重厚なジャンソン活字体をもまた彼は丹念に調べた。ウォーカーがインクナブラ数点のページを写真に撮り、拡大し、モリスがルベウスの文字をトレースし（特にセリフを修整しながらそれをおこなった）、その後、そのトレースした文字をウォーカーが写真で縮小した（図3）。モリスは自分が文字形態をマスターできたと納得するまでこれを何度も繰り返し、それから下絵をこしらえた。その下絵を用いて、エドワード・P・プリンスがゴールデン・タイプの父型《パンチ》（活字の母型製作用の雄型）を彫った（図4）。

　モリスはローマン字体をデザインするのが自分の性分に完全にかなったことだとは思わなかった。そしてケルムスコット本をおおむね賞讃している人々でさえ、ゴールデン・タイプ（図5）については若干の疑念を抱いている。モリスはストロークを（ルベウス版の段階でそれはすでにかなり太かったのだが）故意に太くし、大文字を板状のセリフで不格好にした。ウォルター・クレインが、ゴールデン・タイプは特徴からいってほとんどゴシ

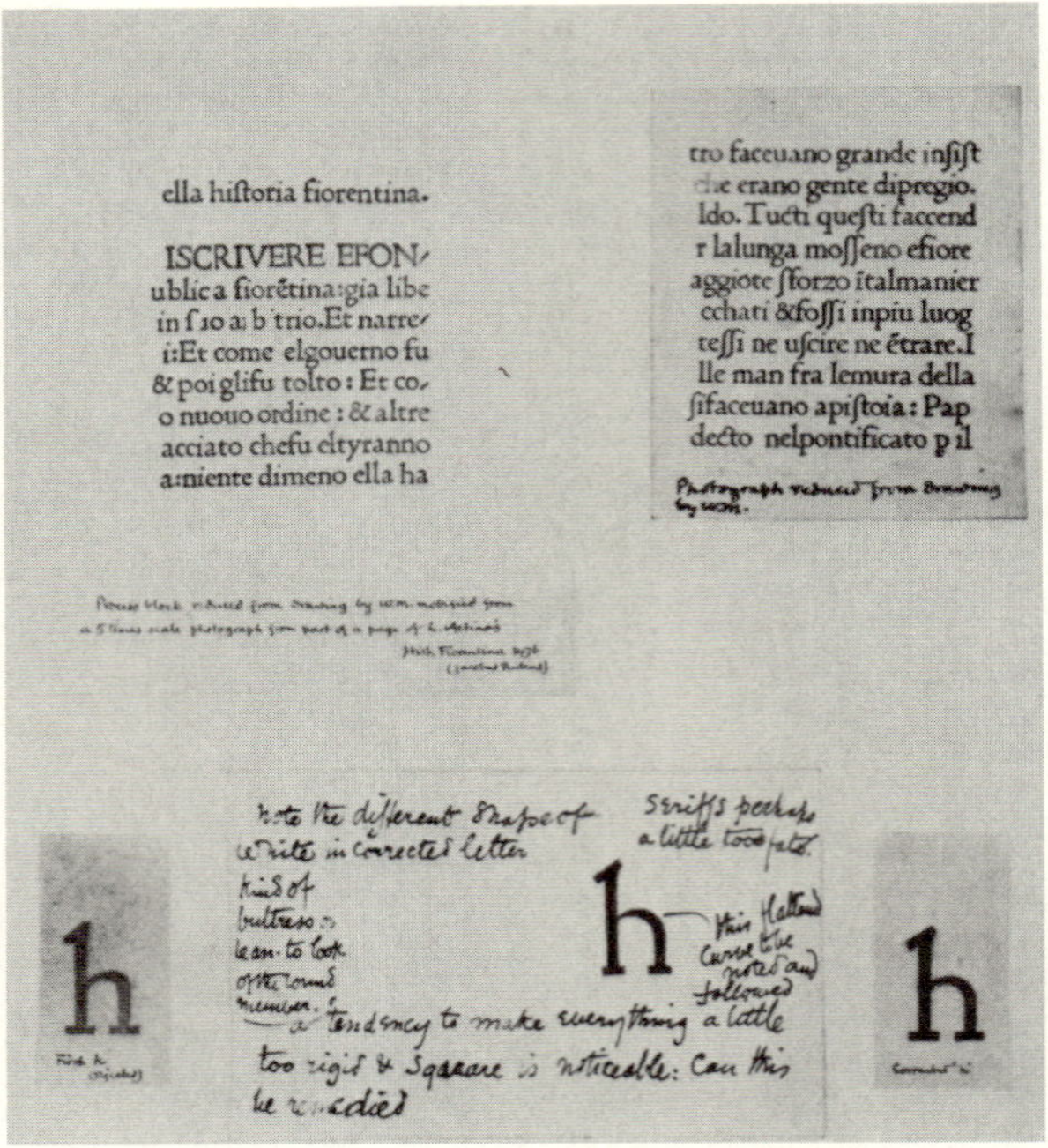

4　シドニー・コッカレルがまとめた切り抜き帳から（大英図書館。書架記号 C.102.h.18)。上の 2 つはモリスがまずジャンソンとルベウスのモデルに基づいてゴールデン・タイプをデザインしようとした次第を示している。h の文字の修整のためにモリスが記した指示は、ケルムスコット・プレスの活字のすべてを彫ったエドワード・P. プリンスに向けたもの。大英図書館提供。

ック字体に近いと不平を言ったとき、モリスはこの非難を賛辞と受け取っている。[31] もっぱら十五世紀のモデルを踏襲する際に、彼はまた大半の近代の印刷者たちが必須だと考えていたいくつかの特徴を捨て去った。イタリック体、ボールド体〔肉太活字体〕、スモール・キャピタル〔小頭文字〕、アクセント記号、角括弧、合字のÆとŒ、二分ダッシュ（-）と全角ダッシュ（—）がそうである（ただし彼は二種のハイフンをふんだんに使った）。ゴールデン・タイプは「イングリッシュ」（14ポイント）の大きさしか製造されなかった。モリスはこれを「グレイト・プリマー」（18ポイント）のサイズで彫ることを漠然と考えてはいたが、実現には至らなかった。その欠点が何であれ、ゴールデン・タイプはケルムスコット本に使われた木口木版挿絵と装飾の重さにマッチしたのであり、明らかにそれはモリスが一番肝腎だと思っていたことなのである。

　モリスのゴシック字体は、結局プリンスの手で二つのサイズ（18ポイントのトロイ・タイプと12ポイントのチョーサー・タイプ）で彫ってもらったのだが（図5）、モリスは北方の中世芸術に対して強烈な本能的感情を有していたので、これは特定のモデルに直接基づいているというのではあまりなかった。そしてモリスは本文用活字としてゴシック字体の広範な使用を復興する試みには成功しなかったが、全般的に見てこちらの方がゴールデン・タイプよりも満足のいくものだった。彼はまた、一四六五年にスビアーコでドイツ人の印刷者スヴァインハイムとパナルツによって最初に使われた過渡期の——ゴシックとロ

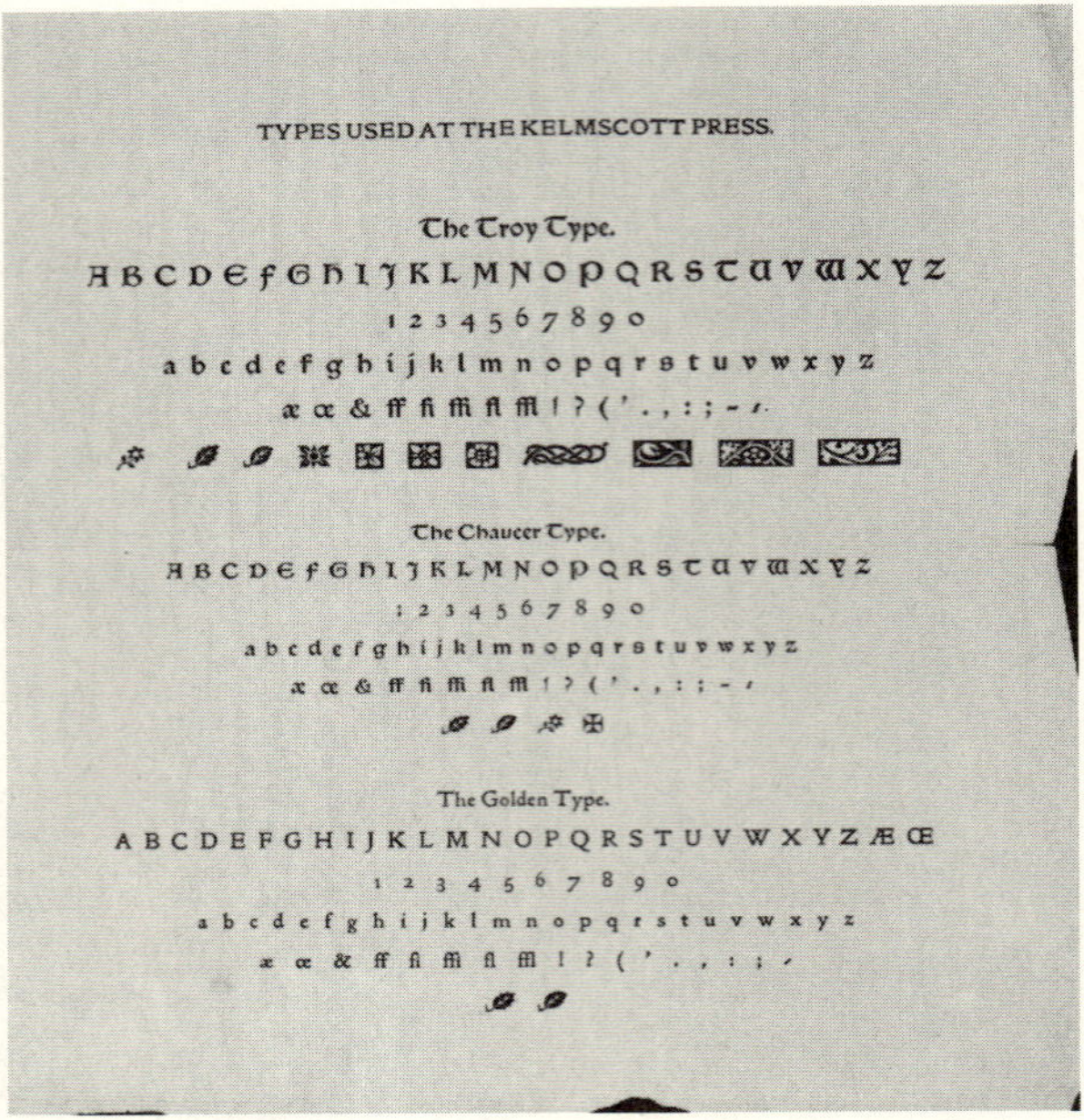

TYPES USED AT THE KELMSCOTT PRESS.

The Troy Type.

ABCDEFGHIJKLMNOPQRSTUVWXYZ

1 2 3 4 5 6 7 8 9 0

a b c d e f g h i j k l m n o p q r s t u v w x y z

æ œ & ff fi ffi fl ffl ! ? (' . , : ; - ,

The Chaucer Type.

ABCDEFGHIJKLMNOPQRSTUVWXYZ

1 2 3 4 5 6 7 8 9 0

a b c d e f g h i j k l m n o p q r s t u v w x y z

æ œ & ff fi ffi fl ffl ! ? (' . , : ; - ,

The Golden Type.

A B C D E F G H I J K L M N O P Q R S T U V W X Y Z Æ Œ

1 2 3 4 5 6 7 8 9 0

a b c d e f g h i j k l m n o p q r s t u v w x y z

æ œ & ff fi ffi fl ffl ! ? (' . , : ; ,

5　ケルムスコット・プレスの活字三種の見本刷シート。ピアポント・モーガン図書館提供。

ーマンの中間の——活字体にも引きつけられた。彼らの印刷した『神の国』(一四六七年)をサザビーズで購入し、モリスは一八九二年十一月に小文字アルファベットをデザインしたが、[32]父型が彫られることはなかった。数年後、ウォーカーとコッカレルはシンジョン・ホーンビーがアシェンディーン・プレスのために彼の「スビアーコ」タイプをデザインするのに協力したが、それはスヴァインハイムとパナルツが使ったのと同じ活字体に基づいている。

モリスは、新しい活字体をデザインする必要を痛感してはいたが、最初は印刷工程を自分でやるつもりはなく、〔フリート街に近い〕クリフォーズ・イン十六番地のウォーカーのオフィスでやってもらえたら好都合だと考えていた。ケルムスコット・プレス制作の最初の刊本にするつもりでいた『黄金伝説』のためにバーナード・クォリッチ(発行元を引き受けることになっていた)と交わした契約書に明記されているのは、「モリス氏は、用紙の選択、活字の選択、版型、および印刷者の人選に関して絶対的かつ単独の支配権を有する」[33]ということだけである。モリスが自分の壁紙のプリントを決して自社で試みなかったという事実も思い起こすべきである。自分でやらなかったのは、プリント作業がイズリントンのジェフリー社で申し分のない出来栄えでなされたからだった。[34]それにもかかわらず、モリスはこの冒険にあえて飛び込み、植字工と印刷工を雇い入れ、ハマスミスのケルムスコット・ハウスの近くにコテッジを借り(図31)、印刷機を備え付けたのである。

モリスが手引き印刷機を使おうと決めたのを、教条主義的な機械の拒否だと誤解する向きがあった。実はそれは経済的に見て賢明な選択だったのである。というのも、彼が刷る部数は平均三百部だったので、モリスが提示したような少ない発行部数の本を制作するためのものとしては手引き印刷機は申し分のない装置だったからである（図30）。ウォーカーとジャコービが多分彼に説明したことであろうが、それにはさらに二つの利点もあった。手動ローラーを使えばインクの量を色々と変えて木版（こちらの方がインクが多く必要だった）と活字に塗ることができ、また、まさに手引き印刷機の操作に時間がかかるがゆえに、質もずっとよく管理することができること、これである。そして、認めておかねばならないが、確かにモリスは機械を憎んだ。とりわけ蒸気機関で動き、悪臭と騒音を放つ巨大な機械を。ケルムスコット・プレスが稼働してからまもなく書いた気まぐれな手紙のなかで、彼はこう嘆いた。「印刷の出来がよくて嬉しくなったのですが、昨日、印刷所で二人の男がべとべとする印刷用インクを使って作業するのを見ていたとき、写字生が机で黒や青や赤のインクで仕事をする素朴さがないことを嘆かずにはいられませんでした。結局、私の印刷所が恥ずかしくなってしまいそうでした」[35]。

中世の書物に長く身をさらしてきたことで、本造りの基礎は良質の材料であることをモリスは学び、しっかりした紙とインクを精力的に探し求めた。ウォーカーはケント州のジョーゼフ・バチェラー父子商会を彼に紹介した。バチェラーのもとを訪れたモリスは、外套を脱いで試しに紙漉きを二枚やらせてもらった。そして、作業工程を把握し、バチェラーが最初期の印刷者たちの使っていたのと似た手漉紙の製造法を知っているのだと納得すると、以後もっぱらここの紙だけを買った[36]。同様に、インクもすべてドイツの一製造業者から手に入れた。もっとも、彼は自家製のインクを使ってみたいとよく言っていた。ヴェラムの方が厄介な問題だった。最初、イタリアに注文したのだが、数に限りがあるのをヴァティカンのローマ教皇庁と競り合いの状況になってしまったのである。最終的に（教皇に直接かけあってみるぞと脅したあと）イギリスにまずまずの供給源を見出した。モリスはヴェラムをケルムスコット・プレス刊本の各巻数部の本文用紙のために使い（そうすることによって「大判紙」判の危険を避けた）、また表紙にも使った。やわらかいヴェラム装丁は、実際、ケルムスコット本の際立った特徴のひとつとなった。

奇妙なことだが、モリスは装丁の問題にはほとんど興味を示さなかった。一八八五年に彼は、コブデン゠サンダースン（モリス夫人の勧めで装丁を始めていた）に装丁はできるかぎり「ラフ」で安手であるべきだと言い、「本の装丁のために何か機械が発明されるべきだ」と言い放って、相手を啞然とさせたことがある（とはいえ、コブデン゠サンダースンが一八九三年にダヴズ製本工房を設立したとき、シドニー・コッカレルの弟ダグラス・コッカレルの才能は「ケルムスコット・プレスと提携してわれわれが推進せんとしているよりラフで率直な仕事にかなっている」と自己満足の口調で日記に書いている[37]）。素朴だが魅力的な一般向けの装丁――通常、紐のついたやわらかいヴェラム装か、青みがかったグレイの厚表紙の背に麻布を張った装丁だった――はロンドンのレイトン社にしてもらった。モリスは明らかに、客がずっと旧式の習慣に従って、各自自分の注文に合わせて装丁し直すだろうと踏んでいたらしく、それはモリスの署名入りで『黄金伝説』のなかにはさみ込まれた次の覚書が示す通りである。「本書が装丁される場合、三方小口は裁断してはならず、そろえるだけにしておくべきです」。しかしながら、死の間際にモリスは『チョーサー作品集』のために豚革の装丁デザインをしており、それがあとでダヴズ製本工房で四十八部の特装本を作る際に使われた。もっと長生きしていたら、モリスはおそらく、書物芸術においてこれまで彼が無視してきた唯一の方面に注意を向けるようになったことだろう。

ケルムスコット・プレス本のもうひとつの際立った特徴は、モリスがデザインした木口木版の装飾頭文字、題扉、縁飾りによってふんだんに装飾がほどこされていることである。一部の本にはバーン゠ジョーンズその他の手になる挿絵も附された。実は、それらの書物の視覚的な豊かさは今世紀の多くの人々にとって躓きの石となった。というのも、モリスのページはヴィクトリア朝のパーラーのようにごてごてしているとか、無装飾のダヴズ・プレスのスタイルの方が無難なモデルを提供したのだとか、何にせよそちらの方が現代のブック・デザインの趣味にずっと近いのだと論じられてきたからである。この問題についいてのモリスの文章は、彼が装飾と挿絵を決して必須のものとは見ていなかったことを明らかにしている。「私はこう断言する」と彼は宣言した。「まったく無装飾の書物であっても、それがいわば建築的に良いものならば、醜くないばかりか、実際に断然美しく見えうるのだと」（本書一七三ページ）。しかしモリスはおのれのすぐれた装飾の技をケルムスコット本に惜しみなく用いた。それは中世の先例に従ったためであり、またそうするのが喜びでもあったからである。モリスの装飾について言いうる最悪のことは、それ自体で失敗しているということでなく、モリスほどの才能を持ち合わせておらずに彼を模倣する多くの人々に危険な手本を示してしまったということである。

書物の「建築」が書物の装飾よりも基本的なものだとモリスは言っているが、この語によって彼が言わんとしたのは、主として活字デザイン、レディング（鉛板の挿入による行間の空き）（というかそれをなくすこと）、語間、余白のことだった。典型的なヴィクトリア朝のページに対するモリスの主要な不平不満のひとつは、本文の面が弱々しく灰色に見えることだった。それに反して彼は、方形の印刷面はできるだけ黒くあるべきで、それは黒目の活字体をデザインし、行間の鉛板《レズ》と語間の過剰な隙間を削除することによって達成できると確信していた。十九世紀のタイポグラフィの権威者たちのほとんどは、行間と語間を広くとった方が読みやすさがずっと増すと主張していたのであり、だからここでモリスは彼らの助言に真っ向から反対したわけである。ケルムスコット・プレスで（一八九一年一月三十一日に）組まれた最初の試し刷りページの現存する二種を見ると、モリスは彼自身の植字工たちに従来の習慣を捨てさせるのにいささか苦労したらしいということがわかる。一枚目では語間がモリスの許容限度を越えて目立って空きすぎているし、二枚目（図33）は、ずっと詰まってはいるが、ピリオドのあとに依然として全角クワタ〔quad 語間を空けるための込め物〕が残っていて、格別広い間がとられている（ついでながら、どちらのページも、装飾頭文字の位置がずれている）[38]。植字工たちに強いて初期印刷者たちの流儀に立ち戻るようにさせる際に、モリスは、『ウォルフィング族の家の物語』が刊行されてまもない一八八八年暮れにF・S・エリスに対しておこなった次の誓いを実行していたのである。「新著気に入っていただき幸甚の至り。字体〔バーゼル・ローマン〕についてはまったく同感。ともかく彼らは骨を折ってやってくれました。また、私も活字組みの技法についていくらか学び始めており、文字の配列ひとつとってみても――つまり間隔のとりかたということですが――今日の思い上がった馬鹿どものこしらえた代物と、十五、六世紀の印刷者の手になるものとでは、雲泥の差があることを今や痛感しています。それだけで印刷ページの美しさが大ちがいなのです。今度別の本を印刷するとしたら、この方面の闘争にも参加してみるつもりです[39]」。

余白についてのモリスの助言は[40]、これもインクナブラの先例に基づいているのだが、ブック・デザインの基本単位は一ページではなくて見開き二ページだというものだった。それで、内側の余白は、二ページ分が常につながっているように見えるわけなので、外側の余白の半分の広さにするべきだとされた。地の余白を特に広くとるべしという彼の主張は、親指でページを押さえる実際的必要から出たものであり、こんなふうに常識に訴えるのはいかにもモリスらしいところである。彼はいつでも中世の例に立ち返ろうとしているように見えはしたけれども、実は有用性と適応性の法則に従ってそれを試していたのである。同じ基準をもちだして、彼は十五世紀の書物の他のいくつかの特徴を故意に捨て去った。各ページの最下部にあるつなぎ語〔次ページの最初の単語〕、連結文字、略字などがそれにあたる。

といっても、最後の点を捨てるのには多少抵抗があった。初期印刷者たちは略字や異綴のおかげで短い行をそろえるのに融通がきいたのを知っていたからである。それで彼はまさしくその理由でアンパーサンド〔&の字〕と第二種のハイフンを再び使い出した。少なくとも一度は、語間をむらなくぎっしりと詰まった状態にするためにモリスはつづりを勝手に変えることさえした。というのも、スパーリングの伝えるところによれば、「『ゴドフロワ・ド・ブイヨン』を印刷することになったとき、モリスは、キャクストンのつづりは明確な法則に従っているわけではなく、誤りが多いのだから、原文のつづりに厳密に従う必要がないこと、ゆえに変更によって行ぞろえが改善できたり、『川』〔語間のあきが数行連続するために縦に生じる空白の流れ〕を避けたりできるなら、文字を自由に削ったり加えたりしてよいのだということを決定した」[41]のだから。別の折にはモリスは『ウォルフィング族の家の物語』の副題を変えて新たに書いた詩を題扉に付け加えたが、その理由はどちらの変更も見た目に快いからというものだった[42]。スタンリー・モリスンが主張したように[43]、タイポグラファーの主要な役割がページに魅力的な模様を作ることでなくむしろ本文を視覚的に解釈することであるのならば、時として模様作りの誘惑に負けているように見えるモリスは、タイポグラファーではなく常にデザイナーに留まっていたということになる。それにもかかわらず、今なおモダン・ブック・タイポグラフィの基礎であり続けている諸原則は、モリスが打ち立てたものなのである。

二十世紀の書物に与えたモリスの影響は非常に大きいのだが、それを評定するのは難しい。それは、ひとつには、彼の見方がよく誤解されたからである。彼の活字体、装飾、それに様式全般がすぐに他の印刷業者に模倣された。とりわけアメリカでそれが顕著で、一八九六年にその地でこんなことが言われた。「ケルムスコット＝ジャンソン体が、ほぼ正確に再現されてポートランド［メイン州］からサンフランシスコまで普及し、自転車と麦芽エキスの広告業者にことのほか気に入られているらしい[44]」。合衆国における最も奇妙なモリスの追随者はエルバート・ハバード（その追随者たちには「エルベルトゥス師」で通っていた）で、この人物はニューヨーク北部地方に「工芸」村を建て、いんちき臭い販売術を怪しげに混ぜ合わせて（「ハバードの幸福な家では万事正義と利益のために働いています」）、自分の印刷所で刷った一連の「ロイクロフター」本を通してモリスの福音を――いささか泥を塗りつつ――説いたのだった。

イギリスでは、モリス没後、C・R・アシュビーが自身のエセックス・ハウス・プレスのためにケルムスコット・プレスの装備一式を（活字と装飾をのぞいて）買い、モリスの印刷職人数名を雇い入れた。あいにくアシュビーは印刷についてはしろうとも同然だった。彼がケルムスコット・プレスの後継者だと主張したことに怒って、コッカレルは、モリスの遺言執行人の一人として、もう少しで彼に対して訴訟を起こすところだった。(45) アシュビーのようなアーツ・アンド・クラフツ運動を推し進めた人物の純粋な理想主義は、技術へのモリスの興味やその卓越したデザイン感覚と常に結びつくわけではなかった（例えばアシュビーの「エンデヴァー」タイプは、商業印刷に使われる大抵の活字体より見劣りした）。さらにまた、モリスの弟子を自認する者たちの一部は、機械への敵意を断固として曲げぬため、モリスがケルムスコット・プレスでの作業でどれほど深く十九世紀のテクノロジーに――とりわけ写真術に――依存していたかという事実を見落とした。結局のところ、ケルムスコット・プレス発足を促す最初の刺激となったのは、スクリーン上に拡大されて映された一連の写真の映像だったのである。ゴールデン・タイプをデザインする間中、モリスはエマリー・ウォーカーが供給してくれる拡大写真と縮小写真に頼った（ウォーカーが写真製版を生業としていたことを思い出しておこう）（図4）。『チョーサー作品集』のためのバーン＝ジョーンズのデザインは版木に手で彫られたのだが、図面は写真を使って版木に転写されたのであり、その技法は、モリス商会がバーン＝ジョーンズのタペストリーやステンドグラス窓用のデザインを写真で拡大するのに長年使ってきたやり方と同じである。[46] 一八九四年にモリスはボドリー図書館所蔵の十三世紀写本を写真で複製して刊行することを本気で考えた。[47] 全体的に見て、モリスは彼の追随者たちよりも機械の補助に対して寛容を示した。少なくとも、機械が時として、人間の目や手の力を適度に広げることができるのだとモリスを確信させることができたときは（それを確信させたのは大抵ウォーカーだったようだが）（図6）、常に寛容だったのである。

モリスの例に直接ならった結果としてイギリス、アメリカその他で設立された一連のすぐれた私家版印刷工房は、商業印刷におけるタイポグラフィの水準を高めるのに必然的に寄与した。だが、もっぱらモリスを私家版運動およびアーツ・アンド・クラフツの熱狂者たちの反テクノロジー熱と同一視してしまったことによって、二十世紀初頭に多くの印刷者たちの間で彼の評判が損なわれてしまったのである。しかしながら、その間ずっと彼の教訓と実例は目に見えないところで影響力を保ち、一九二〇年代に商業印刷の革命が到来したとき、モリスの思想が突然再び脚光を浴びるが、今度は大量生産の本に適用されるの

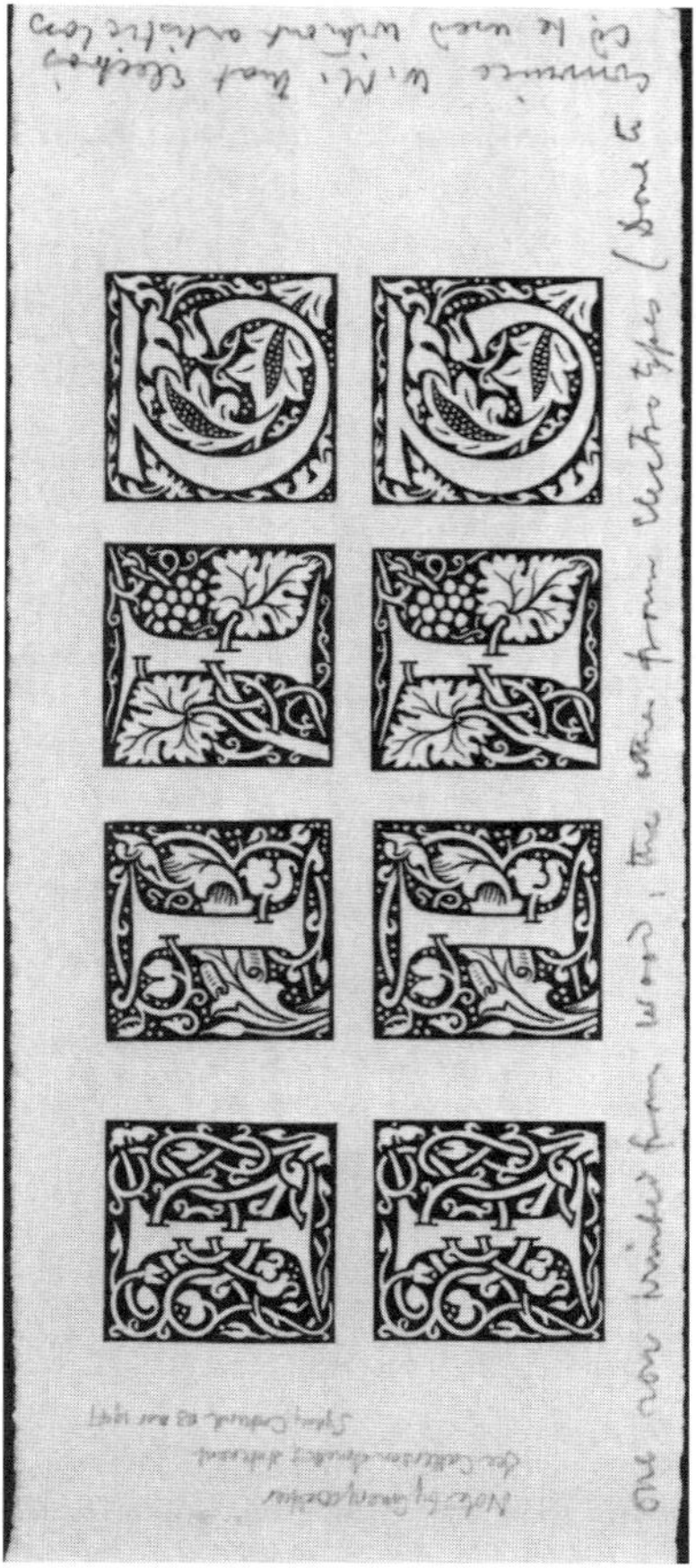

6 エマリー・ウォーカーのメモはこう書いてある。「一方の列は木版刷りでもう一方は電気製版で刷った（これは電気製版を使っても芸術的効果が損なわれない事実を W. M. に納得させるためにおこなったことである）」。ピアポント・モーガン図書館提供。

が見られる。今世紀において他の誰よりもその革命の立役者となったスタンリー・モリスンは、一九四四年におこなった講演で次のようなモリスへの賛辞を呈した。「彼の教えはこの〔印刷〕業界に有難い影響をおよぼし続けている。モリスの思想の十全な表現はケルムスコット・プレスの書物群に見出されるはずであるが、彼の影響は贅を尽くした非商業印刷のみに留まるものではなかった。また、彼が機械生産の書物にまったく共感しなかったということはできないだろう。彼の論文『理想の書物』は……機械製の紙は、手漉紙のふりをしないのであれば結構なものであり、機械製の本は、活字体が正しくデザインされ、ページの上のその配列にしかるべく注意が払われているなら一個の芸術作品たりうるという彼の原則をはっきりと語っている。……ケルムスコット版『チョーサー』もアシェンディーン版『ダンテ』も商業的な配慮をせずにデザインされたものであるが、こうした書物の華々しい登場がなかったら、過去二十五年間の英独米の書物に見られる顕著な改善はまず起こりえなかっただろうということ、これは否定できない[48]」。

歴史は奇妙なアイロニーに満ちているが、そんなアイロニーのひとつによって、中世におけるウィリアム・モリスの理想の書物の探求は、二十世紀の良質のデザインによる機械生産の書物を可能とするのを助けた。自分の望んだ通りに文明の形を変えることには成功しなかったが、文明の主要な産物のひとつに新たな潤いと美をもたらす術を、モリスは私たちに教えてくれたのである。

本文と図版についての注

本書は書物芸術に関するウィリアム・モリスの現存するすべての講演と論文からなる（後述のさほど重要でないもの数点はのぞく）。各篇の注の冒頭に書誌的情報をのせた。最初の論文「中世彩飾写本についての若干の考察」は一九三四年に私家版で印刷されたが、ここでは新たにハンティントン図書館所蔵の原稿を転写した。「ケルムスコット・プレス設立趣意書」の本文は一八九八年刊のケルムスコット版を使った。ただし初出はその一年半前にアメリカの雑誌に掲載されたもの。他の場合はすべて、論文は初出誌から翻刻され、講演は発表されたなかで最も詳細かつ信頼の置ける記録から採った。

モリスの講演二篇「印刷」と「理想の書物」はわずかな変更を加えて数回繰り返された。例えば一八九三年十一月六日付『タイムズ』（四ページ）には、その前の週の木曜にニュー・ギャラリーでおこなわれた「書物の印刷について」と題するモリスの講演が簡単に紹介されている。それより少し詳しい記事が『プリンターズ・レジスター』増刊一八九三年十二月六日号（七―八ページ）にも出ている。これらを、そして知られている講演と事実上同一の内容をもつ他の講演記録をわざわざ翻刻する必要はないように思われた。その一方で、「印刷本の初期の挿絵」と題された講演を収めたが、それはこの講演が印刷されているのにモリス学者たちが気づいていないと見受けられるからであり、また、その主題についてのモリスの他の発言とさほど重複が見られないからである。様々な議長による時としてお世辞の度がすぎる講演前置きはのせなかったが、二つの講演のあとに続く討議の記録は、モリスがそれに参加しているので、収録しないわけにはいかないと思えた。

初出時に各論文に附されていた挿絵を全部使うのが大切だと私は思った。そのほとんどがエマリー・ウォーカーの用意した写真凸版で優美に印刷されていたのでなおさらである。けれども「中世彩飾写本覚書」にのった挿絵はハーフトーンで——明らかにモリス自身の中世写本から採られたもの——、うまく再現するのは無理だろう。それゆえ、本書でこの論文に附した図版は、かつてモリスが所有し、現在ピアポント・モーガン図書館が所蔵する写本中の数葉の写真を使った。それらの一つ（図8）はもとの図版と同一である。他の数葉はモリスが言及しているものと様式および時代の点で類似したものである。本書全体で、新たな図版も若干数付け加えた。

付録Aではコッカレルの手になる簡潔にして正当にも高い評価を受けている「ケルムスコット・プレス小史」の再録を入れ、付録Bには、印刷者としてのモリスの仕事に関わる雑誌インタヴュー四篇をのせた。それらのインタヴューは、調子がナイーヴで大仰でもあるが、ゆったりとくつろいだ折の「印刷親方」を垣間見ることができて楽しい読み物である。鈍感で時として退屈なインタヴュアーを抜け目なくさばくことにかけては、モリスが現代のいかなる政治家にもひけをとらなかったことは明らかである。

W・S・P

中世彩飾写本についての若干の考察

モリス未発表の断章

〈芸術〉の最も重要な産物でありかつ最も望まれるべきものは何かと問われたならば、私は〈美しい家〉と答えよう。さらに、その次に重要な産物、その次に望まれるべきものは何かと問われたならば、〈美しい書物〉と答えよう。自尊心を保ちつつ、快適な状態で、よき家とよき書物を享受することは、すべての人間社会がいま懸命に求めていくべき喜ばしい目標であるように私には思える。

当面、〈家〉は脇に置き、〈書物〉に関して、それを物質的な財産としていとおしみ、かきいだくのは、表紙と裏表紙の間に潜んでいる思想に関心をもつ者にとってごく自然なことだと言っておこう。書物がありあまるほど出ている当今だからこそ、書物の精神面を熱烈に愛する一部の人々は、気が置けない旧友や親友を相手にするような仕方で書物への親愛の情を示すのだ。遠慮なくぶっきらぼうに話をし、情け深く、しかし乱暴に、相手のささやかな虚栄心やら何やらをとがめる。そうするのも、お互い気心が知れていて、両者の絆はきわめて固く、そんな外面上の手荒いあつかいで仲たがいしたりはしないと感じているからである。ちょうどそれと同じように、ある人が、心から愛する友なる書物を手にもち——それがなかったら彼の夜の休息が台なしになるだろう——、背がぱりっと裂けてしまうまで表紙を折り返すのを私は目にした。その親しいページをげんこつでたたき、紙の端を折り曲げ、汚れたテーブルの上に下向きに置き、インクのしみをつけ、それをまた親指で消そうとこすりつけてさらに汚すのを目にした。要するに、あまりにひどくあつかうので、黙読などもうさせずに今後は人に朗読してもらう方がふさわしい人だった。そのようなふるまいは許されるかもしれないが、しかしそれは、現代の極めつきの災いである間に合わせの商品を作る功利主義的生産が書物の制作者をその流れのなかで一掃してしまったこと、そして当節では外観に関してまともな質を備えた本はほんのわずかなものであること――これを前提としたかぎりで許されることである。近年の本の体裁がぞっとするほど醜く俗悪であるとしても、それらに期待できるのはせいぜいその程度のことなのである。

中世においては話がまったく別だった。愛書家は、学者は、著述家の思想を読み取る際に、見た目にはっきり美しい作品を手元に置いていた。かのオクスフォードの神学生は、彼の「赤や黒で装われた二十冊の本[1]」の一冊を手にとるとき。コレッジのフェローは、共有の文書類を貯えてある文庫から慎重にうやうやしく一巻をとりだすとき。初期ルネサンスの学者は、自分の最上の外套を売り払ってヴィンデリンやジャンソンの手で新しく刷られた名著古典を購ったとき。そのとき、彼らはそれぞれに手にふれることのできる芸術作品をあつかっていた。自分たちに語りかけてくる死者が宿るにふさわしい美しい体をあつかっていたのである。それを作り出した職人である写字生や絵師や印刷者は、一人の芸術家として直接それに手を下したのであり、商売人の機械として製造したのではなかった。そしてさらに、伝統の支配下に置かれていたので、そうしないではいられなかった――今の書物製造者が機械として働かずにはいられないのと同様に。諸芸術に関連して中世の職人の地位について少し考えてみよう。まず、この芸術が宗教、というかキリスト教会の活動の産物だとする説を真に受けぬよう読者諸賢に注意する必要があろう。というのも、この説は、ホレス・ウォルポールの時代[2]、すなわちにせのゴシック期に端を発し、本稿の主題について言えば、中世の彩飾画に使われた「ミサ典書の絵」という誤った呼び名がそのことの要を得た表現なのだが、これに対する反論は現状では生ぬるいものと私には思え、いまや完膚なきまでに論破すべきだからだ。この問題の他の側面を見てみよう。実状はむしろこうである。すなわち、中世の職人は、装飾への愛と物語への愛という、芸術精神への二つの面をもっていた。普通の知性を備えた人間を一人の芸術家とするのに最適な量だけの伝統的技術と機械設備のなかで、自由な労働者、つまり芸術家として仕事をし、巨大な商業体制の一部ではなく、彼のもつ技能のギルドによって、それも商業的にではなく政治的社会的に組織されていたので〔彼が組織されうるかぎりの話だが〕、彼と芸術との関係は個人的なものであって機械的なものではなかった。それだから彼はおのれの装飾への愛と物語への愛を十全に心ゆくまで伸ばすことができた。第一の〔装飾への愛という〕性質について言えば、彼は、自分が何も知らぬ市場のために間に合わせの安物を製造する義務によって束縛されてはいなかった。製品の値を低く抑える方法は、行き届いた手仕事に代わる機械の使用によってではなくて、作られるものの用途にかなった素朴な、あるいは荒っぽい仕事ぶりによるものであり、それが劣ったものだったのは明らかだが、劣るのは避けられぬことだったので、それは何も芸術の欠如というわけではなかった。これは芸術作品全般に言えることだが、仕事をその目的に従属させることは、中世職人の生産品の本質的要素をなす。こうした状況下で職人が作り出した装飾は、技巧の極みであり、創意に満ち、この種の作品としては最も美しいものだといいまでは一般に認められている。だが、彼の精神の他の側面、つまり物語への愛の所産について言えば、修辞的で因習的なルネサンス芸術が、そして近代ヨーロッパのまことしやかな因習的芸術が、大半の人々の目にその価値を見えにくいものとしてしまった。

中世の労働者は、美しい手仕事の作品と、商業主義の醜悪さに汚されていない自然のなかで暮らしていただけではない。彼はまた、当時理解されていたような、〈世界〉への叙事詩的感覚を備えてもいた。なるほど、確かに存在の神秘についての解答、つまり当時の科学とは、〈カトリック教会〉という団体が述べる専横な神学によって与えられたものだった。とはいえ、一方でこの神学は、現在〈カトリック教徒〉と〈プロテスタント教徒〉の双方に理解されているような宗教と同一線上にあるものでは実はなく、他方、中世の人々の心にとって、それは単なる教義ではなく、事実の報告、過去・現在・未来の出来事の物語だったのであり、全民衆が心底から信じているものだった。中世において悪人でさえもが非業の死に際して示す勇気と威厳は、生命の永続性をこのように信じていた事実を強く確証するものであると常々私には感じられる。

7 モーガン図書館 M.98、紙葉番号1表。ラテン語の詩篇書。北フランス、ボーヴェ付近、13世紀。「モリスはこの詩篇書をおそらく1894年以前にチャールズ・バトラーから内々に購入したようである。何にせよバトラーは1888年にこの写本を所有していた」(WMAB, p.101)。写本のなかにモリスの次のようなメモが見える。「本書の装飾計画はどこにも逸脱が見られぬ完璧で満足すべきものであり、その色彩は調和が完全に取られている。ドラゴン・スクロール〔龍型巻物装飾〕の多くは末尾に優美に彩色された小さな頭部がついていて、その描写は表現力に富み、愉快な気分に満ちている。そしてそれらの毛のデザインは美しく、実にしっかりと描かれている。8つの説話的装飾頭文字のなかの人物像はどれをとっても立派に当時の水準に達している。だが最初のページのBeatusの文字と福音史家たちの象徴を描いたところは、それを越えて余りある。まったくもって13世紀後期の作品の驚くべき見本である」。ピアポント・モーガン図書館提供。

Ps: I
Beatus uir
qui non
abiit ī con
silio ipiorꝫ
& in uia pec
catorꝫ non
stetit: & in
cathedra
pestilentie
non sedit.
Sed in lege domini uoluntas eius:
et in lege eius meditabitur die ac nocte.
Et erit tanquam lignum qd plan
tatum est secus decursus aquarū: qd
fructum suum dabit in tempore suo.
Et foliū eius non defluet: & omnia
quecumq; faciet semp psperabunt.
Non sic impii non sic: sed tanquam
puluis quē proicit uentus a facie terre.
Ideo non resurgunt impii ī iudicio:
neq; peccatores in consilio iustorum.

さて、自分が芸術を生み出していることをほとんど意識していない労働者の手から流れ出てきた単なる装飾を別にすると、〈世界〉の生命の物語を絵に表現することがまさしく中世の職人＝画家の本分だった。そしてこれを意識的に、画家が出来事を見たままにあらわすことが宗教的［信仰の］行為だったのであるなら、疑いなく中世の画家はあらゆる人々のなかで最も宗教的だった。だが、聖書の場面や聖人の生涯などをあつかう彼らの方法は、一途な気持ちでやっているのではあっても、大抵今日の宗教感情を傷つけるものである。これと同類の芸術である十五世紀の聖史劇から一例を引こう。ヨークやウェイクフィールドで大祝日に上演された聖史劇は、当時の芸術を生み出した当事者たち、すなわち土地の職人たちの手で、民衆全般のために演じられたものだった。それらは、神聖な主題をあつかう際の中世の粗野と冒瀆を示すものだとして引き合いに出され、ずっと嘲罵の的となってきた。いまでもまだそうかもしれない。これは残念な誤解である。というのも、それは、荒っぽいものではあるが、みだらではないのだから。台詞回しが開けっ広げなので、今日の大抵の宗教家が身震いしてしまいそうだということはまあ私も認める。とはいえ、そこには軽薄さはまったくない。演じられる役は、神自身に至るまで、完全に信じられているし、台本作者が所与の状況で行動するであろうと知っていた通りに語り行動するようにされている。一言でいって、生命に満ちているのだ。しかしこれは宗教ではなく、強い信仰に基づいて行動する芸術である。そして、この芸術家たちの心性を考えてみても、彼らがたまたま信じたものなら何であれ、同じようにあつかったことだろう。

書物を彩飾する職人の仕事がかならずしも教会に関するものではなかったということの証左として、ここに図版を出しておく。一点目は十二世紀の『動物寓話集』[3]から、二点目は十四世紀初頭のユークリッドの本から、三点目は十五世紀中葉の医学書から採ったものである。[4]

また、教会に備える品をあつかうときでさえ、芸術家たちの心は教会主義的ではなかったという事実を例証する図版として、以下のものを出す。一点目は大英博物館所蔵の詩篇書で、通称『テニソン詩篇』(一二六八年頃)、〈英国派〉の最も美しい作品のひとつである。二点目は同博物館で『クィーン・メアリー詩篇』と呼ばれる本の一ページで、[5]そこでは、芸術家の「粗野な面」(つまり日常生活の諸々の事実についての彼の意見)がかつて世に出たなかで最も優美な素描のいくつかに出されている。そこで、以下の私の見方を受け容れてもらうよう読者にお願いせねばならない。すなわち、中世の職人は自由な職人つまり芸術家であったこと。彼はほとんど無意識に自分の作品を美しくしたのであること。意識的に、意図をもち、自分の信じる生の場面をきわめて直截かつ誠実な仕方で表現したのであること。そして、たとえ彼自身教会関係の人間であっても(おそらくその場合が多く、とりわけ中世初期がそうだったからだが)、彼は何よりもまず一個の人間だったのであり、祈禱書のページに描いたものでさえ、戯画を描くのは別段不信心な行為だとは思わず、彼が生命の不思議について個人的に感じた事柄を風変わりにかつ素朴に表現したものだと見ていたこと。以上の見解を認めていただきたい。あと言っておくべきことは、書物の絵や装飾における彼の仕事にかぎられるだろう。これらの装飾された書物群はそれ自体で芸術の一派を形成している。そしてこれらの書物は、こうした荒れて湿った風土においては格別に重要なものである。というのも、十分に発展した中世期全体を通して公共建築物内の、われわれのすべての教会の壁をかつて覆っていた類のデザインの記録をわれわれのために残してくれたのであるから。もちろんそのデザインは、ずっと小さくてデリケートな絵の下地の寸法と素材に合わせていくぶんか変えてはあるが。

この素晴らしき芸術の総体の主要な流派すべての例をあげるつもりはないが、読者のうちでこの芸術形式にまったく注意を向けたことがない人々にお教えするために、これらのことに関して多少書き残しておくのもよいかもしれない。

ブリテン諸島で実践された最初の様式は、八世紀頃から栄えたアイルランドの書家のものだった。その規則正しさ、美しさ、読みやすさの点で、彼らの書体は賞讃してもしきれぬほどであり、あらゆる書体のなかで最高のものだと呼んでいいだろう。それはラテン・ビザンティンの書物の筆跡に基づいていたが、その形態を隷属的に模倣したのではなかった。それにともなう装飾は、しかしながら、その土地で生じたきわめて特殊なものだった。それは見事なほど複雑でしっかりした線描を生み出したが、叙事詩的要素は持ち合わせていない。人体や動物の姿を表現する難しい技を本気で習得しようとしたことがない例の原始的装飾の部類に属している。人体の象徴が必要な場合には無能さをあらわにしつつ描いているが、それを別にすれば龍の頭と、際限なくもつれあう渦巻き模様を正確無比に描いているのがわれわれに与えてくれるすべてである。これらの書物のひとつに葉の形が自然に生じているようなら、それはもはや純然たるアイルランド様式ではなく、そのあとに続く様式でビザンティン芸術の直接的影響が感じられるアングロ・サクソン様式に移っているものと認めてよいだろう。ただし、後者の芸術家たちは最初アイルランドの書体と装飾を採り入れてはいた。

フランスとドイツの方が装飾はビザンティン様式をずっと固守した。他方、イギリスでは、アセルスタン王治世下の頃（十世紀前半）、彩飾は、完全な中世に向けて急速に進みつつあるヨーロッパ美術全体と歩調を合わせ始めた。〔……〕

中世彩飾写本覚書

一八九四年発表のエッセイ

中世は書き文字において卓越した時代と呼んでいいだろう。石、青銅、木のルーン棒〔ルーン文字を彫り込むための棒〕、蠟板《ろうばん》〔長方形の板の凹面に蜜蠟を流し込んだもの〕、パピルスが何らかの筆記具で書くのに使うことができたが、これらはいずれも——パピルスでさえも、もろくて破れやすいものだったので——書き物に使うには間に合わせの素材にすぎなかった。そして羊皮紙とヴェラムが、また最後にラグペーパー〔亜麻のパルプを原料とした紙〕が普及して、ようやく書くための真の素材と、鵞ペンという真の筆記具が用いられるようになった。そのときから印刷術が広まる直前までは写本の時代だとみなさねばならない。他の工芸と同様に、この場合も、真の創造の偉大な時代〔過去を忘れ去ってしまい、自身の未来の理想が快適な牢獄であるような連中によって、それはかつて〈暗黒の時代〉と呼ばれたのだが〕は、間に合わせの粗悪品を〈新生〉の時代と賢しき近代文明に残しておき、ひとつの芸術としてなすに値することを全部しおおせたのである。

ビザンティウムが確かに中世のカリグラフィ〔能書法〕の母だったが、その技は急速に北ヨーロッパに伝播し、早い時期にそこで栄えた。そしてそれが七世紀にアイルランドで見事に開花したのを見るのはほとんど驚くべきことである。書き文字だけで初期アイルランドの教会図書ほどの完璧な出来栄えを示すものは後にも先にもない。そしてこのカリグラフィは、古代の大文字から、現在印刷者たちが「小文字《ローワー・ケース》」と呼ぶものへの発展を示すものとしても興味深い。繰り返して言わねばならぬが、その書体はそれ自体で断然美しく、徹底して装飾的である。だがこれらの書物には大抵、書き文字と同じように入念に仕上げられた実際の装飾がちゃんと備わっている。実際、それは丹念かつ巧みにからみ合わされた驚嘆すべき模様である。しかしながらこの装飾は、いかなる正真正銘のアイルランド本においても、ビザンティウムの伝統的様式とは無関係であり、むしろそれは大きく広がった原始的装飾派の一派なのだ。それは人間と人間の営みを表現することにはほとんど関心をもたず、実際、いかなる有機的生命にもあまり関心がなく、抽象的線をからみあわせることで満足していて、この技にかけては高度なものをもっている。この種の芸術の最も明瞭な例はニュージーランドのマオリ族の彫刻に見出されるだろう。しかしそれは多くの種族のある発展段階に共通するものである。これらのアイルランド装飾の色彩はさほど心楽しいものではなく、そこには金色がまったくあらわれていない。[1]

このアイルランドのカリグラフィと彩飾はイングランド北部の修道士たちに引きつがれた。そして彼らから、カロリング朝のフランスとさらにはドイツの両方の書物制作者に完璧にではないが引き継がれた。だが彼らはアイルランドの彩飾に通常見られるきわめて初歩的な人体の描写に飽き足らず、ビザンティウムの絵入り本をまねることでそのギャップを埋め、これがかなりうまくいった。[2]そしてやがて装飾と人物像を結び合わせた非常に美しい彩飾の様式に発展させた。十一世紀初頭におけるその中心地のひとつはウィンチェスターである。[3]後者の書物群にはかなりふんだんに金が使われたが、絶頂期の中世の彩飾にあれほど特徴的である、苦心してもりあげて十分に光沢がある状態では金が見られない。

注目すべきことだが、初期のビザンティン本のなかには、一面で、豪奢である点だけで、かつて作られたすべての本を凌駕しているものがある。それらはくまなく紫色に染められたヴェラムの上に金と銀で書かれている。後年再び、準ビザンティン的アングロ・サクソン期、つまりカロリング朝期において、白のヴェラムに金と銀で書かれた本の見本が何点かわれわれに残されている。十五世紀後半には（特にイタリアで）しばしばこの絢爛たる美しさを頼みとしたのである。

今述べた後期アングロ・サクソン様式は、最初の完全な中世の流派と呼んでよい十二世紀中葉の流派の直接の先行者だった。ここでは驚異的なまでの改善が見られる。本文の説明と「信者」の教化のためにほどこされた実際の絵のほかに、これらの書物は縁飾りや装飾文字などで飾られており、そこで葉飾りと人や動物や怪物の姿がきわめて大胆に混ぜ合わされ、また高度な技で見事に調和がとられている。デッサンは着実かつ正確で、美しい色彩を配する的確な方法が今やあらわれたとも言えるだろう。この色調の基本は（生き生きとした装飾的色調をもつすべての流派と同様）、純粋な赤と青を併置することであり、これに変化をつけるために、繊細だがくっきりと明るい線と白の「パーリング」（白の絵具で真珠のような丸い小粒を連ねて模様にすること）、緑を少々、薄いピンクと肌色の空間、またあちこちに渋いグレイと象牙色を使っている。書物がとにかく立派で念入りに作られている場合は大抵、金色が融通無碍に使われ、それは大体背景を初めとする広いスペースで使われるのだが、厚い金箔で堅牢な面に塗られているので、光沢があって本物の堅い金属板に見えるほどである。これの効果は目もあやな洗練されたもので、金を塗る際の入念さと高度の仕上げのおかげで、派手だという印象はまったく受けない。幾分かより明確な「ゴシック」になってきたこの時期の書き文字は、その前の半世紀のものと比べても（それを凌ぐことはできぬが）遜色がない。

このときから、非常にゆるやかな変化が――その期間に素描が幾分か繊細になり色彩が洗練されていくのに気づくべきであるが――われわれを十三世紀の最初の四半世紀に導く。そしてここにおいて、様々な民族の様式の分化が顕著となり始める。十二世紀を通じて、違いはあったにしても、イギリス＝フランス本とドイツ＝イタリア本との区別は彩飾画よりも書き文字によってつける方が容易である。だが、一二二五年以後の本は、開いてみれば、これはドイツ本、イタリア本、フランス＝イギリス本、と一目ですぐに区別がつくだろう。その他の点では、彩飾画は依然として美と繊細さの度合いを増し、金色はさらに一層全体的に輝きを増し、色彩はなお一層快いものとなる。絵師や写字生と区別される朱入れ師の補助的な技法が今やより重要なものとなり、十五世紀末までそれが続く。大抵ペンを用いて、常に自由闊達に、赤と青を交錯させて実に細かく優美に書かれた仕事が、小さな頭文字やページの他の補助的な装飾に惜しみなく使われ、他にもっと堅固で手の込んだ

8 モーガン図書館M. 100、紙葉番号50裏。13世紀末にロンドンで書かれ彩飾されたラテン語詩篇書。通称「クレア詩篇」。モリスはこの写本をクォリッチから1892年か1893年頃購入した。写本中にモリスの次のようなメモが見える。「本書には人物像がないが、装飾の並外れた美しさと創意の豊かさゆえにきわめて興味深いものになっている。そしてその装飾は典型的なイギリス作品の特徴をもつ。本文の第一ページの大きなBの字のなかの大胆に絡み合う葉飾り［図9を見よ］はイギリス人の手になるものであることを歴然と示している。黒の境界線の非常な濃さは特筆すべきもので、おそらくそれが非凡な色彩の効果をかもしだす要因になっている。素朴な青と金の暦の美しさは誰がこの本を見ても気づかずにはいないだろう。筆遣いは一貫して繊細」。ピアポント・モーガン図書館提供。

uias meas: ut non delinquam
in lingua mea.
Posui ori meo custodiam: cum con
sisteret peccator aduersum me.
Obmutui et humiliatus sum et si
lui a bonis: et dolor meus renouatus est.
Concaluit cor meum intra me: et in

彩飾がなくても、力強い黒々とした書体やヴェラムの象牙色の色調とあわせて、非常に美しい効果を出している。

この時代に、神学・哲学の論文、草木書、『動物寓話集』などのほかに、一番よく出会う本が――とりわけ華美な装飾がほどこされている場合――教会での詠唱のための「詩篇書」(図7―9)であり、これには通常暦が、また必ず諸聖人の連禱が附されている。ちなみにこの暦は、この世紀にもまたこれに続く数世紀間にも、そのなかにある日常生活の描写のゆえにしばしばきわめて興味深い。これらの本の大きな頭文字B(Beatus vir qui non〔……でなき者は幸いなり〕)(図9)は、筆をあやまることがめったにない彩飾画家に、その意匠と色彩の能力を十全に発揮する機会を与える。

十三世紀の最後の四半世紀に、挿絵とは別なものとみなされる彩飾画の最高潮に至る。この時期において最高の出来栄えを示す書物に見出されるデッサンの優雅で華麗な美しさ、色彩の美しさは、他の追随を許さない。そして付言しておくべきだが、ひとつひとつ比較してみると見劣りするものもあるが、現存する実例から判断するに、この時期には不出来な作品は皆無であるように思われる。この時代の伝統は包括的かつ万能だが、どの書物をとっても、それ自体の純然たる個性と生命を備えていないものはない。要するに、中世初期の他の芸術がみな消え去っていたとしても、装飾本のゆえに依然として芸術の偉大な時代とみなされうる資格を有したのではあるまいか。

9　モーガン図書館 M. 100 紙葉番号 7 表。「クレア詩篇」の別の一葉。ヴェシー男爵一世ウィリアム（1297 年没）の紋章が下の縁飾りに見える。ピアポント・モーガン図書館提供。

十三世紀後半にヨーロッパの各国の作品に歴然たる差異が生じてくるのに気づく。今や三つの大きな派があらわれた。すなわち、フランス＝フランドル＝イギリス派、イタリア派、ドイツ派の三派である。これらのうち最初のが最重要で最後のが最も重要でない。イギリスとフランスの関係については、言っておくべきだが、両者に相違があるとはいえ、幾分微妙な程度で、「これはフランス本だ」と言える本があるかもしれないし、「これはイギリス本だ」と言えるものもあるかもしれないが、大半の本は「これはフランス＝イギリス派のものだ」というぐらいしか言えない。一応の確信をもって区別しうる書物については、フランス本は特に上品で端麗な点でまさり、イギリス本は特に生と自然への愛でまさり、同時期のフランス本よりイギリス本の方により多く粗野なユーモアが見られる、ということは言えるかもしれない。だが、フランス本がイギリス本よりすぐれているとか、イギリス本の方がフランス本よりよいなどと言える者は、頑迷固陋な輩にちがいない。

ボドリー図書館の『ノリッジ詩篇』、大英博物館の『アランデル詩篇』(4)、『クィーン・メアリー詩篇』、『テニソン詩篇』がこれらのイギリス本の最上の部類に入る。創意に富み、輝きに満ち、見事な出来栄えである点、そして色彩の美しさの点でこれらは他の追随を許さない。

この十三世紀末は素晴らしい詩篇書を大変な勢いで作り続けた。しかし一二六〇年から一三〇〇年あるいは一三二〇年までの間に、写字生が一番労力を費やしたのが聖書、特に小型判聖書の筆写だった。この小型本が多量に制作されたことは、時の侵食にもかかわらず未だ数千点が現存していることからみてもはっきりしている。それらはひとつ残らず、必然的に非常に細かい筆致で書かれ、各本のほとんどの頭文字には小さな人物像で実にきれいに彩飾がほどこされている。

この世紀の末と次の世紀の初めの短期間に、挿絵がふんだんに附された黙示録が多数制作された。それは真面目なゴシック様式のデザインの最良の時期の実例をわれわれに与えるもので、北ヨーロッパでこの時期の壁画がどのようなものであったかを示すものであるように見える。

変化の偉大な母たる十四世紀は、他の芸術作品と同様、装飾本を作るのにも忙しかった。この世紀も大分進むと、再び様式に大きな変化がはっきり見えてくる。その先行者よりも冗長になっていると言うのは完全には本当ではないが、機械的な冗長さが増している。絵の背景はより手が込んでいて、青と赤の菱形模様であったり、点描と線描での実に美しい金の模様であったりする。縁飾りがページ全体に広がっている。広がる葉の間に蕾が入り込んでいる。写実的に表現された（そして実に見事に描かれた）小鳥や動物がしばしば縁飾りにふんだんにあらわれる。その出来栄えは比較的のびやかなものではあるが、個性には欠ける。要するに、（その最良の作品群においては）装飾本に必須の性質である優美さと品のよさは少しも失われていないが、その様式は確かに幾分か雄々しさと厳格さが失われてしまっている。そしてこの傾向が時をへるにしたがってますます強まり、やがてこの世紀の終わり頃、必然的に悪くなる危険にさらされた作品をまのあたりにしていることに気づく[5]。

諸国間の差異の度合いも増す。この世紀が幕を閉じる前に、イギリスはこの競争で遅れをとり[6]、フランス゠フランドルとブルゴーニュが前に進み出る。他方、イタリアはルネサンスの方に顔を向ける。ドイツは粗雑さと不完全さに向かう傾向をしきりに示し、これはこの国の書物の木版装飾がもつ創意工夫の正直さと目的の適切さによって何とか償われなければならなかった。とはいえ、十四世紀を通してのみならず、十五世紀前半においてさえ、この上なく美しい書物はたくさん出てきたのである[7]。

書物制作に生じる大変化の最初の先触れは、私見では、イタリアで生産されたきわめて美しい書体のラテン古典の書物群である。これらはしばしばふんだんに装飾がほどこされている。そして最初これらは十一、十二世紀のいかめしい筆跡を（実に自然に）模倣しているばかりでなく、その時代の互いにからみあう装飾でさえも（大分離れてはいるが）模倣している。これらの書物では、書体が本質的に装飾よりもはるかに美しいということを言っておかねばならない。十五世紀には写本、絵入り本が多量に生産されたので、それらの美点に相応するだけの紙数をさいて書くのはお手上げである。この世紀の中頃に、書物をより多くより廉価にという欲求が強まってきたことによって、ヨーロッパはひとつの発明を――それ自体はささいなものだったが――強いられた。グーテンベルクが父型、母型、可変式鋳込み器を、したがって可動式鋳造活字を何とか物にした。(8)シェッファー、メンテリンを初めとする人々が、いかにも中世の職人らしい精力と技を傾けてこの技法をとりあげた。このドイツの新技術は燎原の火のようにヨーロッパ各国に伝播し、数年のうちに写本は大金持ちのための玩具にすぎぬものとなった。

だが写字生、朱入れ師、彩飾画家はそう簡単に消え去りはしなかった。印刷術が普及したあとも、彩飾写本は多量に生産された。なかでも特に多く作られたのが、彩飾をふんだんにほどこし多くの絵を附した時禱書だった。(9)その様式はそれ以前のいかなる書物にも劣らず明確であるが、今や論理にかなった一貫性から道を踏み外してしまっている。絵と装飾の間に亀裂が生じているからである。その絵は当時の絵画の最良の流派に属する精巧に仕上げられた彩飾画《ミニアチュア》(10)であることもままあるが、同時に、どう見ても空間を埋めるために雇われ、生計をたてること以外におのれの仕事に何も関心がない者の作品仕事である場合も多い。装飾の方はそこまで地に落ちることはなかったが、装飾自体としてはさほど「際立った」ものではなく、しばしば、特に最もあとの時期の本においては、彩飾画――これに装飾が付随するのだが――のページの効果をほとんど増すことがない。

しかし、印刷術の最初の数年間という遅い時期に作られたこれらの写本のほかに、朱入れ師は通常、また彩飾画師はしばしば、印刷本の制作のために雇われた。印刷術の初期には、大きな頭文字は大抵いつも朱入れ師が赤や青で塗るために残されていて、しばしば彼の手できれいな渦巻模様の装飾がほどこされた。そして時として本の一ページ、あるいはそれ以上のページが、金と多彩色の飾りで囲まれ、頭文字も同じように入念に仕上げられた。

印刷されたページを補助するこの後年の仕事の最も完全な実例は、イタリアで印刷された初期刊本、とりわけローマとヴェネツィアの印刷者の工房から出た古典の素晴らしい版に見出される。

一五三〇年頃までに、何らかの価値を有する書物装飾はすべて終わり、かくて中世に固有のものと呼んでよいであろう芸術、絶頂期の中世職人技術を一般に示す芸術は消滅した。ひとつには、その仕事の卓越性そのもののゆえに。もうひとつには、その作品は破壊と破損をこうむるだけで、中世建築のように、「修復」というさらに残酷な破壊の猛威にさらされることはできぬがゆえに(11)。

印刷本の初期の挿絵
一八九五年の講演

（ウィリアム・モリス氏は、開口一番、自分の演題は正確には「印刷本の初期の挿絵」で、これはあらかじめ出してあった演題よりもむしろ話を限定するもので、スライドの実例については、この限られた範囲を越えないように努めるつもりだ、と言った。とはいえ、幻燈を映す前に、いつものようにモリス氏は、芸術の成長について、その発展と、ゴシック芸術に関しては、その完璧さの達成と衰退について、非常に心楽しませる、だが必要上短い概説をおこなった。）

正確に言えば、すべての芸術は紛れもないゴシック派に属する（と氏は指摘した）。（ここで少々ユーモアを交えて曰く）おそらくご来席のみなさんのなかには、それが何を意味するか、漠然とした考えをおもちの方がおられるかもしれず、それが教会とグレゴリオ聖歌のことを言っているのだと思われる方もおられるだろう。確かにそれらはゴシック芸術の一部をなすが、それで全部ではない。そこで自分は、ゴシック芸術が何を意味するか説明するために、少々歴史の話をしたい。当面、物事のはじまりについて――文明化された偉大な国々の芸術のはじまりについて、考えてみよう。

まず第一に、この芸術――全体として、これは真に芸術とみなしうる唯一の芸術の種類なのかもしれないが――は、「有機的芸術」とでも呼ぶべきものである。そこに備わる成長の原理は、単なる偶然なものや独自のものではなく、職人の技術と経験の連綿と続く伝統と結びついている。この有機的芸術は、まず第一にペリクレス時代よりも以前の古典文

11. One of two full-page cuts in Sprenger's Die erneuerte Rosenkranz-Bruderschaft, printed at Augsburg by John Baemler, without date but c. 1476.

10 『十五世紀ドイツ木版画集』（ケルムスコット・プレス、1897 年）、8 ページ。〔図版中のキャプションは「アウグスブルクでヨハーン・ベームラーが印刷したシュプレンガー著『復興したロザリオ信心会』中の全ページ大の挿絵二点のうちのひとつ。日付が入っていないが、1476 年頃印行」と記されている。〕

明の時代に、もちろんすべての芸術の例にもれず、様々な条件によって制約を受けてはいたが、非常に活力のある完全な状態で存在していたように私には思える。ギリシア芸術の初期にこれらの有機的成長の線にそって進歩を続け、ペリクレス時代の頃に完璧の域に近づいた。そのとき、次に何をなすべきか、という疑問が生じた。さて、長すぎて立ち入ることができぬ理由のため、また実際にやや漠然とした理由によって、その時代の社会は、この最初の有機的芸術を完璧の域に近づけたときに、目を転じて古い素材を使う何か新しい分野を見出すだけの力がなかった。その結果、しばらくの間このめざましいやり方で続いたのち、この芸術は結晶し、古代の古典芸術の第二の状況たる普及期に入り込んだ。その間、一定の活力はとどめていたようには見えるが、いかなる成長もいかなる前進もなかった。諸芸術は洗練され続けたが、それにもかかわらず、それらは進歩もせず、死にもしなかった。これにはいくらか説明の必要がある。高級芸術以外に多分あらゆる種類のものが作られた。壺や鍋のような品に多少実例が残っていて、そこのところに彼らの普及の状況とわれわれのそれとのちがいがある。芸術は成長しなかったが、当時の民衆は、普段通りの流儀で物を作り続けた。しかもそれは醜いものでない。醜いものがどんなものか彼らは実際理解していなかったし、とりたてて芸術的なものでなかったら決して何かを作ろうとはしなかった。

もうひとつの変化がヨーロッパに訪れてその文明がほとんどすべて失われ、そしてヨー

11　ルドルフス・デ・サクソニア 『キリスト伝』(アントヴェルペン、ヘーラルト・レーウ印刷、1487 年)、第 2 巻、紙葉番号 B1 裏。原寸は 178×167 mm。モリスの本は現在モーガン図書館が所蔵。

ロッパ統合の際に新しい芸術が生じた。人は何らかの形の絵や美や出来事なしではほとんどいられないものだ。何にせよ、この新しい文明の初期に、人々は、古い文明と芸術観が自分たちに残されているからといって、手をこまねいて美しいものや興味深いものを作り出さないでいようなどと思っていなかったことは明らかだった。それで彼らはひとつの新しい芸術を実現しようとしたのであり、その芸術のなかには——とにかく最初から——私がゴシック芸術と呼ぶものの種子が存在していた。この名称は今日われわれにとって誤った名を意味する。それは最初嘲りの語として用いられ、この語を最初に用い、ゴート族について何か知っていた人々にとっては、野蛮かつおそらく相当に猛々しい芸術を意味した。いわゆる古典主義芸術の最初の始まりとともに、一部には古典期の芸術および近隣諸国からの諸理念によって形成され、東方諸国——特にペルシア人——とその独特な美の理念に相当影響を受けた芸術がそのようなものであるはずがない。最初の根城がコンスタンティノープルに置かれたことにより、それは東方と西方で、またヨーロッパ中で流布していた理念を伝えることができた。コンスタンティノープルは中世初期にあっては単なる一個の大都市にとどまらず、ヨーロッパの中心たる大都市だったからである。この新しい芸術は、東方世界から理念を取り入れたあと、まもなくしてもっとずっと粗野な民族からも理念を取り入れることになる。その民族とは、北方と西方の民族で、アイルランド人の初期の芸術作品において見られるような、おそらく最も簡素な形態をもつ一種の芸術を何とか獲得していた。彼らの芸術は外部の影響をまったく受けず、実際に土壌から生え出てきたものであるように見え、人間の形態を上手に表現する能力が異常なほど欠けていた。

このように東方世界が古典世界と結合し、それから北方世界、ケルト世界と結合したあと、次の段階は、中世最初期の芸術とでも呼ぶべきもので、ノルマン征服の終了時にその時代が定められる。劃期的な時は常に世紀末ではなく世紀初頭である。建築家たちはこの様式を「初期ノルマン」と呼ぶ。私は時々建築用語を用いざるをえず、ひとつの芸術をそれ自体によって理解できないという事実をここではっきりと確認しておきたい。つまり、すべての芸術は互いに絡まり合っているということ――実際はひとつの芸術しかないのだが、それが様々な現れ方をするということである。みなさんのお考えでは、この芸術はいささか陰鬱なものである。窓も建物もはなはだしく小さい。だが、これには一種の実用性があるのだと思う。それにまた、それはローマとコンスタンティノープルの芸術の影響を非常に直接かつ明瞭に受け、その反面、別の芸術形態である非古典主義的なケルトの野蛮な要素の影響も濃厚に示している。野蛮、と言ったが、自分はこの語を悪い意味で使ってはいない。概してそれは文明よりもはるかにましなものだと考えるので。

この陰鬱さから、光と闇の相違にも等しいほどの、ひとつのきわめて驚くべき、名状しがたい新様式が生じた。すべてが突如として陰鬱で気の抜けた状態から言葉で言い表せぬほどの光と優雅さに転じたのである。その例として、ソールズベリー大聖堂と、イーリー大聖堂の身廊を思い起こしていただきたい。この変化は非常に短い過渡期のあとに生じた。そして尖頭アーチが円型アーチの代わりにほとんど普遍的に用いられるようになった。この途方もない変化にもかかわらず、時代の習慣に、人々の考え方に、なぜこの突然の変化が生じたかを説明する理由は何も見られない。十一世紀から十五世紀までの出来事の推移の異常な速さを考えてみるだけでよい。何もかもが変化し、まぎれもなく精神的な、また時として霊的ともいえる興奮が、すべての人の頭のなかに、すべての人の心のなかにあった。そして芸術に関しては、成長があまりに急であるように思えた。最初の傾向が丘の頂上に達し、それから反対斜面を下り始めたように見える。十二世紀は種が蒔かれた世紀、十三世紀は木々の開花、十四世紀初頭は花が果実となって熟す芸術の秋と評してよいだろう（図7、8、9）。十四世紀中葉に至ると、衰退の徴候がおのずと目に入ってくる。何かがおかしくなってきたのがはっきりしてくる。芸術はますます精巧なものになったが、ますます美しくなるというわけではなく、十五世紀初頭から中葉にかけて、変化は誰の目から見ても驚くべきものだった。衰退が始まり、中世が終わりを迎えようとしていたのである。この前兆として一般に引かれるひとつの事柄が、印刷術の発明である。もっとも、印刷術自体は発明というほどのものではなくて、むしろ、筆記を簡便にした粗末なものだった。印刷本と写本の相違は実際微々たるものだった。それ自体非常に不完全な道具で、知識の伝播とともに起こった他の諸変化を乗り越えることができなかった。読み方を知る教養人はすべてひとつの言語を読んだ。ラテン語である。そして昔のやり方で、一冊の書物が様々な筆写の場に行き、一週間ほどで刊行された。それにひきかえ、今では英語で書かねばならず、その翻訳者を見つけるためにはドイツに行かねばならない。そして翻訳されるやいなや、ここがわからぬ、あそこはだめだ、と言って連中がこき下ろし、その本が世に問われるまでに六年ほどもかかり、そのときにはそれに対する関心もすっかりさめてしまっているという始末だ。これはひとつには中世に存在した隔離状態によって説明できるかもしれない。その頃はヨーロッパは国際的だった。今は国家単位である。印刷術がもたらした結果は、相当なものであったにせよ、決して人々が証明しようとしているほどのものではなかった。

さて、ようやく本題のとば口にたどり着いた。手によって書かれ、同じく手によって装飾される書物の代わりに、今や書物は単純な機械によって製造され、木版によって装飾された。これらの木版の作り方は、現行の方法とは異なる。今は黄楊《つげ》の版木の切断面〔木口〕に彫刻刀《ビュラン》で彫るが、当時は柊《ひいらぎ》や梨の木のような普通の木〔の板目〕に刀を作業者の方に向けて彫った。職人がこの技術に熟練していれば、その技は無限だった。このゴシック芸術の諸原理についていえば、正しく有機的と呼ばれうる作品、確とした根から生じ、実際に生きていて、またその背後に職人の経験と伝統の膨大な集積を有している作品のすべてのなかで——そして私は芸術が生きたものとなるには同時にそれが伝統的でもなければいけないと考えるものだが――この芸術に常に影響をおよぼしている二大原理がある。第一に叙事詩的側面があり、これは出来事への興味をもって物語を語ること。第二に装飾的な面があり、これは美しいものを表現する感覚と美しいものを見分ける感覚――絵とそれが載る作品との釣り合いの見方である。ついでながら、それはこの有機的時代の芸術総体の結果であったと言えようか。もっとも、叙事詩的要素だけを生み出すような作品も色々とあったのだが。後年それはすべて装飾的なものとなり、叙事詩的なものはほとんどなくなった。その叙事詩は常に単純で真実なるものだった。事実を語り、回りくどいことは言わない。この叙事詩的技法は実に短命でわずか五十年続いただけで滅んでしまった。相伴う装飾と物語の語り口に対する一種の官能的感情があった。そして叙事詩的かつ装飾的芸術は最終的に修辞的芸術とでも呼ぶべきものに取って代わられ、それが物語の周囲全体を飾り立てた。それは物語や、物語と特に関わる何かを語るのではなく、物語と無関係な種々雑多な日常の出来事を作品のなかに持ち込んだ。本物に似ていることは絵のその側面にとって問題ではなかった。装飾的側面はひどく器用だったが、美への本能が欠けていた。セント・ポール大聖堂に関しては、建築家たちは美を考慮せず、ジュリアス・シーザーの時代にいかにして近づくかということしか念頭になかったのである。私が指摘したいのは、諸芸術におけるこれら二つの性質は、世界の芸術の歴史の一部とみなされる資格を真に備えたすべての作品に見出すことができる、ということである。木版画によって本を装飾す

amentes effecti miserabiliter in terirent
De sancto Siluestro

Iluester dicit̄ a sile q̄d ē lux et terra q̄si
lux tēre id est ecclesie q̄ instar bone terre
hī piguedinē bonne opacōis nigredinez
huiliacōis et dulcedinē deuocōis p ista
eī tria agnoscit bona tēra vt ait palladi9
vl' siluestrē dicit̄ a siluas a theos q̄a hoīes
siluestres a īcultos et duros ad fidē tra
xit Vel sicut dicit̄ ī glasacō siluestrē dicit̄
viridis agrestis vmbros9 nemoros9 Viridis celestia contēplā
do Agrestis seipm excolēdo· Vmbros9 ab omī cōcupiscentia
refrigerat9 nemoros9 īter arbores celi plātat9· Ei9 legendā co
pilauit eusebi9 cesariēsis q̄ bt9 blasi9 ī cōsilio septuginta epi
scoporū a katholicis legēdā cōmemorat sicut in decreto habet̄

Iluester a
matre re62
nomīe iusta
geītus a cirino prespi
tero eru dit9 hospitali/
tatē summe exercebat
thimothe9 aūt quidaz
cristianissim9 ab eo in
hospiciū suscipit̄ q̄ tn̄
ob psecucōnē ab aliis
vitabatur h·post annū
coronaz assecut9 mar/
tirij dum predicaret 9/
stantissime fidem cristi
Putans autem tarqui
nius prefectus thymo·

15. One of 140 cuts, making 162 by repetition, in a Legenda aurea, printed at Augsburg by Gunther Zainer, without date, but c. 1475.

12 『十五世紀ドイツ木版画集』(ケルムスコット・プレス、1897年)、11ページ。(ギュンター・ツァイナーの刷ったこの『黄金伝説』のドイツ語の題は *Das goldene Spiel*〔『黄金の劇』〕。)〔図版中のキャプションは「アウグスブルクでギュンター・ツァイナーが印刷した『黄金伝説』中の挿絵140点——繰り返しをあわせると162点——のうちのひとつ。日付が入っていないが1475年頃印行」と記されている。本文は聖シルウェステル伝の冒頭部分。〕

るというこの技法は事実上ドイツ起源のものだった。その地で興隆し、最もすぐれた作品がその国で作られた。だがドイツ人はこの装飾技法で大成功をおさめたわけではなく、イタリア人、フランドル人、フランス人、イギリス人の方が上手だった。そして、イギリス人がその頃非常にうまく仕事をこなしているのを見て私は多少満足を覚える。その国民が今では世界一芸術を解さぬ国民だと一般に見られている。シーザーの時代よりも今日の方が、その意見により筋の通った根拠があるのだと言わざるをえない。

(モリス氏は次に十五世紀と十六世紀初頭の木版図版の幻燈スライドを何枚か映した。まずドイツから始め、次にオランダ、フランス、イタリア、スペインと進めていった。イギリス本は一冊だけ、オクスフォードで刷られたものが示されたが、その印刷者はドイツ人で、活字はケルンのものなので、イギリス産だといばれるものではない。)

結論として、何らかの形で芸術制作にたずさわっているみなさんに私は、この初期の芸術をまねるような愚行は犯さぬようにとご注意申し上げる。そう言うのは一面でつらいことである。それが非常に美しいものだからだ。しかしその時代はもうとうの昔に過ぎ去ってしまったのであり、歴史の連続性がいかに真実であろうとも、その時代と現代との間に深い溝があることを知っておかねばならない。今は異なる生活形態のもとで暮らしているわけであり、昔と同じような仕事を今でもできるなどということが一体どうして望めよう。私はまったく嫌になるほど多く目撃してきたのだが、近年の恐るべき犯罪行為は「修復」

と称する犯罪である。(1) 古い建物を五百年前、六百年前の状態に修復することができるなどとは馬鹿げた考えだ。イギリス全土をさがしてみたって、石積の工事のなかから昔の人々がおこなったような仕事をなしうる石工を見つけることはできないだろう。彼らの習慣を数日、あるいは数年で変えて、あの古《いにしえ》の時代に人々がしていたような仕事をさせるなどというのは愚の骨頂だ。歴史の連続性を認識し、常に生じている絶えざる変化を認識し、とにかく何かするというのなら、自分の仕事を自分でおこない、本の挿絵が伝えたがっているのがどんな類の叙事詩であるのか、同時に、表現したがっているのが美しいものをどのように受けとめたものであるのか、認識させるべきである。これができるようになって中世と同じくらい上手に物を作れるようになったら、芸術の可能性が何であるかわかり始めるだろうし、そうなれば——その時までは無理だろうが——文化的な暮らしを送る大半の人々のうちに美術への広い関心が生まれてくることだろう。現状では知性のその側面にはほとんど関心がもたれていない。今日の知性は芸術ではなく科学の陶冶に向かう傾向がある。いつか人々がおのれの知性を物事の科学的側面に置くことに飽きて、常に芸術に注意を傾けるようになる日がおそらく来るだろう。奇妙なことに、現代は昔の時代と比べて次の点で異なる。すなわち、現代の人々はすべて、どうあっても芸術なしではいられないのだが、それに対して、昔は人口の大半が芸術をこれっぽっちも気にかけなかった、ということである。本当に芸術を好んでいるかどうかを見る真の試金石は、芸術のために何か日常の楽しみを断念してみることである。やがて科学の時代を脱し、科学と芸術の一種の過渡期に達し、それから後者がかなり優遇されるようになるだろうと自分は思う。もちろん、人には自分が楽しめるような仕方で知性を働かせる権利がある。今日、芸術は世界最大の都市たるこのロンドンのような大きな自治体のなかである程度代表されるべきである。そして州議会は、今不当になおざりにされている芸術創造に注意をうながし、指導を与える仕事を立派にはたしつつある。（拍手）

（コブデン＝サンダースン氏は、モリス氏への心からの謝意を表明してこう述べた。）モリス氏に謝意を表すに際して申し上げたいことが二点ある。ひとつは、いわば氏の徹底ぶりと呼べるようなもの。というのも、何人といえども、モリス氏ほど偉大な中世芸術作品について語る資格を備えている人は他にいないからである。氏は多方面で職人技術を生み出し、その結果は、今後何世代にもわたる人々にとって地平線上の光明のごときものであろうと推察する次第である。氏はおのおのの工芸において、芸術が達しうる最も美しい表現に親しむことを自身の仕事にしてこられた。この最新の試みにおいて、印刷本は氏にとって新しい分野ではないのであるが、著者であれ、彩飾絵師であれ、印刷者であれ、装飾画家であれ、氏の偉大な先人たちの仕事のうちで知るに値する最良のものすべてを身の回りに集めることを氏の務めとなさってきた。そして私たちは今夜、氏の最新の美しい研究成果の一部を見せていただいたわけである。今見せられたものをまねするべきではないのであるが、私やみなさんがモリス氏の徹底ぶりと広い視野と研究態度をまねたとしても無分別な行為ではないだろう。もう一点は、氏の公平無私なところである。氏の仕事は、作品における美への純粋な愛のためのものである。この特別な場で、そしてこうした状況下で、これは非常に意義深い点であると推察する。技術教育の始まりは、世界の大きな競争市場でのイギリス産業の優越性と関連して考えられていると思う。その目的を自分はあえておとしめるようなことはしないが、この仕事のすべてにはもっと大きな目的があるのではないかと思うことがある。モリス氏は、先人のラスキンにしたがって、世界で今なされている仕事を聖化するような何かが世界にあるはずだと信じておられ、私たちすべての暮らしに欠かせぬ部分である仕事を芸術表現こそが聖化すべきものであり、また聖化するのであろうと考えておられる。私（サンダースン氏）はこの一点においてもみなさんにモリス氏を見習っていただきたい。

（ウィリアム・レザビー氏も感謝の言葉に賛意を表し、一同拍手をもってこれに同意し、散会した。）

ゴシック本の木版画
一八九二年の講演

これから、十五世紀と十六世紀初頭の本から採った若干の図版を、一定の順序をふんでお見せしたいと思う。しかしその前に、それらの実例に代表される類の芸術の起源と性質について、またそれがわれわれに与える教訓について、少しお話ししたい。

お見せすべき例の最初期のものは、早くてもせいぜい一四二〇年頃のもので、そのほとんどすべてがそれより五十年後のものなので、それらが中世芸術の末期に属するのは明白であり、うち一、二点は、精神において未だゴシック的であるとはいえ、正式にはルネサンス初頭に入るものとしなければならない。実際、いくつかの例で、ゴシック様式が新古典主義様式に唐突に取って代わられたのを見ると奇妙な感じがする。特にドイツがそうで、例えば、時代が下って一四九〇年代にニュールンベルクの偉大な印刷者コーベルガーが出した『ニュールンベルク年代記』や『宝庫』を初めとする書物群には、来るべき変化の徴候はまったく見られないのに、それから十年たつと、これはまた不思議、ドイツの印刷本にゴシック的装飾が少しも見られなくなる。もっとも、思うにアルブレヒト・デューラーという一人の偉人が生み出した画像は、本質上ゴシック的ではあった。

これらの本の大半は、実際、初期においてはそのすべてが（贅を尽くした「時禱書」を初めとする見事な装飾がほどこされたフランス本はほぼ例外だが）、民衆本に向けられていた。ドイツの初期印刷者たちが刷った神学の大型二折判、法律書、教令集といった書物は、活字の美しさが神わざともいえるものであったが、さらに、それに装飾が加えられた場合、それは彩飾絵師の手によってほどこされた。ただしグーテンベルクの見事な『詩篇』は唯一の例外で、これはかつて達成しえた装飾カラー印刷の最初にして最良の作品なのである。また、ローマとヴェネツィアの初期印刷者たちが制作した優美で完璧な古典の書物は、しばしば美しく彩飾されてはいたが、木版画の助けを借りるのを嫌った。そして、複製による挿絵がようやく普及したのは、ローマン字体の完成者であるフランス人ジャンソンの時代がすぎ、イタリア活字が衰退し始めてからのちのことだった。こうした挿絵入り本は、低級な製品だと見下され、偉大な印刷者たちの無装飾のページよりもずっと安く売られていたことがわかる。木版画入り本が安い本であったという見方を確認するのに、大抵の場合それはすでにラテン語で印刷されていた本の各国語版《ヴァナキュラー》であったという事実に注意しておかねばならない。

それで、これからお見せする作品には不利な点があった。ひとつには、当今では安手の芸術であってもうまく体裁をとりつくろう手だてがあるのだが、それがなかった時代では、粗削りな性質が安手の芸術を損なう傾向があったということである。そしてもうひとつには、中世の青年期、壮年期ではなく、老年期に属しているという不利があった。反面、それは芸術であって、単なる「商品」ではない。そしてそれは死にゆく中世によって生み出されたものであっても、まだ死に絶えたわけではなくて世の中に流布しており、希望に満ちた時代の特質の多くを依然としてとどめている。かてて加えて、当時流通していたデザインを新しい素材と方法に応用する必要があったため、特殊な生命が与えられた。それは、自分の目を開いていられるすべての時代の芸術家たちにとって、興味と教訓に満ちたものである。

それ自体いかなる真の成長もない芸術である修辞的芸術、回顧的芸術、あるいはアカデミックな芸術と対照される、すべての有機的芸術、真に成長をとげるすべての芸術には、二つの性質が共通にある。叙事詩的性質と装飾的性質がそれで、物語を語ることと、空間を、つまり手でさわれるものを飾るという二つの機能である。芸術作品としてわれわれの注意を引くどんなものをも生み出すのに必要な労力と創意は、この二つの目的以外のために使われるなら、無駄になる。脈々として絶えぬ伝統の連なりの結果である中世芸術は、この二つの機能をしっかりとつかんでいた点で際立っており、実際、これらは他のいかなる時代にもましてその時代に深く浸透している。その特殊な芸術のすべてが装飾として明瞭かつ単純に美しいだけでなく、その装飾がまた力強い意図で生き生きとしており、その結果、どちらの点でも生命力が衰えることがなく、視覚的喜びが欠けることも決してない。「物語はあるが、それをどのように飾るつもりか」と言う必要はないし、「美しいものを作り終えたが、さて、それで何をするつもりなのか」と言わなくてもいい。ここで両者は一体となり、互いに分かちがたく結びついているからである。中世に絶頂に達した伝統の力が、叙事詩的意匠と装飾のこの統一を果たすのに大いに寄与したのだろう。それは集団的想像力によって個人の欠点を補った（本物の叙事詩やバラッド詩に繰り返し出てくる語句や詩行を参照されたい）。巧みな職人技術と美への本能を職人たちが代々にわたって継承できるようにした。そして良質の作品に対する公衆の鑑賞力を養いもした。それが当節では、芸術家は本質上芸術家のためにだけ仕事をし、何も知らぬ素人を見下し、生計を立てる必要があったとしても、その軽蔑の念をごまかしきれない。芸術の時代にも、彼らが仕事をするのはひとえに芸術家のためだったのだが、それは万人が潜在的な芸術家だったからである。

さて、書かれた文献が未だ神聖で、人にとって奇跡同然であったような時代には、書物が当時の叙事詩的＝装飾的芸術をそれ相応に享受しないでいることは不可能だった。したがって、過去と現在の英知と知識を含む書物のページによって与えられる機会が、最大限に養われた。アイルランドの写本の見事なカリグラフィをもって始まる中世初期は、あらゆる時代にまして〈書くこと〉の時代だった。八世紀から十五世紀まで、ほとんどすべての書物のページが、たとえ装飾を加えていない場合でも、美しい。本文を説明する挿絵なしで飾られているものでも、非常に目を楽しませ、彩飾画家の美と尽きることのない楽しい創意によって想像力をいたく刺激されるものだから、書き文字が具現する物語にさらに挿絵を加えるようにとあえて求めることはほとんどできないほどである。しかし、それが果たされて、本が絵で満たされ、細心の注意を払った直截なデザインをもって、そして技法についてはまことにすっきりした輪郭ときわめて繊細な色づかいをもって、書かれた物語が再び絵で語られたとき、われわれに言えるのは、完璧な中世の書物にまさる芸術作品は、完璧な中世建築だけだ、というぐらいである。これは、およそ一一六〇年から一三〇〇年までの書物群について、ほとんど留保なしで言えるはずだ。この時期をすぎると、純粋さと素朴さの点で、挿絵の性質上作品は得るものより失われるものの方が多くなり、十五世紀中葉をすぎるとついに、彩飾本は装飾の面でその個性の多くを失ってしまう。そして、未だ美しいものではあっても、大抵の場合、そのなかの彩飾画《ミニアチュア》がすぐれているときにかろうじて凡庸さを脱している。

ところが、ここに新しい要素が入ってきた。印刷術の発明によってもたらされた要素である。そして父型彫刻師《パンチ・カッター》に、活字鋳造業者に、印刷者に、写字生が徐々に押しのけられていった。最初に印刷された文字は、その新しい職人がなしうるかぎり正確に書き文字を再現したもので、写本に徐々に忍び込んできていたひどい略字の模倣までおこなったほどである。しかし、すでに述べたように、真面目な本の制作者は、挿絵であれ装飾であれ、最初は彩飾画家の仕事を木版彫板師にやらせることはなかった。実際は、木版から絵を刷る技術は本を刷る技術よりも古いのであり、それがおそらく本の挿絵の生みの親だったのだろう。最初期の木版画は、宗教的主題をあつかっていて一枚一枚ばらばらになった絵が信者の教化のために流布したもので、現存する実例では大体手描きで色が塗られており、常に彩色が意図されていたのは確かである。最古の例はおそらく一三八〇年にさかのぼり、十五世紀前半の作とされるものが多くある。ただし、年代については大抵の場合推測の域を出ない。しかし本来の本の挿絵が発展したからといって、そうした木版画の制作が止まることは決してなかった。多くは一四五〇年から一四九〇年の間に作られたし、十六世紀初頭の作も見られる。だが初期の作品だけに何らかの特殊な性質が見られる。彫板が粗雑なものもあるし、心もとないものもあるが、かなり上手に彫られた作品がある。下絵の表現があとをとどめぬほど不出来なものはほとんどない。これらの初期作品の大半のデザインは大抵見事な出来であり、可能なかぎり凡庸さから離れている。これらの木版画の多くは、否、そのほとんどは、中世の情熱的な敬虔さの見事な表現なのである。その敬虔さは、その奇妙さのため、さらには、それとまざりあったグロテスクな性質のため、いささかわれわれには見えにくくなっているのだが、その真実味は、その時代を偏見をもたずに学んだ人が見れば疑いようがない。一例としてあげることができるのが、葡萄しぼり器に押されたキリストの図柄で、おそらく早くて十四世紀末頃のもの。これは十三世紀の見事な作品と並べてみても遜色がないものだろう。(1)

本の挿絵の次の段階は木版刷り本で、木版画に同じく彫板された文章が添えられたものである。それは片面だけに木版刷りをした二折判である。これらの本のうちでも最も注目すべき作品、『往生術』、『主の祈り』、『ソロモンの歌』、『貧者の聖書』、『黙示録』、『人類救済の鑑』(図22)といった書物の起源の問題が、可動活字を最初に使った印刷者が誰かという問題とともに、そこまでしなくてもよいと思えるほどにまでかまびすしく議論されてきた。私は学者ではないのでこの論争に何も付け加えることはない。これらの作品が一四三〇年から一四六〇年の間のある時期に制作されたこと、そしてそれらの様式がゴシック期を通してフランドルとオランダをほぼ完全に支配していたが、ドイツの木版彫板師にはほとんど影響をおよぼさなかったこと、これを述べておけば十分である。あとは、これらの本はすべて芸術作品として非常に価値がある。『人類救済の鑑』(図22)以上に所与の出来事を直截かつ詩的に表現した作品を見出すのは困難だろう。また『ソロモンの歌』以上に優雅で感動的なデザインも他に見られまい。『貧者の聖書』の木版画はやや粗削りだが、活力と表現力に満ちている。『往生術』は実に上手に描けていて仕上げも見事だが、主題はあまり面白いものではない。『黙示録』と『主の祈り』はいずれも素晴らしい。前者は、十三世紀末の黙示録の絵入り写本の最良のものと比べてもデザインの点でほとんど遜色がない。

さて次はゴシック期の定番の本を飾る木版画で、これはいくらかおずおずと始まった。ドイツとイタリアの作品で制作年代がそう隔たっていない例を二つあげると、一四六二年にバンベルクでアルブレヒト・プフィスターが印刷した『ヨセフ、ダニエル、ユディット、エステルの物語』と、一四六七年にローマでウルリッヒ・ハーンが印刷した『トゥレクレマータ（トルケマーダ）の瞑想録』がある。後者は教皇の命令によってローマの教会（サンタ・マリア・ソプラ・ミネルヴァ教会）のフレスコ画から採られたものだったが、十分にドイツ的な作品で、生気に欠けぬわけではないが、下絵と彫板がはなはだ粗雑である。

しかしこの時期以後、この木版画の派は急速に進歩し、それまで彩飾の技術で大分遅れをとっていたドイツが全体として今やこの新技術を主導するようになった。

その主要な派は、ウルムとアウグスブルク、マインツ、シュトラスブルク、バーゼル、それに遅れてあらわれたニュールンベルクの派だった。まもなくお見せする実例は、おおよそウルムとアウグスブルクの初期の様式のものである。それが一番典型的だからだ。しかし、ついでに言っておきたいが、初期のバーゼル本には、特にベルンハルト・リヒェルの『人類救済の鑑』がそうだが、非常に注目すべきものが見られる。そして一四八〇年代にマインツでは、多くの本と並んで、まことに美しい『草木書』とブライデンバッハの『聖地巡礼』を制作した一派があった。『聖地巡礼』は、聖地〔エルサレム〕巡礼の旅路の町々を実際に描いているところなど、色々とすぐれた点があるが、とりわけ、中世で最高の出来栄えの木版画が含まれていることを指摘しておかねばならない。もちろん、ドイツにはほかにも挿絵入り本を制作する町が多くあったが、それらは性格上これらのいずれかの派に属するものとみてよいだろう。

オランダとフランドルには木版画制作の立派な派がひとつあった。それは繊細な装飾を特徴とし、非常に直截で表現に富み、先に述べたように、木版本の直系の子孫だった。この派のほとんどの本を制作した印刷者はヘーラルト・レーウ（リヨン）（図11）で、彼は最初の印刷の仕事をハウダでおこない、そのあとアントヴェルペンに移った。しかし、ブリュッヘ〔ブリュージュ〕のコラール・マンションは、ほとんど本を印刷しなかったのだが、印刷術におけるキャクストンの師となった人物で、挿絵入り本の大変すぐれた見本を二、三点生み出した。特徴的なのであげておくと、ネーデルラントで制作された最も注目すべき挿絵作品のひとつは『決断の騎士』（シャルル勇肝公の死についての寓意詩）であり、そのスライドがうまく作れずここでお見せできないのが残念である。一五〇〇年にシーダムで制作されたこの本は、初期の木版本に由来する自国の手法よりもむしろ、フランス的な様式の方にはっきり傾いている。

フランスが印刷と本の挿絵を始めたのはいささか遅い時期のことで、その重要な挿絵入り本のほとんどが一四八五年から一五二〇年までの期間に制作された。しかしいかにもフランス人特有の才能を発揮して、書物装飾の技術をしっかりと完璧に押さえ、また、他のどの国よりも遅くまでゴシック的な手法を続けた。装飾的特質の点ではフランス本にまさるものはなく、木版挿絵の多くには、その装飾的長所のほかに、そこに導入されたロマンティックな性質の面白さも加わっている。それらはみな、『アーサー王の死』や『トリストラム』の挿絵であるかのように見える。

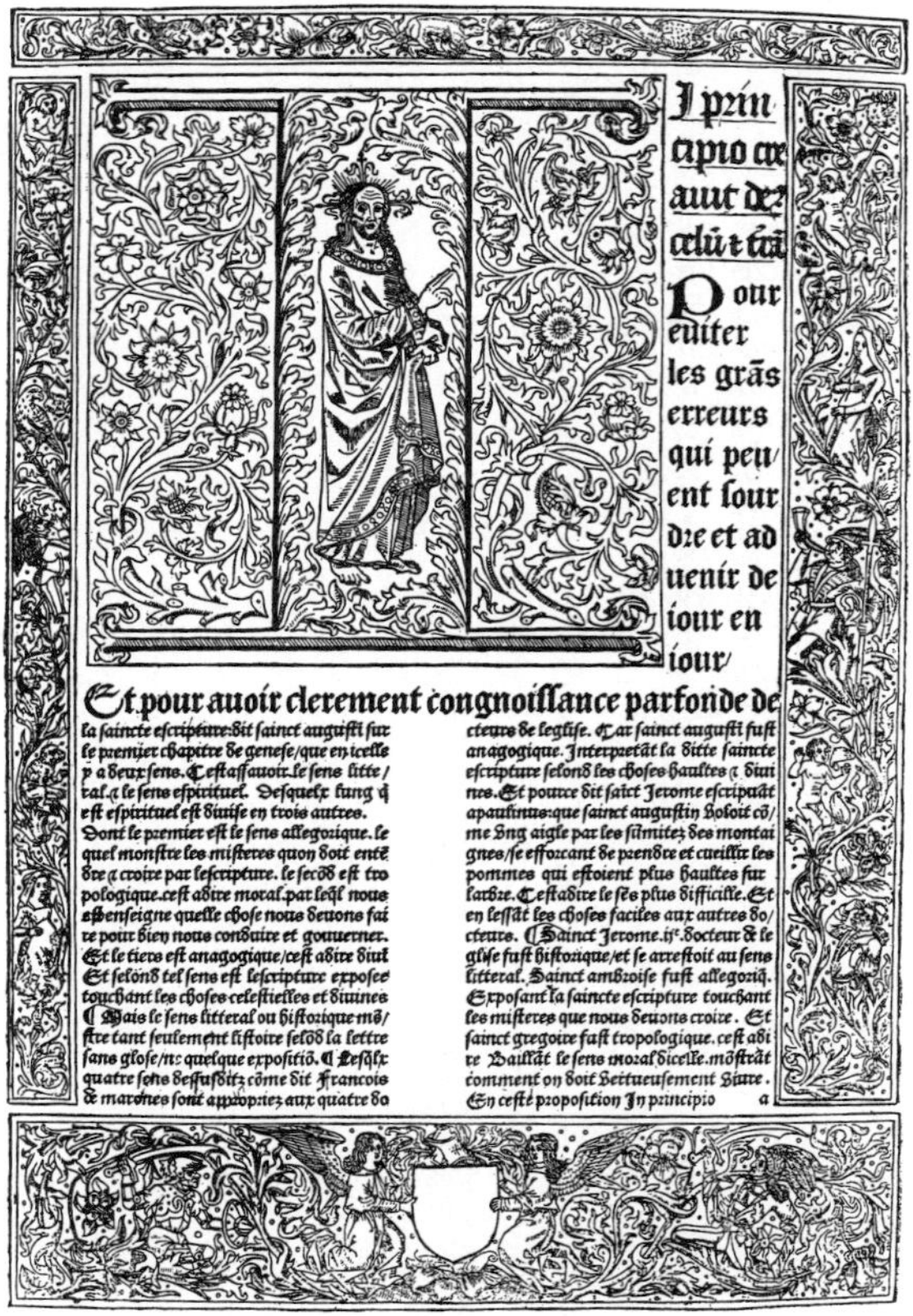
In principio creauit deus celum et terram

Pour euiter les grãs erreurs qui peuuent sourdre et aduenir de iour en iour/

Et pour auoir clerement congnoissance parfonde de la saincte escripture: dit sainct augusti sur le premier chapitre de genese/que en icelle y a deux sens. Cest assauoir. le sens litteral. et le sens espirituel. Desquelx lung q est espirituel est diuise en trois autres. Dont le premier est le sens allegorique. le quel monstre les misteres quon doit entẽdre et croire par lescripture. le secõd est tropologique. cest adire moral. par leql nous est enseigne quelle chose nous deuons faire pour bien nous conduire et gouuerner. Et le tiers est anagogique/cest adire diui. Et selõd tel sens est lescripture exposee touchant les choses celestielles et diuines. ¶ Mais le sens litteral ou historique mõstre tant seulement listoire selõd la lettre sans glose/ne quelque expositiõ. ¶ Lesqlx quatre sens dessusditz cõme dit Francois de marones sont appropriez aux quatre docteurs de leglise. ¶ Car sainct augusti fust anagogique. Interpretãt la ditte saincte escripture selond les choses haultes et diuines. Et pource dit saict Jerome escripuãt a paulinus: que sainct augustin voloit cõme vng aigle par les sũmitez des montaignes/se efforcant de prendre et cueillir les pommes qui estoient plus haultes sur larbre. Cest adire le sẽs plus difficille. Et en lessãt les choses faciles aux autres docteurs. ¶ Sainct Jerome. ii[e]. docteur de leglise fust historique/et se arrestoit au sens litteral. Sainct ambroise fust allegoriq. Exposant la saincte escripture touchant les misteres que nous deuons croire. Et sainct gregoire fust tropologique. cest adire baillãt le sens moral dicelle. mõstrãt comment on doit vertueusement viure. En ceste proposition In principio

a

13 『歴史の海』(パリ、ピエール・ル・ルージュがヴァンサン・コマンのために印刷、1488-89年)、第1巻、紙葉番号A1表。原寸は371×254 mm。モリスはこの本を所蔵していた。

イタリアでは、一四八〇年頃から以後、先に述べたように、印刷術の質の低下とあいまって本の挿絵が普及した。イタリアの二大流派はフィレンツェ派とヴェネツィア派である。全体として、前者の都市がヴェネツィアを――かの有名なアルドゥス版『ポリフィルス』にもかかわらず――凌いでいると言うべきだろう。ちなみに『ポリフィルス』の木版挿絵は非常にむらがある。言っておくべきだが、イタリアでは本の挿絵が非常に多く出された。例えばウルリッヒ・ハーンの『トゥレクレマータの瞑想録』がそうで、それらの様式は純然たるドイツのものである。これはイタリアの初期印刷者の大半がドイツ人であったという事実によってのみ推測できるものである。

これを言わねばならぬのは残念だが、イギリスにはゴシック様式の本の挿絵の流派があったとは言えない。わが国の初期の印刷本の木版挿絵は、よくてもフランスとフランドルの木版の巧妙な模倣で、最悪の場合は非常に劣悪な模倣である。十三世紀と十四世紀では総じてイギリス人の書物装飾の腕が最高であったというもうひとつの事実と重ね合わせてみるなら、この嘆かわしい事実は奇妙なことである。

これらの芸術作品の研究から引き出されるべき実践的教訓についてはさらに二、三点申し上げることがあるが、それを述べる前に、これらの木版画の実例を写したスライドをお見せしたい。ただ最初に言っておかねばならないが――おそらくみなさんの多くがご存じのことだろうが――これらの昔の木版を彫板師はきめの細かい木材（今では必ず黄楊《つげ》材）

の小口版木に彫刻刀《グレイヴァー》で彫ったのではなく、梨やその種の木の板目版木にナイフで彫ったのである。版画の線が細い場合にはこれは一層難しい芸当だった。リュッツェルブルガーが彫った〔ホルバインの〕見事な木版画連作『死の舞踏』はその一例である。

（モリス氏は次に一連の幻燈スライドを映した。その解説は以下の通り。）

一、これは『往生術』から採ったもの。一四二〇年頃の作。たった今申し上げた論争の種になるのだが、フランドル風ともオランダ風とも言いうる。二、『ソロモンの歌』。ほぼ同時期。三、ウルム派の最初の挿絵入り本『ボッカッチョの有名かつ高貴な婦人たち』（『名婦伝』）から（図19）。アダムとエバの話から始まる。頭文字は装飾のウルム派に非常に特徴的なもの。蛇の胴体がS字を形作っていて、尾の結びのなかに七つの大罪をあらわす小さな図が描かれている。四、同じ本の別のページ。「ケレスと農耕術」。当時の木版刷りの大きな難点のひとつは、プレスが弱いことだった。唯一の手だては、版木が紙に十分に刷り込まれるように、よく湿らせた用紙と、非常にやわらかいパッキング〔プレスの表面を覆う「胴巻き」〕を使って刷ることだった。しかし多くの本は、これがその一例なのだが、このために大分損なわれている。五、同じ本の別ページ。制作年は一四七三年。

六、アウグスブルク本『人生の鑑』から。作者はスペインの司教で、中世に大人気を博した著作。あらゆる人生の境遇の有利不利を描いている。この木版にはハプスブルク家の家系図が収められていて、きわめて美しい装飾デザインが実に見事に彫られている（図14）。

14 ロデリクス・ザモレンシス『人生の鑑』(アウグスブルク、ギュンター・ツァイナー印刷、1475-78年)、紙葉番号8裏。原寸は262×168 mm。モリスが所蔵したこの本(現在はモーガン図書館所蔵)には彼の筆跡で次のようなメモが書き込まれている。「……これはアウグスブルクの絵本で最良のものと言わねばならぬ。版画の大半がギュンター・ツァイナーの第二の画家によって見事にデザインされている。……ハプスブルク家の家系図が本文の前に出ており、その挿絵に人物と葉飾りを配した家系樹の図版がついている。人物像についても渦巻模様についても、この種の装飾作品のなかでは他の追随を許さぬもので、彫りも非常に上手。実際この本の絵は全般的に見事である。ただし、彫板がまずくて損なわれてしまっているのも一部ある。……」。

七、同書から。みなさんがよくご存じの「五人組」[2]ではなく、「四人組」、つまり紳士、商人、貴族、そしてつまさきを靴から突き出して全員を支える役回りの貧民を描いている。ギュンター・ツァイナーの印刷の好例。頭文字はすべてのアウグスブルク本のなかでも格別に優美なもの。八、同書より、両方から金をせしめる「不正な法律家」の絵。この本の成立年代は一四七五年頃。九、『イソップ寓話』より。『ウルム版イソップ』をアウグスブルクのアントン・ゾルクが復刻したもの（しかし絵は同じ版木で刷られている）。「車輪の上の蝿」と「鳥と孔雀」の話。イソップの絵のためのこれらのデザインは、中世を通じてほとんど変更なしで使われた。[3]十、同書の「コウノトリの王様と丸太の王様」（図21）。十一、『ビドパイの寓話の書』より。コンラート・ディンクムート制作。ディンクムートはウルム派の初期のすばらしい作品の数々をのちの世代に伝えた人物。一四八六年頃の作。十二、「籠のなかの鸚鵡」。婦人たちが偽のあらしを装ってかわいそうな鳥を死に追いやる話。ディンクムートは実に目ざましい仕事を果たした。代表作のひとつは、テレンティウスの『宦官』のドイツ語訳。もうひとつは『シュヴァーベン年代記』である。十三、『宝庫』。ニュールンベルクのコーベルガーが一四九一年に刊行。こんなに遅い時期の作なのに、デザインには古典主義的影響がまったく見られない。例えば建築物は純然たる後期ドイツの建築である。十四、同書から「天使に会うヨシュア」と「燃える藪のモーゼ」。十五、コーベルガーが一四九三年に印刷した名高い『ニュールンベルク年代記』の一ページ、というか一ページの部分。ラテン語で書かれた書物なので、挿絵入り本が自国語で書かれているという原則から言ってある意味で例外的な作品にあたる。しかしこれにはドイツ語版もある。十六、同書の別の見本。十七、奇妙な祈禱書『ゾイゼの書』。アウグスベルクのアントン・ゾルクが一四八五年頃印刷。十八、別ページ。線を処理する際の装飾技法を示している。

十九、フランドル派の一例で、黒地に白のデザインの典型。これはフィレンツェとフランドルの両方の木版彫板師が頻繁に用いている。これはヘーラルト・レーウが一四八七年に刊行したキリスト伝から。二十、同書の別ページ（図11）。この本には二人の画家が関わっているのが確実で、左側の一枚は二枚のうちでより絵画的に見える。彼のデザインは優美ではあるが、ぞんざいに見える方の挿絵画家のデザインほど見事ではない。ヘーラルト・レーウは非常に美しい頭文字の揃いを持っていたが、それは一四八〇年をすぎるまで一般化しなかったような装飾である。二十一、同書からの別のページ。二十二、もう一冊のフランドル本から。このスタイルがいかにすべてに貫かれているかを示すもの。一五〇三年刊『黄金伝説』からの「聖ゲオルギウスと龍」。

二十三、一連のフランス本のひとつ、『歴史の海』（図13）と呼ばれる非常に名高い本から。大洪水の少し前からのフランス史で始まる。実に美しい本で特大。多くの「時禱書」と同様に、これらの縁飾りは彩色するつもりであったと思われるが、私は縁飾りに彩色をほどこしたものは一冊も見たことがない。普通は縁飾りに彩色が図られている場合に無地のままであるのを見ることはめずらしいのだが。二十四、同書の別ページだが、スライドがうまく撮れていない。ここで言っておくが、フランスの出版者のひとつの欠点は、一枚の絵をいくつもの用途で使用したことである。彼らは挿絵よりも装飾の方に一層注意を払ったというのが実情である。二十五、フランスの印刷者による別のフランス本『戦闘の樹』。これはフランスの絵に見られる奇妙なロマンスの性質を例証するもの。これらの挿絵の多くが本書のために作られたのでないのは本当である。実はそれらは『決断の騎士』――そのフランドル版は前に言及した――の別版用に作成されたものだった。図版中にその名が出ているものがあるからである。二十六、同書の別ページ。二十七、フランスの装飾様式のもうひとつの好例。ペトラルカの『二つの運命の治療』から。これは作者が自著を王に捧げている図で、これらのフランス本にたびたび使われるもの。二十八、もう一冊、ほぼ同時期（十六世紀初頭）のフランス本『羊飼いの暦』。これは英語版が数多く出され――一六五六年という遅い時期にさえ出された――、挿絵はこれらの木版を模倣している。二十九、美しい「時禱書」の一冊から採った一ページ。こうした「時禱書」の大半はヴェラムに印刷され、各ページが多かれ少なかれこの種の絵で飾ってある。ここは年事暦で、黄道十二宮、十二カ月の仕事、月々におこなわれる聖人の祝日、狩りや娯楽が描かれている。別の側は〈聖杯〉。この本は一貫して同一のスタイル――完全にゴシック様式である。

15　フェデリーコ・フレッツィ『俗語のテルツァ・リーマによる四つの王国』(フィレンツェ。ピエロ・パチーノのために1508年に印刷)。ミネルヴァの降下の場面。原寸は87×122 mm。

印刷は一四九八年で、当時のドイツの画家がルネサンス的特徴を導入したことでこうした典礼書が相当に損なわれてしまってからおよそ二十年を経ていた。三十、同書の別のページ。〈復活〉と〈ラザロの蘇り〉が主要な主題。

三十一、名目上はイタリアの木版画。この本はミラノで印刷されたのだが、この挿絵は、制作は別かもしれぬが、おそらくドイツのデザインである。三十二、フィレンツェ様式の非常に美しい本。特色のひとつは黒と白をはっきり区別して使っているところ。三十三、同じく一五〇八年の『四つの王国』（図15）からの別ページ。三十四、また別のページ。背景に美しい景色が描かれていて、フィレンツェ様式の典型的なもの。三十五、これは装飾が本当にルネサンス様式に入り込んでしまった一例。「開運の書」の一種で、どこで金をなくしたかとか、自分の敵は誰かなどといったことを発見する、開運のためのあらゆる方法が書いてある。ペッシャ本のひとつで、実際にはミラノで印刷されたが、ヴェネツィア派に属する。三十六、ほぼ同時期のヴェネツィア派の本から。当時の画家たちが縁飾りと絵とを組み合わせる際の入念さと美しさの実例としてこれをお見せする。ページ全体のなかでの黒と白のつりあいには非常に満足すべきものがある。

以上、実例をご覧に入れた。もう一度念を押しておきたい事実なのだが、これらのデザインはひとつ残らず、物語を語る仕事という特別な機能を果たす一方で、自身がその一部を形成する、書物の装飾というもうひとつの機能も決して忘れていない。このことがそれらと現代の本の挿絵との本質的な相違である。現代のものは思うに本のページを装飾するというふりもしないどころか、印刷物と一緒に刷って綴じるのが好都合であるような白黒の絵として見られているにちがいない。実際、私がみなさんに出したい問いはこうである——われわれがこれから持とうとする書物は、書物として美しいものなのか。つまり、活字、用紙、木版、そしてこれらすべての正しい配列を考慮して、全体の調和をもたらすようにあつかわれる書物、挿絵をじっくりと見始める以前でさえ、いつどこで本を開いても美的感覚を持った人に真の喜びを与えるようなもの、これを手にしようとしているのか。それとも、美しく創意に富む挿絵を、ひとつの功利主義のなかに組み込まれていて、装飾にはならぬ——装飾しても無駄なので——独立した絵と見なすべきなのか。後者の一例として、われわれの一部が若い時分のものだが、フレッド・ウォーカー氏が『コーンヒル・マガジン』の『フィリップ』のために描いた挿絵を取り上げよう(4)。この手の挿絵のうちで最良の部類に入る作品だと思えるので。さて、それらはサッカリーの物語の一部であって、いかなる点でもその一部であることを私は望むのであるが、どう見てもそれらは実質的な印刷本の一部にはなっていない。そして私はそうなるようにと願うのである。現状では、それらが組み込まれる功利主義的印刷物の大部分は、まったくどうしようもない死んだ代物である。そう、それは醜悪でさえない。少なくとも生気のある醜悪さはない。

　さて、その逆のケースが今その実例をお見せした本である。見られるべきものとして、それらは全体として美しい。どこを見ても生き生きとしている。ところどころの片隅にだけ生気があるというのではない。挿絵画家は、彼の絵を版木に移す彫板師だけでなく、印刷者や一介の装飾職人とも成功と失敗を共有せねばならない。その結果できあがったのが、視覚的な芸術作品としての書物である。

この結果はどうでもよいと言われる向きもあるかもしれない。文章を読んで、そして絵を見ればそれでよい、現代の本がこれらの楽しみを与えてくれるのならそれ以上何もいらない、と。まあ、それはそうかもしれぬが、その場合、その人の本への興味は文章に対するものだけであって、芸術的なものではなく、私見ではそれはつまり諸機能の一部が麻痺していることであって、誰も誇りに思えぬ不幸な事態であるということをあえて言っておきたい。

とはいえ、視覚芸術作品である書物への趣味が、とりわけこの国で成長して来ているのは確かなようだ。わが国では、印刷者たちが最良のときに今では外国で使われているものよりも形態上はるかにすぐれた文字を用いており、装飾本を意図した作品が数多く出ている。とはいえ、その大半には不十分な点がある。それは実際、ウォルター・クレイン氏の(5)いくつかの美しい作品に見られるように、ページ全体が、絵と装飾と活字が文字通り芸術家の手仕事によって表現されぬかぎり、ほとんど満足のゆくものにはならない。

しかしこれはなかなか実現しがたい。そしてわれわれが望むのは、本がたまに美しいということではなくて、いつも美しくなることであるように思える。実際、そうでないのなら、たまに本を美しくしようとする人々の苦労をはなはだ大きなものにしてしまう。何にせよ、挿絵入り本は常に美しくあるべきだと言いたい。ただし、挿絵が、目を通して知性に喜びを与えるというよりもむしろ情報を与える目的で出される場合はその限りでないのかもしれない。だがその場合でさえ、理にかない、品位を備え、見栄えがするようにすべきなのは確かである。

さて、その美しさをいかにして得たらよいか。それは本の制作にあたる職人と画家の調和のとれた共同作業によってであるにちがいない。第一に、紙は良質のものを使うべきである。これは通常考えられている以上に大切なことであり、昔の本と近代の本はこの点でまったく対照的である。というのも、十六世紀中頃までは悪質な紙はまったく作られておらず、当時作られた一番悪い紙でさえ、現在上等と見なされている代物よりもはるかにましなものだったからである。第二に、活字が良質でないといけない。これは文字の形態をじっくり調べたことがない人々が考える以上にすぐれたものにする余地がある問題である。とはいえ、単なる活字体の問題以外にも、美しい本を作るのに非常に重要な問題が色々あるのだが、本日のテーマから少し外れてしまうので、立ち入るわけにはいかぬ。それから、装飾そのものがよくないといけない。もっと言えば非常によいものでないといけない。印刷業者たちのただの陳腐な商売用の装飾以上に気が滅入るものを私は知らぬ。立派な本がそのおかげでだいなしにされるのを見るのは当今めずらしいことではない。簡素で飾りがない文字による本の方がそれよりはるかに装飾的だろう。

次に木版画について。ここではみなさんの多くが私と大いに意見を異にしているだろうという気がする。というのも、私はフレッド・ウォーカーのあの白黒のすぐれた絵のような挿絵では、本の装飾は決してできないと確信しているからである。画家は、それを満足できるように制作するためには、きびしい自己抑制をせねばならず、また自分が装飾している本のページを決して見失ってはいけない。それはみなさんには当然自明のことと思えようが、あいにくそうではあるまい。いかなる画家といえども、単純で美しい輪郭《シルエット》を見せるような、きびきびして明快で巧みに描かれた線の価値を強く意識していなかったならば、決してよい挿絵画家にはなれないだろう。これをぼかしてしまうと——そしてまさにそれをぼかす程度に応じて——本の装飾としてのデザインの適合性がどうしても奪われてしまう。この芸術では曖昧さはまったく通用しない。本の装飾のためのデザインをする場合は、曖昧であるより間違っている方がましなのだ。

また、画家のデザインは必然的にこの目的のために表現されなければいけないので、彼は自分がそのためにデザインしている素材を決して見失ってはいけない。まさに正確さを助けてくれるに足るだけの量の抵抗を示す板という素材の上に、彫刻刀の先端によって制作される一枚の絵においては（今言ったばかりのことをまた繰り返すが）正確さの欠如は致命的である。そしてここで私のテーマの非常に重要な箇所に至った。すなわち、デザイナーと木版彫板師との関係である。この二人の芸術家が互いを理解していなかったら、その結果が失敗になるのは明らかだ。そしてこの理解は、画家がぞんざいに描いたものを彫板師が隷属的に彫らねばならぬだけであったら、決して存在しえないものである。木版の真の流派が再びあらわれるためには、彫板師はデザイナーの絵を解釈する芸術家となるべきである。現代の一部の木版彫板師がそうなのだが、有能な職人たちの忍耐力と創意が、単なる無意味なながぐり書きをそのまま彫板することで無駄に費やされるのを見るのは実に嘆かわしいことだ(6)。そうした仕事を強要する画家の論理の欠如にはただただ驚くばかりである。ある素材でなされたデザインを別の素材で完成するのは、芸術作品に特殊性を、最後の仕上げを与える実際の手のタッチである。そしてそうしたタッチがなされる道具と素材をデザイナーが無視することは、彫板されるデザインの領域がまったく理解できていないことを示す。

デザインをおのれの領分のひとつに考えている画家が(そのような画家はごくわずかだということは認めるが)、木版彫りの技術を学ぶことは有益だと思わずにはいられない。それはある点までは決して難しい技術ではない。少なくとも、その仕事にふさわしい類の目を備えた人々にとっては。これは何も画家が常に自作のデザインを彫るべきだと言っているのではなく、それを彫る技能を身につけておくべきだと言いたいのである。そうすることで彼らは木版画という芸術の真の可能性が学べるであろうし、望むらくは、彫板師に無理難題でなくて実行すべき本物のデザインを供給できるようになるだろう。わざわざ思い起こしていただく必要もないかもしれぬが、版木に単純なデザインを彫ることの難しさは（そして繰り返すが、本の挿絵用のデザインはすべて単純であるべきだ）十五世紀以来大いに軽減された。板目版木にナイフを使って彫る代わりに、現在では木口版木に彫刻刀を使って彫っているのである。この単純な木版彫りは安易であるために軽蔑すべきものと考える向きも確かにあるかもしれない。しかし、一本の線を作り出すために繊細で洗練された手並みが常に必要であり、これは生易しいことではない。否、それに対するしかるべき直観力が備わっていない者には無理である。単なる機械的な器用さでは何らこの直観力の代用にはならぬ。

また、デザイナーの側では最後の仕上げの質がどのようなものか感じをつかみ、彫板師の苦労をわかってやり、芸術的に見える木版もあれば機械的に見えるものもあるのがなぜなのか知る必要がある。それと同時に、彫板師の方でもデザインの力を多少身につけることが必要である。そうするならば、デザイナーが自分に何を求めているのかを知り、デザイナーの意図を伝えることができて、いかなる点でも原画のしかるべき表現を損なうことなく〈鉛筆描き〉や〈ペン描き〉の線の代わりに本物の明白な〈カット〉の線をデザイナーに与えることができる。

最後に、画家——このつましき彫板師のためにデザインする偉大な人物——に考えてもらいたいのは、公の場に発表されるのが彼の原画ではなくて——それは目的を果たせば捨ててしまってよいものと見なすべきである——最後に立派に仕上がって正しく刷られた装飾作品であるということだ。私のつましいデザインの制作者たちは、それを彫るのにどんなに骨が折れる場合でも、それをいつも「スケッチ」と言っているのを知っている。これは職業上の用語として通用しているもので、「偉大な人物」にその身の程を知らせ、手から立派に完成された作品を生み出すために際限のない苦労をおこなうことがおのれの本分であることを彼に示している点で、この用語に私は大賛成である。ある芸術家のデザインが別の芸術家によってちがった素材で制作される芸術の場合はすべて、作業を二度おこなうことは死んだ機械的作品の種になるから禁物であるということを私は一般原則として定めている。「スケッチ」はできるだけ少ないものであるべきだ。つまり、できるだけ多くを彫板師に残しておくべきだ。

私のテーマの実際面についてまとめの言葉を一言二言述べて終わる。挿絵入り本は、挿絵が印刷された本文にとってつけたものだというのでないのなら、調和のとれた芸術作品であるべきだ。活字、語間、紙面における活字のページの位置は、芸術的観点から考慮されるべきである。挿絵と他の装飾や活字との結合は、単なる偶然のものではなく、本質的で芸術的な結合であるべきだ。それらは全体の一部としてデザインされ、周囲の諸要素がなければ明らかに不完全なものに見えてくるはずのものである。デザインは彫板の際の素材と方法にかなうものでないといけないし、彫板師にひたすら錯雑した非人間的な苦労を与えて、終わってみれば「離れ業」の誇示以外いかなる結果も生み出さなかった、というのでは困る。彫板師の側では、原画の作者が本人だろうが他人だろうが、原画の機械的再現でなく共感にみちた翻訳こそが彼の努めであるということを理解しないといけない。これを言い換えるなら、木版画のデザイナー、装飾木版のデザイナー、木版彫板師、刷り師、彼らの全員が、思慮深く労を惜しまぬ芸術家であって、全員がひとつの芸術作品の制作のために一致協力して作業にあたるということである。美しい書物を得るためのこれが唯一の可能な方途である。

(ルイス・デイ氏はモリス氏への全面的な賛同と講演を聴講できた喜びを表明して以下のように述べた。)何らかの主題について非常に上手に語りうる有能な講師はこの世に数多くいるが、人が完全に自家薬籠中のものとした主題について心から直截に語るのを聞くのはまったく別のことである。新旧のプリンティングの比較がなされた。私は古い印刷について学識があるなどとはとても言えず、それゆえ、それについて語られた事柄について批評を試みることはできない。古い作品を楽しむことで満足である。しかし本当は二つの事柄はほとんど比較しえぬものである。昔の本は数が少なく、少数の人々によって少数の人々のために制作されたわけだが、新しい本の方は多数の人々のために多数の人々によって作られた。その数もはなはだ多い。本の挿絵のあるべき姿をお話し下さり、モリス氏にまったく共感する次第だが、一体それが可能であるかどうかは私にははなはだ疑問である。多くの不可能事を自分は信じるものだが、この一点については信じられぬ。モリス氏がご自身でどの程度までこれを信じておられるのか本当に知りたいものである。モリス氏は最近ご自身で書物を印刷され、そのために活字をデザインなされ、まことに美しい作品を出しておられる。だがそれはいわば広大な荒野のなかの小さなオアシスを成しているにすぎず、単調な商業製品が並ぶ周囲の荒涼とした不毛の地に生気を与えるには至っていない。新しい作品が古い作品とこれほどかけ離れていることのひとつの明瞭な理由をモリス氏はスケッチとデザインについて語って指摘なさった。今日では、人が本の挿絵のためのデザインを作らねばならぬなら、最初にまず大まかな案を送ることを求められ、次に認めてもらえるようないわゆる「完成した」絵を作り、出版者とその長、そしてそれについて何も知らぬあらゆる種類の人々に再び提出せねばならない。彼らがその絵のよいところをまったくつかむことができず、ひどいものを制作してしまうときでさえ、きっと彼らはあらゆる種類の予備的仕事を強要し、それで画家はやる気をそがれてしまう。本の挿絵が全般的に改善されるという何らかの希望をモリス氏が本当にもっておられるのかどうか知りたいものだ。奇跡を生み出すのは信仰だけであり、このことは確かにひとつの奇跡である。それを信じる者がそれを成し遂げることができるのかもしれぬ。誰かにできるとするなら、それはモリス氏であろう。

（F・S・エリス氏はこう述べた。）私もまたモリス氏の言われたことのすべてに賛成で、モリス氏が最近なさっている努力から良い結果が得られることを何よりも願っている。出版者であった私は——もっとも今はもうそうではなく、またいかなる意味でも芸術家ではないのだが——問題を自分自身の観点からのみ見ることができる。思うに、出版者は、自分が出す本に正しい仕方で挿絵を描くことができる画家を見つけた場合、その画家に干渉などしてしまったら、自分で自分の首をしめるようなものであろう。本の挿絵が賢明に正しくなされるなら、一般読者はまさにありがたくそれを手に入れるだろうし、すぐに非常に実質的な体質改善がなされるだろうと確信する。

（マシュー・ウェッブ氏はこう述べた。）物語を説明すると同時に本を装飾するという二つの性質を結合させた木版画を制作するのは実際には困難ではないか。装飾的な目的のためには、陰影はほんのわずかにするべきだが、それがないと実質上物語を語る力をさまたげてしまうだろう。

（ヒュー・スタナス氏はこう述べた。）この主題についての私の知識はまさに講演のお話の終わりの地点から始まる。私はこれまで一、二度、見事なイタリアの古い木版画入り本を何点か買うことができたが、それらは十六世紀初頭から半ばにかけてのもので、これはモリス氏があつかわれた時代のすぐあとに属する。そのテーマ――それはきわめて興味深く重要なものであるが――をさらに進めて下さり、いつか別の集まりの折にその成果をお話し下さることを自分はひとえに願うものである。

（J・サックス氏はこう述べた。）木版彫板師はテクスチュアの制作という自分の生得権を発展させることを奨励されるべきだと思う。木版彫りのようなテクスチュアを生みだす白黒の芸術は他にちょっと類を見ない。それはどんなありふれたカタログにも見ることがことができる。木版彫りが楽に習得できるというご発言には異議を唱えておかねばならぬ。自分自身、その徒弟であったし、また多くの徒弟の面倒も見てきたのでこう言えるのだが、誰であれ、三、四カ月間はたゆまずに修業にはげまなかったらまともな線一本彫ることもできない。アルブレヒト・デューラーとホルバインは自分で版木に彫ったなどとしばしば言われるが、それはありえぬ話である。どう見ても彼らは木版彫板師を雇って自分の作った画を彫らせたのである。

（議長［サー・ジョージ・バードウッド］は、モリス氏への謝意を表明して、こう述べた。）自分には演題について何ら評言を加えることはできぬが、これと関連していて特に自分に関心がある点を二、三点申し上げたい。モリス氏がいくつかの木版画の制作年代を考慮されていたとき、描かれた植物や樹木が手がかりを与えてくれる場合があるということに自分は気づいた。イタリア製のものだと言われるある木版を、モリス氏はドイツ人が彫ったにちがいないとお考えになる。これはきわめてありうる話だ。というのも、描かれた植物は自分にはナナカマドに見えるからである。そのあとの一五〇八年のフィレンツェの版画では木は見たところロンバルディ・ポプラであり、もしそうなら興味深いことである。なぜならその木はアメリカから入ってきたもので、その図版にはその木がイタリアでその時期にすでによく見られるものとなっていたことを示すものだから。現代の本の木版画に目を転じてみると、ウォルター・クレインの『グリム童話』に言及しないではいられない。これは私が長い間に見たなかで最良の挿絵入り本のひとつである。自分はいつでもクレイン氏の安価な本を十部、十二部と購入し、それを広く配布している。まったくの余談だが、依頼を受けた訴訟で両方から金をせしめる例の不正な裁判官に対してのモリス氏の偏見を私は共有していない。東洋では彼は完璧な裁判官だと見なされている。というのも彼はおのおのの訴訟当事者から賄賂を取り、それを不首尾に終わった者に返却するのであり、そうするとその者は裁判官が自分のために最善を尽くしてくれたのだが自分に有利なように裁くことができなかったのだと思って納得するからである。結論として、絵入り雑誌の経営者は本の良質の装飾のためにさらに尽力してもらいたいと思う。彼らは確かに国民の趣味の復興のこの分野で主導的立場に立つわけだろう。長年私はこれらのいくつかの雑誌の経営者を相手に、その最良の挿絵の裏側に広告を載せて絵を台なしにしてしまうようなまねをやめてくれるように勧めたいと思い、手紙のやりとりを続けてきた。『グラフィック』誌の経営者から一、二年前もらった手紙では、私の批判を真摯に心に受けとめ、今結んでいる契約が切れたらその有害な習わしを避けるようにしたい、と書いてきた。しかしまだその約束は果たしてもらっていない。おそらく広告主から受け取る金が経営者にすればあまりにも大きな誘惑の種なのだろう。この習慣はこれまで以上に一般化し、妨げになってきており、その結果私は週刊の絵入り雑誌を合本にするのをやめてしまった。本の形にすると、今では見るに堪えないものとなっているからである。自分は『グラフィック』の優待者リストに載っており、貰い物のあら捜しをするのは無礼であるのかもしれない。しかし自分がそうした抗議をするのは絵入り雑誌自体のためなのである。そのような見苦しい「二枚舌」はいつでも芸術の破滅を示すものだから。

（一同が拍手で謝意を表明すると、それに答えてモリス氏はこう述べた。）自説への反対意見を誰もお出しにならなかったのは残念である。賛否両論がたくさんあるはずなのだから。テクスチュアについてのサックス氏のお話はまさにその通りだが、結局のところそれは特殊な種類の木版に当てはまることであり、本のページの装飾にふさわしいものと考えられる木版彫りにはあてはまらない。ある講師が椋鳥《むくどり》を描いたビュイックの非常に美しいスライドを見せてくれたのを覚えている。それはきわめて優美に見えたが、それが出ているページの活字とまったく無関係である、というかむしろ、活字の方が絵とまったく無関係であり、その結果、その椋鳥がページの装飾をなしておらず、椋鳥の図を切り離して刷ってもらった方がよかったと思えるようなものである。これは有力な論拠である。なぜなら私はビュイックの作品を賞讃することにおいて——とりわけ鳥獣類が描かれたときがそうだが——人後に落ちないのだから。しかしテクスチュアについてのこの見解は単なる輪郭の表現に適用する程度にまで通してよいのかもしれない。というのも、それらの線が適切に申し分なく、優美に彫られているか、それとも、その線がまっすぐな針先に変えられたり、たたき切られて尖って不愉快なものにされたりするか、というのはまったく大違いだからである。諸様式についての論争に立ち入ろうと言うのではなく、本のページと活字体と木版画がまとまりをもつべきだと言いたいのである。『フィリップ』へのフレッド・ウォーカー氏の挿絵のような木版画が必要であるなら、活字もそれに揃えて同じ様式にすべきである。しかしこれは可能かもしれぬが、不自然である。なぜなら、本の本質的特徴は刻印《スタンプ》されるということだからだ。印刷業者は活字をスタンプと呼ぶ。そして木版もスタンプである。硬貨の刻印に見られるのと同じ種類の明快さと明確さが備わっているべきで、曖昧であってはならぬ。

　ウェッブ氏は、木版の物語る機能と装飾的機能を和解させるのは困難だろうと言われる。確かにそうだろう。しかし、ひとつの芸術を追究するに値するものとするのは、まさにその種の困難さというか制約なのだと私には思える。いかなる特殊な素材においても芸術作品を作り出すのに何ら苦労しないのなら、陶芸家やガラス職人や木版彫板師の修業などせずに、油彩画を――つまり最も単純で直接的な芸術形態であって、一番楽というわけではあるまいが、最も十分なものである点で他のすべての芸術よりも有利である油彩画を――追究すればよいではないか。しかしそれは望ましいことではない。油彩画はすべての芸術で最重要のものなのかもしれない――私にははっきりそうだと確信がもてないのではあるが。しかしそうであっても他の諸々の芸術もまた望まれるのである。木版彫板師や画家におのれの制作条件について不平を言う権利がないのは、詩人が散文でなく韻文で書かねばならぬことに不平を言えぬのと同じことである。散文が書きたければそうすればよい。実際のところ、本が主としてこのように装飾されるのなら、芸術の装飾的能力と物語る能力の間に何らかの妥協点が見出されるだろう。それ自身のしかるべき約束事をもち、そのもとで実に楽々と仕事がこなせるような流派が育ってくるだろう。

本の挿絵と装飾の改善に向けていかなる期待ができるかというデイ氏の出された疑問は、実は日常的一般的なものとしてそれが期待できるかどうかということである。いくつかの困難があることはわかる。その大半は結局のところは商業上の困難に還元されるが、今ここではそれをあつかうわけにはいかない。人々が選ぶなら、そのような本を大規模に得ることができようが、おそらく商業上の困難に妨げられて、本を適切に装飾する多くの試みが無駄に終わるだろう。出版者とその部下が画家に干渉してくることについてのデイ氏のご発言には心底共感する。出版者がすべきなのは、画家を選び、本の内容と必要な主題を伝え、彼に最善を尽くしてもらうことである。しかし美しい本を得る可能性に有利な点がひとつある。それが独立したものだということだ。今日、全体として良質の建物を得るのは可能かどうかと問われたならば、無理だと私は言うだろう。しかし、書物の場合は、独立したものであるから、可能だと言うだろう。書物では、他の多くの商品に見られる困難さはない。第一に必要なのは、本の装飾にふさわしい作品を生み出そうという強い欲求を抱いている一定数の画家を確保することである。そしてそうした画家たちは、何とか、一般の人々に対してそうした本を制作する機会を与えるように強いるだろう。彼は、自分がそのつましい一員である集団、すなわち画家集団自体の上に本当にその荷の全体を投げる。一般読者は提示されたような本だけを取ることができる。出版者の役目は、ほんの数部しか売れずとも、良質の本に大金を使うことを恐れずに、財布をなるべく大きく開けておくことである。

最後に、たとえ本が美しいものでなくても、程々に見栄えのよいものにすることはできる。少しは進歩してきているのかもしれない。見た目によい安価な本を得る際に一番難しいのは用紙であるが、人々がこの点に注意を向けさえすれば、現在良質の紙だと考えられているものよりもずっと目的にかなう紙——表面上は並の紙に見えるが、手にとったり読んだりするのに不快ではなく、例の恐ろしいてかてかした性質をもたず、いじっているとばらばらになりそうな（事実そうなるのだが）ものでもない、そんな紙を簡単に得ることができるだろう。その種の紙に必要な混ぜ物が重すぎるために、部屋のすみからすみまで満足に運べないような本もなかにはある。ロイヤル八折判〔約二五×一六センチ〕という普通サイズの本を手にとったことがあるが、これが十五世紀の一番大きな二折判ぐらいの重さがあった。その過剰な重さはすべて真の仕上がりではない。商売上の仕上がりにすぎぬのであり、本を売るためになされたものである。いかなる種類の装飾においても、その向上に向けて多くの期待がかけられているが、それと同様に、見栄えがし、美しくもある本を生み出す方向に向けて何かがなされるのではないかと期待されている。そして結局、美しいスタンプから本を刷るのは、醜いスタンプから刷ることに比べて余計に金がかかるというわけではない。画家たちがおのれに忠実であってくれさえすれば、望みは大いにある。

十五世紀のウルムとアウグスブルクの木版画入り本の芸術的特性について

一八九五年発表のエッセイ

書物印刷の発明、および本の装飾のために手描きの絵の代わりに木版画を使用したことは、中世芸術の退廃期にそれが属するのであっても、十三、十四世紀の間にドイツ人が本の装飾の芸術において失った地位を取り戻す機会を与えた。この機会を彼らは精力的に使って成功し、それによってこの民族の最良かつ最も本質的な性質を示す作品を生み出した。あいにく、彼らの最初の木版画入り本の時代でさえ、終末の始まりが迫っていた。それからおよそ三十年後に彼らはルネサンスを異常な熱意と速度で受け容れて、芸術的観点から見ると修辞的な衒学者たちの国となってしまった。ただしアルブレヒト・デューラーについては例外としなければいけない。デューラーの手法はルネサンスの影響をこうむりはしたが、その比類ない想像力と知性のおかげで、精神において完全にゴシック的な存在となっていたからである。

ドイツの印刷所の所在地のなかでは、ウルムとアウグスブルクという隣り合う二都市が、性質上どこにも劣らずまたどこよりも数多く表現されたと思われる木版画入り本装飾の一派を発展させた。この二都市を結びつけざるをえないのは、少なくとも初期の派が両者共通だからである。しかしウルムが生み出した装飾作品は、アウグスブルクが多作なのに比べてごくわずかなものである。

当然ながら、これらの木版画をデザインした画家たちの名前は記録に残っていない。十三、十四世紀の美しい手書き本を手がけた無数の彩飾画家の名が残っていないのと同じこ

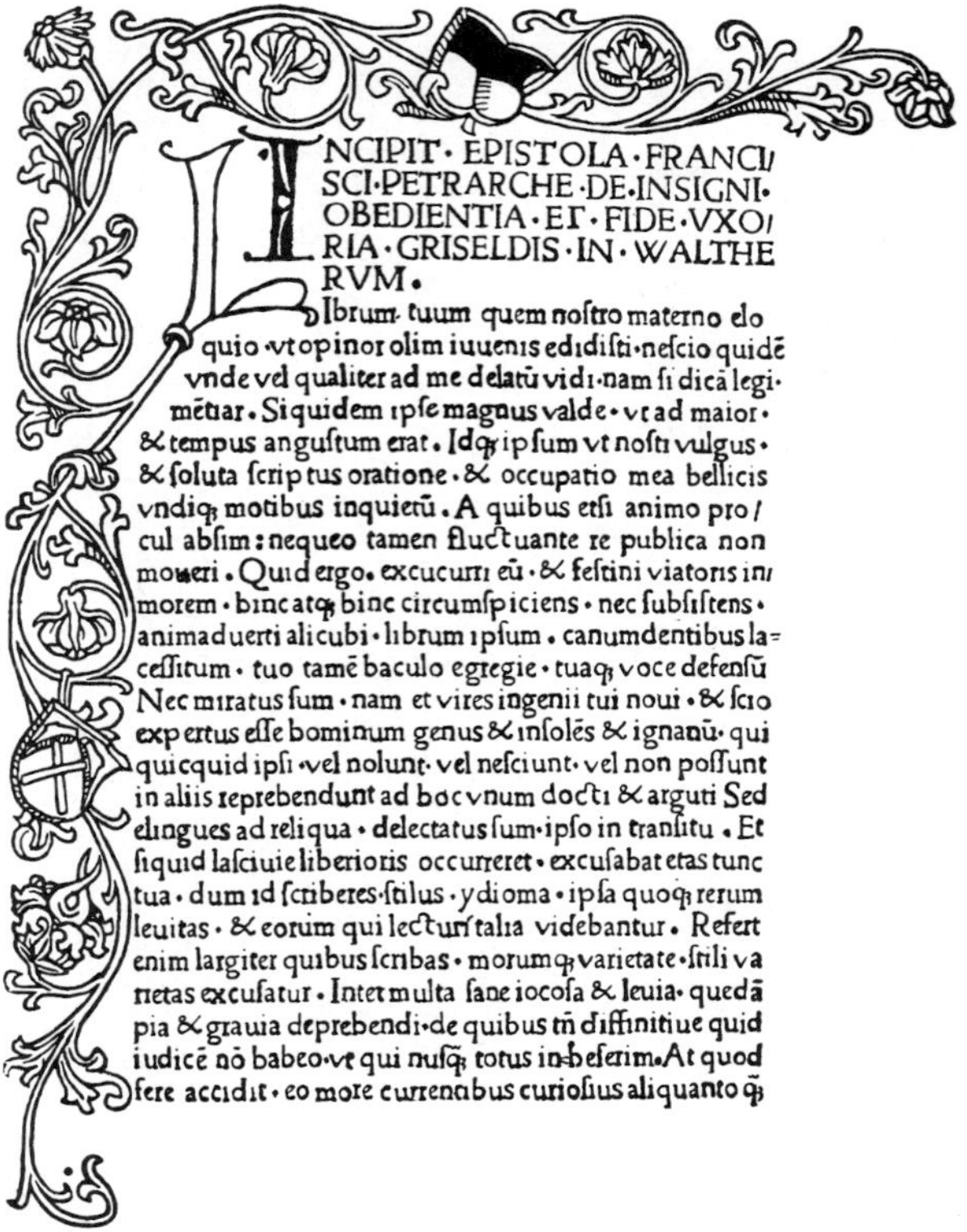
INCIPIT · EPISTOLA · FRANCI/
SCI·PETRARCHE ·DE·INSIGNI·
OBEDIENTIA · ET · FIDE·VXO/
RIA · GRISELDIS · IN · WALTHE
RVM ·

Librum tuum quem nostro materno elo
quio ·vt opinor olim iuuenis edidisti·nescio quidē
vnde vel qualiter ad me delatū vidi·nam si dicā legi·
mētiar · Siquidem ipse magnus valde · vt ad maior ·
& tempus angustum erat · Idq; ipsum vt nostri vulgus ·
& soluta scriptus oratione · & occupatio mea bellicis
vndiq; motibus inquietū · A quibus etsi animo pro/
cul absim: nequeo tamen fluctuante re publica non
moueri · Quid ergo · excucurri eū · & festini viatoris in/
morem · hinc atq; hinc circumspiciens · nec subsistens ·
animaduerti alicubi · librum ipsum · canumdentibus la=
cessitum · tuo tamē baculo egregie · tuaq; voce defensū
Nec miratus sum · nam et vires ingenii tui noui · & scio
expertus esse hominum genus & insolēs & ignauū · qui
quicquid ipsi ·vel nolunt· vel nesciunt· vel non possunt
in aliis reprehendunt ad hoc vnum docti & arguti Sed
elingues ad reliqua · delectatus sum·ipso in transitu · Et
siquid lasciuie liberioris occurreret · excusabat etas tunc
tua · dum id scriberes·stilus · ydioma · ipsa quoq; rerum
leuitas · & eorum qui lecturi talia videbantur · Refert
enim largiter quibus scribas · morumq; varietate·stili va
rietas excusatur · Inter multa sane iocosa & leuia· quedā
pia & grauia deprehendi·de quibus tñ diffinitiue quid
iudicē nō habeo·vt qui nusq; totus inheserim·At quod
fere accidit · eo more currentibus curiosius aliquanto q̄

16　フランチェスコ・ペトラルカ『グリセルダの物語』（ウルム、ヨハーン・ツァイナー印刷、1473年）、紙葉番号［A1表］。原寸は207×155 mm。

とである。ウルムとアウグスブルクの絵入り本は、すべてその印刷者の名前によって知られている。そのうち、ずば抜けているのが、親戚同士だった（親等は不明）アウグスブルクのギュンター・ツァイナーとウルムのヨハーン・ツァイナーである。彼らとほぼ同時期に活躍したのがアウグスブルクのルードウィッヒ・ホーヘンヴァンクとヨハーン・ベームラーであり、また最初の挿絵入りドイツ語訳聖書の印刷者であるアウグスブルクのプフランツマンである。少しあとに出たアントン・ゾルクはいささか落ちる印刷者で、実際にはむしろ再版印刷者《リプリンター》であったが、古い版木を再利用したり、新たに彫り直したり、場合によってはデザインし直したり——それがいつも不都合になるとはかぎらなかった——したおかげで、何点か実に美しい本を生み出した。シェーンスペルガーは十六世紀に入っても活動を続けた印刷者だが、不注意にも初期のものより粗雑な版木を使った。おそらく安く上げるためだったのだろう。彼の本は呼び売り本《チャップブック》（呼び売り商人が売り歩いた物語やバラッドの安価な小冊子）の類に向かう傾向がある。

　これらの挿絵入り本のうちで制作年代がわかっている最古のものは、ギュンター・ツァイナーの『黄金伝説』（図23）である。[1]第一部が一四七一年に印刷された。しかし、芸術的観点からいって最重要のものとして、以下の名をあげねばならぬ。第一に、ギュンター・ツァイナーの『人類救済の鑑』（日付が記されていないがおそらく一四七一年）（図22）。第二に、ヨハーン・ツァイナーのボッカッチョ『名婦伝』（奥付と挿絵の両方に一四七三年と明記)(図19)。第三に、二人のツァイナーによって印刷された『イソップ寓話』(図21)。ただし日付が記されていないためどちらが最初か不明。第四に、ギュンター・ツァイナーの『人生の鑑』(日付が記されていないが一四七五年頃)(図18)。彼のドイツ語版『ベリアル』はこれと一緒にあつかわないといけない。その挿絵はまちがいなく同じ画家が描き、同じ手が彫ったものである。上記の『人生の鑑』の挿絵が最良のもの。第五に、ギュンター・ツァイナーによるジギスモンダとグイスカルドの物語(『デカメロン』第四日第一話)の美しい小型本。日付は記されていない。(2) 第六に、ティベリヌス作『シモンの物語』(図20)。これは「リンカーンのヒュー」の伝説(一二五五年に英国リンカーンでユダヤ人に殺されたとされる少年ヒューの伝説。チョーサーの「女子修道院長の話」で知られる)の後年のドイツ版の話。G・ツァイナーが一四七五年頃に印刷。第七に、ヨハーン・ベームラーの『自然の書』(一四七五年)。非常に興味深い全ページ大の挿絵を多数含む。第八に、同じ印刷者による『七つの大罪と美徳の書』(一四七四年)。第九に、ベームラー印刷のシュプレンガー『ロザリオ信心会』(図10)。挿絵は二点のみだが、非常に注目に値するもの。

初期の派と次にお話しする後期の派との間の過渡期(少なくとも年代の上で)のものとして、ゾルクが印刷した実に特色ある本をそれらに加えてよいだろう。(a)神秘主義的教書である『ゾイゼの書』と、(b)一四八二年印刷の『コンスタンツ公会議』がそれである。後者は、挿絵に関するかぎりは、主として紋章からなる。

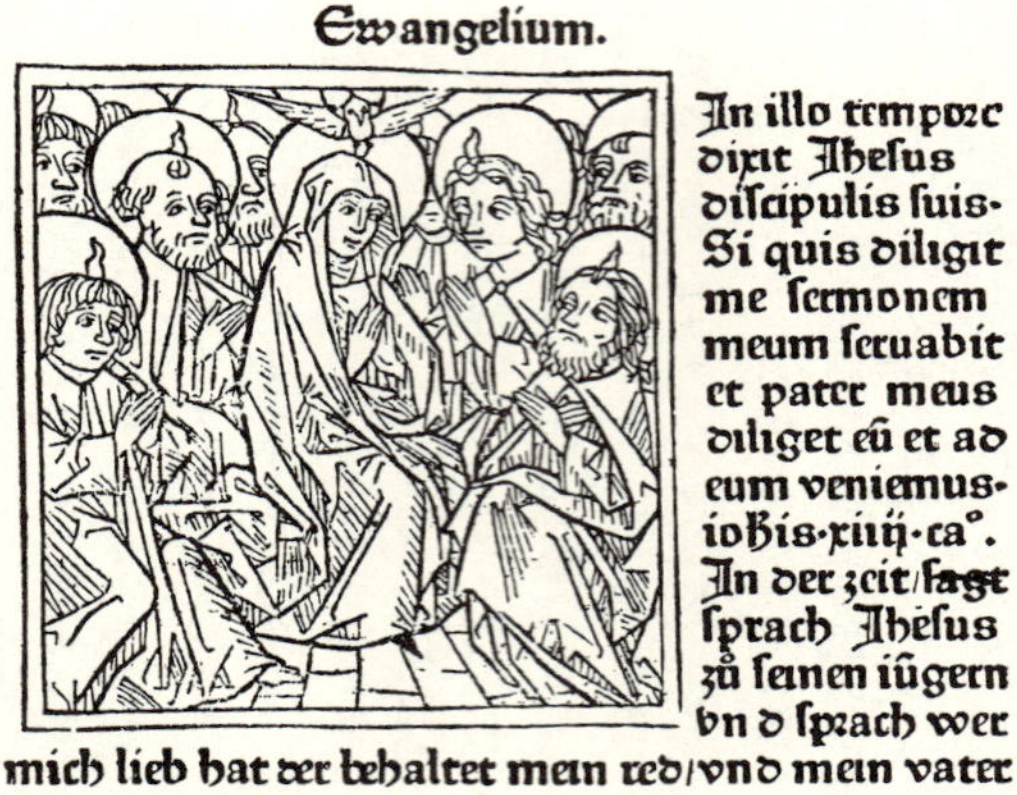

Evangelium.

In illo tempore
dixit Jheſus
diſcipulis ſuis.
Si quis diligit
me ſermonem
meum ſeruabit
et pater meus
diliget eū et ad
eum veniemus.
iohis. xiiij. ca°.
In der zeit/~~fagt~~
ſprach Jheſus
zů ſeinen iūgern
vn̄ d ſprach wer
mich lieb hat der behaltet mein red/vnd mein vater

17　『書簡と福音書』（アウグスブルク、ギュンター・ツァイナー印刷、1474年）、第2巻、紙葉番号 xxxii 表。原寸は（木版画の部分だけで）89×82 mm。

18　ロデリクス・ザモレンシス『人生の鑑』（アウグスブルク、ギュンター・ツァイナー印刷、1475-78 年）、紙葉番号 xli 表。原寸は 81×115 mm。モリスの本は現在モーガン図書館が所蔵。

しかしながら、ウルムで、過渡期の本であるリーンハルト・ホレの見事な『プトレマイオス』が一四八二年に出たあと、後期の派が興隆した。この派のうちで、コンラート・ディンクムートという印刷者の名前が、最も注目すべき本のすべてを包摂している。すなわち、『霊魂の園』（一四八三年）、『知恵の書』（一四八五年）、『シュヴァーベン年代記』（一四八六年）、テレンティウスの『宦官』（ドイツ語版、一四八六年）（図24）、最後に、ヨハーン・レーガーの『ロードスの包囲についての記述』（一四九六年）が一連のウルム本の幕を立派に引く。

ここで述べておくべきだが、ウルムとアウグスブルクの本は、その絵以外でも、縁飾りと文字装飾で注目に値する。ウルムの印刷者ヨハーン・ツァイナーはとりわけ縁飾りの制作で光っていた。彼の『名婦伝』はこの点でこの派の他のすべての本にまさっている。ラテン語版とドイツ語版の両方の頭文字Sは、その種のもので最も手が込んでいて美しい作品である。そしてさらに、ドイツ語版に収められた、スコットランドの盾が隅の天使たちに支えられている図柄の縁飾りは、性格は異なるが美しさの点でSの文字にほとんど匹敵する。J・ツァイナーの本では、隅に道化がいる非常に均整のとれた縁飾り（というか半縁飾り《ハーフ・ボーダー》）がよく使われている。(3) 例えば一四七三年版と一四七四年版のデュランドゥスの『聖務論』がそうである。そしてアルヴァルスの一四七四年の『教会の嘆きについて』も興味深い絵模様入り頭文字Oと組み合わせて使われている。他にも見事な縁飾りが二、三ある。例えば、シュタインヘーヴェルの『秩序の書』〔『ペストに対する政策』〕、ペトラルカの『グリセルダの物語』（ここに図を示した）（図16）——いずれも一四七三年印刷——とアルベルトゥス・マグヌスの一四七四年の『聖体大全』に使用されているものなどがそうである。

葉飾りでできている上手だがあまり目立たぬ奇妙な頭文字のアルファベットが『名婦伝』（図19）その他の本に使われている。大型の装飾頭文字のアルファベット——その最も完璧な実例はリーンハルト・ホレの『プトレマイオス』に見られる——がよく用いられたが、これは明らかにペン書きの文字に基づいている。そのペン書きの文字は大抵赤と青で描かれ、オランダの「朱入れ師」(rubrishers) のものがすぐれていた。(4) この大型のアルファベットは非常に美しく、ドイツの他の印刷者たちがかなり模倣したらしい。模倣する価値が十分あったからだ。(5) ヨハーン・レーガーの『カウルシン』についている美しく見事な「花文字」は、いくらかフランス様式に傾いている。

アウグスブルクではギュンター・ツァイナーの本には葉飾りがなくて紐の模様になったIの装飾頭文字がいくつか出てくる。繊細にデザインされているが、たまたま紐の間の空きがペンの微細な網目模様で黄褐色で埋められたときに一層引き立つ。これはギュンターの印刷歴の初期に彫られた。というのも一点は一四七一年頃印刷の『人類救済の鑑』に、もう一点は一四七一年印刷の『年事暦』に出ているからである。これらは、常に欄外に長

19　ジョヴァンニ・ボッカッチョ『名婦伝』（ウルム、ヨハーン・ツァイナー印刷、1473 年）、紙葉番号 xxiv 裏および lxxii 表。原寸はそれぞれ 78×108 mm と 103×110 mm。モリスの本は現在モーガン図書館が所蔵。

細くあらわされているので、縁飾り作品と呼んでよいだろう。『男は妻帯すべきか否か』に出てくる縁飾りは輪郭が実に優美に描かれており、そして別の木版画にではあるが、ペン書きの書体の非常に良いS字にその縁飾りが実に手際よくつけられている。そのなかに紋章の盾が三枚描かれ、そのうちひとつはアウグスブルクの紋章になっている。この作品はデザインについては断然彩飾画家の作品である。

ギュンターの『マルガリータ・ダヴィディカ』に見える縁飾り（特大のPの文字について いる）は特徴がウルムの縁飾りとよく似ている。『人生の鑑』の冒頭の一ページを占めるハプスブルク家の家系樹（図14）は、美しさと精巧さの点で上述のヨハーン・ツァイナーのSに匹敵する。全体としては、美しさと創意の豊かさの点で、また仕上げの鮮やかさの点で、私はこれをドイツの印刷者たちのすべての装飾作品のなかでも第一位のものだと考えたい。

ギュンター・ツァイナーの一四七四年頃のドイツ語訳聖書（図17）には非常に注目すべき価値を有する一揃いの絵文字が各書にひとつ入っている。文字をなして人物像を取り囲んでいる葉飾りの形態は大胆で、創意に富み、実に上手に描かれている。これらのすぐれたデザインは不当にもあまり注目を受けていないと言っておきたい。

最初期のギュンターの本をのぞくほとんどすべてにおいて、一連の均整のとれた装飾頭文字が使われている。上述のウルム本の装飾頭文字にかなり似ているが、葉飾りの線が鈍くなり、幾何学的形態があまり混じっていない。これらがペン書きに由来していることもはっきり示されている。

アウグスブルクで一四七〇年代に印刷をおこなったルードウィッヒ・ホーヘンヴァンクは、上に示唆したような注目すべき一連の装飾頭文字を用いた。それはデザイナーが十二世紀の写本を目の前に置いて描いたものであるように見えよう。もっとも、当然のことながら、特に巻物《スクロール》の先のとがった葉飾りを初めとして、いくつかの細部に十五世紀がおのずと出てはいる。これらの文字には美しいデザインがふんだんに見られる。しかしそれらの周囲の四角い縁飾りは、その起源が彩飾画家の作品にあることを明かしてはいるが、背景に大きすぎる程の白い部分を残しており、それは彩飾画家の色をそこにつけて仕上げてもらうことを求めている。

ベームラーと後年の印刷者ゾルクはギュンター・ツァイナーほど多くの装飾は使っていない。彼らの装飾頭文字は線とデザインの両方でギュンターよりも豊かさに欠け、ゾルクのは特に初期に比べて落ちているように見える。しかしながら、彼の『ゾイゼの書』において、ギュンター・ツァイナーの聖書とほぼ同じ構図でデザインされた美しい装飾頭文字が何点かある。

さて、私の話を聞いて一部の読者は――大半の読者でなければよいが――驚かれるかもしれぬが、私は書物としてのこれらの絵で飾られた書物と、絵そのものとの両方に、芸術作品と呼びうる資格があると主張するものである。それらの二つの主要な長所は、第一にその装飾的特性、次にその物語を語る特性である。そしてこれら二つの性質は、本の絵において必要で不可欠なものを含んでいるように私には見える。確かに、これら無名のドイツの画家たちの主要な目的は、何としても物語の本質を伝えることであり、それらのデザインの装飾的性質は偶然のもの、あるいは何にせよ無意識裡になされたものと考えられるのかもしれない。この見方には必ずしも反対ではない。しかしその偶然は、主として伝統の結果である技術を備えた、腕の立つ職人の偶然なのである。それによって装飾的なやり方で仕事をすることが彼にとって手の習慣と化している。

この派の最重要のものとして列挙した本に話を戻すと、ヨハーン・ツァイナーの『名婦伝』と『イソップ』(図21)、それにギュンター・ツァイナーの『人生の鑑』(図14、18)が最も特徴的だと言うべきだろう。これらのうちから私自身がひとつ選ぶとすれば、『名婦伝』だろう。それはひとつには私自身の古い友であるという理由によるのかもしれないし、その時期の中世デザインの本質的性質への明確な洞察を私に与えてくれた最初の本であるからなのかもしれない。本の主題においてもそれはきわめて興味深いものだ。古典時代に対する中世の敬意の念を表明する機会がそこに与えられていて、しかも一方でロマンスを、他方で叙事詩的誠実さと直截さを失ってもいない——それがまもなくしてルネサンスの修辞の洪水によって打撃をこうむることになったのだが。これらの奇妙な、そして人々が粗

20　ヨハネス・マティアス・ティベリヌス『シモンと呼ばれたる至福の子の物語と伝説』（アウグスブルク、ギュンター・ツァイナー印刷、1475 年頃）、紙葉番号 A5 裏。原寸は（木版画の部分だけで）74×120 mm。

21　『イソップの生涯と寓話』（アウグスブルク、ヨハーン・ツァイナーおよびギュンター・ツァイナー印刷、1480 年頃）、紙葉番号 D6 裏。原寸は 78×106 mm。

野と称する挿絵《カット》以上に素朴で直截で、また二次的な助けを借りぬ物語はほかにない。そして（言わせていただくなら）それらの粗野な性質にもかかわらず、それらには決して確固たる美がないわけではない。構図がどこをとっても見事である。服のひだもうまくデザインされ、線も豊かで、それはもちろん彫板がうまくできていることを示す。美しい装飾頭文字Sと上述の奇妙な葉飾りの頭文字のほかには装飾はまったくないのだが、私がもっている一冊のように製本業者の凶暴な所業を逃れた場合は、ページが美しく堂々と配列されている。

その大型頭文字Sは、私に言わせれば、かつて作られたなかで最良の印刷者の装飾のひとつであり、十三世紀の写本に入れても遜色がないだろう。アダムとエバが罌粟《けし》のような葉の見事にデザインされた小枝模様の上に立っており、彼らの背後には木の枝が伸びている。エバは右手でアダムに林檎を差し出し、左手を上げて王冠をかぶった女性の頭をもつ蛇の口からもう一個取っている。蛇のとぐろは、S字を作る務めを果たしたあと、葉飾りの渦巻きになって終わり、その渦巻きの枝のそれぞれが小円を描いて七つの大罪の場面を包んでいる。このすべてが見事な創意とロマンティックな意味をもって、そしてきわめて美しいデザインと装飾の必要性についての十分な感覚をもってなされている。

この楽しい本の欠点については、十五世紀の力の弱い印刷機で刷られたのだからよかったはずなのだが、その割に印刷作業があまりうまくいっていないために美しさがいささか損なわれているということが指摘できる。だがこれにしても、ひとつの欠点ではあるが、本質的なものではないと言いたい。

『イソップ』[6]（図21）では、デザインの画はある意味で先の『名婦伝』よりすぐれている。線は申し分ない。完全に装飾的で、いささか重苦しいが、非常にしっかりして強く、明らかに下絵画家の手に従属しているので、豊かさと同様に非常な繊細さを出すことまでできている。人物像、動物像ともに表現力に満ちている。頭部もくっきりと描かれ表情も豊かであり、多くの場合洗練されていて繊細である。挿絵は、ごく少数の例外をのぞいて、縁飾りで囲んでいないが、ふくよかな線の縁のなかでは欠けるところはまったくないように感じられ、そのデザインはウルムとアウグスブルクの印刷者たちのすばらしい活字の一部としての装飾的地位を十分に支えている。この『イソップ』は、私見では、十五世紀に印刷されたこの寓話集の多くの挿絵入り版のうちで最良かつ最も表現に富むものとしてずば抜けている。他のドイツとフランドルの版のデザインはすべてこれを模倣している。

ギュンター・ツァイナーの『人生の鑑』（図14、18）はまた木版画入り本で最も面白い部類に入る。中世で最も人気があった一冊であるその本自体が、上は教皇や皇帝から下は農場労働者に至るまで、当時存在したあらゆる境遇と職業を網羅し、形式的対照法への中世的な嗜好に耽溺し、その好悪両面を対照させている。このすべてにふんだんに附された挿絵は、天真爛漫な性格描写のすぐれた作品に満ちている。デザインが実にうまくまとめあげられており、大抵人物像は巧みに描かれ、服のひだも上手できびきびし、装飾として全体的効果はまことに満足すべきものである。しかしながらこの本のデザイナーは、最後の二冊の場合のように、常によい彫板師に恵まれているわけではなく、彫板でかなり損なわれてしまった絵も一部に見うけられる。他方、上述の美しい家系樹はこの本に有り余る名誉を与えるもので、その挿絵の最良のものはあまりに出来がよいので、この本が最初の二冊に劣ると評価するのがほとんど無理なくらいである。ギュンター・ツァイナーの『人類救済の鑑』(図22)『黄金伝説』(図12)にはこれら三冊と比べてどう見ても粗っぽい挿絵が入っている。これらはまたより素朴なものであり、またページへの飾りとしてあまり装飾的でないのだが、それにもかかわらず、大いに興味深いもので、それらのデザインの本質的性質が粗っぽさを通して輝いている場合がよくある。その粗っぽさは美しい陰影さえ決して排除するものではない。おしなべてそれはおのれの語る物語を完全に表現しえている。ところでこの二冊の本のデザインは同一人物の手でなされたものには見えない。しかし『黄金伝説』の挿絵のデザイナーがギュンターのドイツ語訳聖書の見事な文字に「宿っている」主題を描いたものと当然思える。どちらも彩飾画家の特徴といったものを備えているように私には見える。シモンの物語への挿絵(図20)は『人生の鑑』の挿絵を髣髴とさせる。それらは繊細できれいで、半ば嫌悪を感じさせ、半ば感動的な「小さな聖ヒューー」の物語を実に上手に語っている。

Archa testam̄ti p̄figauit btā v̄ginē mariā. Exo· xxv
Die arch des altten gesacz hat bedeut Mariam.

22 『人類救済の鑑』（アウグスブルク、聖ウルリッヒ＝アフラ修道院［1473年］）、紙葉番号［G6 表］。原寸は（木版画の部分だけで）75×120 mm。モリスの本は現在モーガン図書館が所蔵。

23 インゴルト『黄金の劇』〔『黄金伝説』〕（アウグスブルク、ギュンター・ツァイナー印刷、1472 年）、紙葉番号［C2 表］。原寸は 86×117 mm。

『ジギスモンダとグイスカルド』についてさらに言葉を加えずにすますわけにはいかない。そのなかの挿絵は『イソップ』の挿絵の何枚かを描いたのと同じ手によるものだと考えざるをえない。何にせよ、両者のデザインには共通した特徴が見られ、私見では独特な美と面白さを備えたものである。

他の同時代の、あるいはほぼ同時代の印刷者のうちでは、ベームラーが興味深さの点で筆頭に立つ。彼の『七つの大罪』には非常に興味深く創意ある挿絵が含まれ、ギュンター・ツァイナーの『黄金伝説』の挿絵と特徴が似ていなくもない。彼の『自然の書』には動物や草木や人物を描いた一ページ大のはなはだ奇妙な挿絵があるが、大抵の場合非常にうまくデザインされている。「祭服をまとった」司教の半身像はとりわけ大胆でうまい。ルペルトゥス・アー・サンクトー・レミギオーの十字軍史と『全ての王と皇帝の年代記』(『シュヴァーベン年代記』)には見事な挿絵がついている。彼の上述の『ロザリオ信心会』(図10)には挿絵が二点しかないが、ひとつは見事な装飾作品として、もうひとつは信仰心についての共感にあふれる挿絵として、いずれも最高の価値を有する。

ゾルク(前に言ったようにいささか盗用の多い印刷者だったが)の真に注目に値する二点の作品は、第一に『ゾイゼの書』で、これには意味と威厳に満ちた大胆で高度に装飾的な木版挿絵がついている。次が『コンスタンツ公会議』で、これは紋章を描いた最初の木版画作品である(紋章のかたわらに見事な全ページ大の挿絵が数点ある。フスが火刑に処される場面がそのひとつ)。これらの紋章の挿絵は、奇妙で不思議な紋章がふんだんに出てくるため実に面白いものだが、紋章を単純かつ上手に描くといかなる見事な装飾が得られるかを示している点でも同じように興味深い。

今あげた印刷者たちよりいくらかあとの時期に属するウルムのコンラート・ディンクムートには、その見事な作品によって、ドイツの書物装飾の来るべき衰退に抗う栄光がある。十七点の全ページ大の挿絵で飾られた『霊魂の園』はあまりに自由にそれらの木版を繰り返して使っているために損なわれている。とはいえ出来は非常によい。その最良のものは「キリスト降誕」で、単純さと美しさの点で中世の初期にも匹敵するものである。『シュヴァーベン年代記』の挿絵は出来不出来にむらがあるが、いずれも面白く、生命と精神に満ちている。試合場での斧を手にしての戦いの場面は最も注目すべき作品のひとつ。『知恵の書』(ビドパイの寓話集)についた大型の挿絵には確かにいかなる勇気の欠如も見られない。それらはこの派の平均的な挿絵ほど装飾的ではなく、いささか粗雑に彫られているかもしれない。しかしそれらの率直で叙事詩的な性質ゆえに注目に値するものとなっている。しかし彼の最も注目すべき作品はテレンティウスの『宦官』(ドイツ語版)(図24)で、各場面を説明する二十八点の挿絵で飾られている。これらのすべてに背景として(大抵の場合)中世の町の通りが描かれている。それらは明らかに舞台の書割《かきわり》を暗示している。役者たちの像は繊細に描かれ、人物とその演技の特徴がうまく出され、終始一貫して入念に

24　テレンティウス『宦官』（ウルム、コンラート・ディンクムート印刷、1486年）、紙葉番号 xxvi 裏。原寸は 191×125 mm。モリスの本は現在モーガン図書館が所蔵。

表現されている。この本の本文は大型の均整のとれたブラックレター〔ゴシック字体〕で印刷されている。この文字は友人のプロクター氏からうかがったところでは、イタリアからの輸入品である。実に独特な美と特徴を備えた本だ。

ウルムで印刷された何らかの価値のある本としては最後のものにあたる『カウルシン』（一四九六年）には、描写された出来事についての上手で生気あふれる挿絵が附されており、その最良のものは山中でのトルコ人たちの戦闘である。これらの挿絵のデザインは、マインツ本の一四八六年の『ブライデンバッハ』〔『聖地巡礼』〕の挿絵の作者と同一人物の手になると思えてならない。ただし彫板はずっと見劣りがする。

これらの本はすべて、必然的に（印刷本なので）中世後期に属していて、一部はその時期でも明らかに末期のものであるのだが、その装飾については完全に「ゴシック」的であるということを覚えておくべきである。それらにはルネサンスの痕跡がまったく見られない。この点で書物装飾の芸術は幸運だった。十四世紀が終わる前に文学に侵入してきた新古典主義的な修辞（というのも、チョーサーでさえ完全にはこれを逃れられなかったから）は、少なくとももう百年間は芸術のこの分野に対しては無害だった。その結果、〈新生〉がイタリアの建築術を破壊してから長い期間がすぎても、まさに十六世紀初頭まで、イタリア本の絵でさえ大部分が精神においてゴシック的なままでいる。一方、ゴシック建築が必然的によりしっかり土壌に根づいたドイツは、来るべき大洪水の最初の徴候さえ感じていなかった。それが突然、予告もなしに襲ってきて、中世の芸術が五年ほどの間に死に絶え、異常におろかしく野蛮な様相を帯びた修辞的でアカデミックな芸術に取って代わられてしまった。以来それがあらゆる装飾の問題においてヨーロッパを呪縛してきたのである。

印刷

一八九三年発表のエッセイ

印刷は、われわれに今関わる唯一の意味で、それが比較的近代のものであるという点で、本展覧会〔アーツ・アンド・クラフツ展覧会〕に出された美術工芸品の全部ではないにしてもその大半と性格を異とする。というのも、中国人が版木に凸版を彫って刷ったのはネーデルラントの木版彫板師が同じ工程で木版本――これが真の印刷本に直接先立つものだった――を作りだすより何世紀も前のことだったのではあるが、十五世紀の可動金属活字の発明が印刷術の発明だとみなすのがおそらく妥当だからである。ついでながら、美しいタイポグラフィの見本として、可動活字で印刷された最古の本である「グーテンベルク本」、つまり一四五五年頃制作の「四十二行聖書」をしのぐ本はこれまでひとつも出なかったという事実は、指摘しておく価値がある。

それゆえ、われわれの趣旨からすると、印刷とは可動活字によって本を作る技術であるとみなしてよいだろう。さて、絵本であることが一番の狙いの本以外はすべて、主として活字を組んで本文を形成することから成り立っているのだから、使う文字が美しい形態であるのが第一に重要な事柄である。美しい文字を鋳造し、版を組み、印刷するのに要する時間やそれにかかる費用は、醜い文字を使って同じ工程をおこなうのと変わりはしないので、なおさらそうである。そして職人がどんな仕事にとりくむ場合でもそれが常に美しい形をとるように心がけていた中世にあっては、印刷された文字の形態が美しく、ページの上の文字の配列が理にかなない、文字自体の均整美を得る助けとなるようにするのは当然のことなのだった。中世はカリグラフィ〔能書法〕を完璧の域に至らせたのであり、それゆえ、印刷文字の形態が書き文字のそれを多少なりとも忠実に踏襲するのは自然なことで、実際非常に忠実に踏襲したのである。最初の書物群はブラックレターで印刷された。つまりそれは古代のローマン字体をゴシック風に発展させた文字で、大文字よりもむしろ小文字の面でより完全で満足すべき発展を見た。実際、小文字は中世初期に発明されたものだった。可動活字で印刷された最古の本である前述のグーテンベルク聖書は、当時広まっていたもっと形式的な教会文書の書法を正確に模倣した字体で印刷された。これは爾来「ミサ典書体」と呼ばれ、現に十五世紀に活版印刷によって生産された多くの見事なミサ典書や詩篇書に使用された類の字体だった。しかし実際に日付が記されている最初の聖書（同じくマインツでペーター・シェッファーが一四六二年に印刷）が模倣した字体は、はるかに自由な筆跡で、より簡素で丸みがあり、ひげが比較的少なく、それゆえ、ずっと快適で読みやすい。総じてこの本の活字は、とりわけ小文字に関してそうなのだが、ゴシック字体の最高到達点とみなしてよいものである。そしてこれと酷似した活字がその後の十五年から二十年ぐらいの間にシェッファーのみならず、シュトラスブルク、バーゼル、パリ、リューベックその他の都市の印刷者によって使われた。しかし、イタリアをのぞいて、全体としてゴシック字体が最も頻繁に使われてはいたのだが、ほんの数年のうちにローマン字体がイタリアだけでなくドイツやフランスでも生まれてきた。一四六五年にスヴァインハイムとパナルツがローマ近郊スビアーコの修道院で印刷を始めた。その際に使用した極めて美しい活字体は実際ゴシック字体とローマン字体の過渡期にあるように見えるが、十二世紀写本、さらには十一世紀写本の研究に由来するものであるのはまちがいない。二人がこの活字で印刷した本は少なくて、わずかに三点だけである。しかし一四六八年に始まるローマでのまさに最初の書物群では、彼らはこの活字体を捨てて、より完全なローマン字体に近くて美しさの点でずっと劣る字体を用いた。しかしほぼ同年にシュトラスブルクのメンテリンがまぎれもないローマン字体の活字で印刷を始め、翌年アウグスブルクのギュンター・ツァイナーがそれに続いた。また一四七〇年にはパリでウルリッヒ・ゲーリングとその仲間たちがこれもまたローマン字体を使ってフランス初の印刷本を世に出した。これらの印刷者たちすべてのローマン字体は特徴が似ていて非常に簡素で読みやすく、気取りがなく実用的なデザインだが、決して美に欠けているわけではない。スビアーコの過渡期の活字とはまったく異なり、それよりローマン字体よりであると言わねばならぬが、だからといってローマの初期印刷者たちの完全なローマン字体とそう似ているというわけでもない。

ローマン字体のさらなる発展はヴェネツィアでなされた。シュパイアーのヨハーンとその兄弟のヴィンデリン、さらにそれを受けてニコラ・ジャンソンがその都市で一四六九年、一四七〇年に印刷を始めた。彼らの活字はローマよりもドイツとフランスの印刷者たちの系列に属する。ジャンソンについては、彼がローマン字体をこれ以上いけぬというところまで発展させたと言わねばならない。彼の文字は見事に明確で整っているが、少なくとも他のいかなるローマン字体にも美しさの点で劣らぬものである。彼の死後、一四八〇年代、あるいは少なくとも一四九〇年までに、ヴェネツィアの印刷は非常に衰退した。そして名高いアルドゥス一家が粗悪な活字をしりぞけ、「プレス・ワーク」すなわち実際の印刷工程に大いに意を払って技術上の卓越性を取り戻しはしたが、その活字は芸術的にはジャンソンに比べてはるかに低く、実際、この一家をもってイタリアにおける美的印刷の時代は終わったと見なければならない。

しかしながら、ジャンソンの時代には美しい活字を使った印刷者が多くいて、例えばヤコブス・ルベウスすなわちジャック・ル・ルージュ（図3）がそうだが、ジャンソンとほとんど見分けがつかないものもある。まさにこれらの偉大なヴェネツィアの印刷者たちが、ローマ、ミラノ、パルマその他の都市の同業者とともに、古典のすばらしい版を生み出したのだった。それらは印刷技術の大きな栄冠のひとつであり、その時代に復興した学問への激しい熱意をあらわすにふさわしいものである。イタリアで活動したこれらの印刷者の大部分が実はドイツ人かフランス人であり、イタリアの地の意見や目的の影響下で仕事をしたということも指摘しておくべきだろう。

理解しておくべきことだが、十五世紀全体と十六世紀の最初の四半世紀を通して、ローマン字体とゴシック字体が並用されていた。イタリアでさえ、神学書や法律書の大半はゴシック字体で印刷された。総じてその字体はドイツの職人の印刷にくらべて形態上よりゴシック的だった。実際、ドイツの職人の活字の多くは、スビアーコでの作品と同様に、過渡期的な性質をもつものである。それはウルムで印刷された初期の作品に特に顕著に見られ、ウルムほどではないがアウグスブルクの印刷にもあてはまる。事実、ギュンター・ツァイナーの最初の活字（これはのちにシュッスラーが用いた）は前述のスビアーコ本の字体と酷似している。

印刷本が非常に多産だったネーデルラントとケルンでは、ゴシック字体が大いに好まれた。卓越した印刷者ヘーラルト・レーウに代表されるような典型的なオランダ活字は、きわめて明白な、隠れもないゴシック字体である。この活字がキャクストンの後継者であるウィンキン・ド・ウォードによってイギリスに導入され、それがその地でほとんど変更を加えずに十六世紀、十七世紀を通してずっと、いや十八世紀に入っても使用され続けた。キャクストン自身の活字の大半は初期の字体のものであったが、フランドルやケルンの字体ともよく似ている。十五世紀末から以後、印刷術の衰退はとりわけドイツとイタリアで急激に進んだ。そして十六世紀末ともなると、真に美しい印刷は皆無となる。そのうちの最良のものはフランス産やネーデルラント産がほとんどだったが、整っていて明確ではあっても、特に傑出しているわけではない。最悪のものは、おそらくイギリス産で、初期の印刷本から見るとひどく低下していた。そして十七世紀を通して事態は悪化の一途をたどり、十八世紀には印刷は惨憺たる様相を呈していた。この頃イギリスで活字体を改善しようとする試みが（とりわけ一七二〇年にロンドンで活字鋳造業を始めたキャズロンによって）なされた。キャズロンの活字は明確で整っており、かなり良いデザインでもある。十七世紀のエルゼヴィール家の字体をモデルにしたようだ。キャズロンの母型から鋳造された活字は今なお日常的に使われている。

しかしながら、称賛に値する彼の努力にもかかわらず、印刷術はさらにまた、衰退の最後の道を進んだ。十七世紀の活字は、良いというほどではないが、決定的に悪いというものでもない。美しい初期印刷本がなかったら、まあまあだと思えたかもしれぬ。決定的に醜い文字を作るのは十八世紀後半の活字鋳造者たちにとっておかれた仕事である。醜いばかりではない。線をへたに太くし、また下品に細くしたせいで、目にまぶしく不快である。十七世紀の文字は少なくとも線はすっきりしていてかつ簡潔なのだから。イタリア人ボドーニとフランス人ディドがこの不幸な変化の指導者だった。もっとも、わが国のバスカーヴィルも、彼らに数年先立って活動したのだが、大体同じ方向に進んだ。だがバスカーヴィルの文字は、ぱっとせず貧相なものではあっても、かのイタリア人とフランス人双方の文字ほどに粗末で俗悪なものではない。

この変化をもって、美しい印刷に関するかぎり、印刷技術はどん底におちいった。ただし紙の方が最悪になるのは一八四〇年頃に至ってからであったが。チジック・プレスは一八四四年にロングマン社のために『ウィラビー卿夫人の日記』を印刷する際にキャズロン活字を復活させた。この実験がうまくいったので、一八五〇年頃エディンバラのミラー・アンド・リチャード社は「オールド・スタイル」の文字の父型を一揃い彫ろうという気になった。ここや他の会社で鋳造されたその活字、あるいは同類の活字は今では一般的に使われるようになっており、イギリスで使われる普通の「モダン・スタイル」と比べて明らかに大きな進歩である。その「モダン・スタイル」とは、実は醜さを少しだけ減らしたボドーニ体のことである。この現代の「オールド・スタイル」の文字デザインは問題点が多く残っており、文字が細いために全体の感じがいささか灰色すぎる。とはいえ、思い起こしておくべきだが、現代の大抵の印刷は手引き印刷機ではなく機械を使って柔らかい紙でなされるのであり、これらの針金のようにか細い文字は機械の工程にふさわしい。機械の場合、もっとゆったりとしたデザインの文字ではうまく出ないので。

こう指摘するのは残念なのだが、最近五十年間の改善はほぼイギリスだけに限られるものである。フランスやドイツでは一定の趣味のよさを誇る本が印刷されることもままあるが、それらの国々では古い書体が広く復興するには至っていない。イタリアは停滞に甘んじている。アメリカでは見た目に派手な本が多く作られたが、そのタイポグラフィも用紙も挿絵もすべてまちがっていて、文字と挿絵の双方において求めているのが合理的な美と意味ではなく、むしろ異様なものを追及しているかのようだ。

タイポグラフィのデザイン原則について少し述べる。文字の形態において第一の目標とすべきなのが読みやすさであるのは明らかだ。それは不合理なふくらみやひげの突起を避けることによって、また注意深くすっきりした線を用いることによって最も促進される。キャズロン体でさえ、拡大してみるとこの点で大きな欠点があることがわかる。tやeを初めとする多くの文字の先端が下品かつ無意味につりあがっている。ジャンソンの文字が鋭く明確な筆致で終わっているのと対照的である。cやaなどの文字の上部の先端もお粗末なもので、醜い梨型にふくらんでいて文字の形を損ねている。要するに、他の技術でもそうだが、この印刷術においても、装飾を避けると公言しながら、功利主義的な習慣が依然として愚かしい型に固執するという事態が生じている。愚かしいというのは、それがかつて装飾であったものから引き出された誤解された型だからで、それは決して有用なものではない。有用性とは、芸術的実践によってのみ――そこにおける芸術が意識的であれ無意識的であれ――主張しうる性質なのである。

文字において、現代の活字の醜く俗悪な読みにくさと、古い活字の優雅さと読み易さとの間で、アラビア数字ほど対照が際立っているものはない。古い印刷では、数字はそれぞれに確固とした個性を備えていて、他の数字とまちがえるべくもなかった。現代の数字を読む場合は、印刷作業が最善のものでないかぎり、自分が見ているのが5なのか8なのか

3なのか理性的に確信するまでには相当に目を酷使しなければならない。ブラッドショーの時刻表を急いで読む必要がある場合などは困ったものだ。(1)

美しい活字と功利主義的な活字との相違のひとつは、おそらく商業上の必要性についての誤解から生じたものであるにちがいない。すなわち現代の文字が狭くなっていることである。ジャンソンの文字の大半は正方形にデザインされているが、現代の文字はおよそ三分の一ほど狭まっている。だが、こうして得た空間はデザインを美しくする可能性をいちじるしく妨げる一方で、本当の利益になっていない。なぜなら現代の印刷者は行間を過度に広げてしまうことによってせっかく得た空間を無駄にしているからである。おそらく文字の左右を圧縮してしまうためにどうしてもそうなってしまう。また商業主義のおかげで、小さすぎてとても楽には読めないような文字が無理に使われる。いわゆる「ロング・プリマー」(2)大が、読まれるべき書物で使われる最小のサイズであるべきだ。ここではまた、「レディング」〔行間に挿入する鉛板〕の使用を減らせば、もっと大きい活字を使っても本の値段を高くしないですむだろう。

美しい印刷のための「組み」でひとつ肝要なのは「スペイシング」、すなわち語と語の間の横の間隔である（図26）。よい印刷では、語間はできうるかぎり均等に近くするべきである（詩の行を別にすれば完全に均等にするというのは無理）。現代の印刷者もこれがわかっているが、それを実践しているのは最良の印刷所に限られている。だが、もう一点、印刷者が留意すべきなのにほとんど常に無視していることがある。それはページに醜くうねって流れる白い線、つまり「川」を作りやすいということである。この欠点は、注意して先手を打っておけば、完全にではなくともおおよそ避けられる。その際望ましいのは、石組みや煉瓦積みのように「行を切ること」だ。こんなふうに。

ページの全体的な緻密さが大いに求められるべきものである。現代の印刷者は総じて間隔の「白」を多用しすぎる。おそらくこれは文字にこれといった特徴がないためにおちいらざるをえない欠陥なのだろう。文字がくっきりと入念にデザインされ、おのおのの文字の形に確固とした個性があれば、語間をうんと詰めても明瞭度は失われないはずだから。しかしながら、「川」と過度の白を避けるということ以外にスペイシングについて確とした規則は与えられない。この問題では印刷者の方で判断力と趣味をたえず働かせる必要がある。

本を見た目に満足のいくようにするためには、紙の上の版面の位置を考慮するべきである。ここでもまた、現代の流儀はほぼおしなべて自然な均整の感覚に反している。書物が最初に現在の形態をとるようになったときから十六世紀末、いや、もっと近年に至るまで、ページ上の版面は、余白をページの上部〔天〕と内側〔のど〕よりも下部〔地〕と外側〔前小口〕でより広く取るように組まれた。こんなふうに、である。

本の単位が見開き二ページとして考えられたのである。現代の印刷者は、自分の目で見てわかっているはずなのに、一ページを一単位とみなし、紙の真ん中に活字面を刷ってしまう。もっとも、多くの場合、名目上そうしているにすぎない。というのも、ヘッドライン〔ページ上の余白に印刷した見出し。「柱」〕を使う場合に彼はそれも計算に入れてしまうのであり、目測の結果は、地の余白が天より狭く、見開き全体が上下さかさまになった感じがし、左右も活字面がまるで紙から追い出されたように見えるからだ。

印刷に使う用紙も必然的にわれわれの主題の一部をなす。これについては、目下多少良質の紙が作られているが、非常に高価な本以外には決して使われていないということが言えるだろう。最低料金の本は別にしても、他のすべての本でもそれを使ったからといって費用がそうかさむというものでもないのだろうが。普通の本に使われる紙はわが国でもはなはだ悪質なものであるが、劣悪さにかけてはアメリカ産には負ける。信じがたいほどひどいものなのだ。破格の安さだということをたとえ考慮に入れるとしても、もっとまともな紙ができないというのは理不尽である。だがいかなる改善であれ、安物は安物であるという事実を公然と示すことを基本にすべきである。例えば、滑らかで白い表面は材料と製造工程の繊細さを示すものであって、どうしても費用がかさむものなのだが、廉価の紙の場合は強さと耐久性をそっちのけにしてこの滑らかさと白さを出そうとするのは禁物である。劣悪な紙をはびこらせているひとつの原因は、薄い本をほとんどボール紙ほどもある厚い紙で刷って大きく見せようとする出版者の常習行為である。こんな手には誰もひっかかるものではなく、本がやたらと読みづらくなるばかりである。概して、小型本の印刷に使う紙は、透き通らぬ程度になるべく薄いものであるべきだ。十六世紀初頭頃フランスで制作された、装飾をふんだんにほどこした小型の祈禱書の印刷に使われたのは、薄くて堅牢で透けない紙で、この点でモデルになる。しかしながら、紙のもっている性質上、機械製の紙では手漉紙ほどのよい質感のものができるはずがないという事実に目をつぶってはいけない。

　印刷本の装飾という問題は広すぎてここでは十分にあつかうことができない。だがこれについてひとつ言っておかねばならない。覚えておくべき肝心な点は、装飾が、何であれ、絵であれ模様であれ、ページの一部を形成すべきであること、本の全体的構成の一部となるべきであることである。この提案は単純なものではあるが、あえて言っておく必要がある。なぜなら、現代のやり方は印刷と装飾の関係をまったく無視し、両者が互いに助け合っているとしたらそれは単なる偶然にすぎない、というほどになってしまったからである。昔の印刷者は文字と絵その他の装飾との正しい関係を完璧に把握していた。それで木版画がたとえひどく粗雑なものであっても、挿絵と文字とが一緒に伝える豊かな感じによって、ページの釣り合いのよさが依然として喜びを与えるのである。多くの場合がそうなのだが、挿絵が実際に美しいときには、そのようにして装飾された本はかつて生み出されたなかでも最も喜ばしい芸術作品の部類に入る。それゆえ、うまくデザインされた活字、しかるべき行間と語間、それにページ上の正しい位置におかれた版面があれば、どんな本でも少なくともきれいで見た目によいものとなるだろう。そしてこれらのよき性質に真に美しい装飾と絵が加わったら、われわれがそうしようと心がけるならば実用的な作品は芸術作品にもなりうるのだというわが協会の立場を、印刷本がふたたびまた十全に例証してくれることだろう。

理想の書物　一八九三年の講演

理想の書物という語でわれわれは商業上必要とされる価格の条件に制約されぬ本を考えればよいと思う。書物としてその性質が〈芸術〉に要求するところに従って、われわれはそれで好きなことができる。しかし思うにその中身によって幾分か制約を受けると結論してよいだろう。微分学の著作、医学書、辞書、政治家の演説集、肥料についての論文、といったような本は、きちんとうまく印刷することはできようが、抒情詩や一級の古典などの書物と同じような贅をつくした装飾はほとんど受けつけないだろう。〈美術〉についての著作は、他のいかなる種類の本よりも装飾を許容しないと思う（non bis in idem〔同一の目的で二つはならぬ〕というのが格好のモットーである）。また、挿絵を入れなければならない多かれ少なかれ実用的な本は、実際の装飾をひとつもつけるべきではないと思う。どうしても装飾と挿絵がぶつかりあってしまうからである。それでも、本の主題が何であろうと、またどんなに装飾がないものであろうと、活字が良質で活字面全体の配列に注意を払うならば、それは依然として芸術作品となりうる。シェッファーの一四六二年の聖書の見開き二ページは、たとえ彩飾や朱刷りがなくても美しいと思うことに、ここにご在席の全員が同意なさるだろう。同じことはシュッスラーにもジャンソンにも、要するに昔のすぐれた印刷者のいずれについてもあてはまるだろう。彼らの作品には文字のデザインと配列から引き出したもの以上の装飾はないのだが、それが確固とした芸術作品となった。実際、書物というものは、印刷本であれ写本であれ、美しい物となる傾向をもつのであり、今の時代に概して醜い本を作り出していることは、犯意のようなもの——つまり、どこでもポケットに自分の目をしまっておこうという決意——を見せているのではあるまいか。

さて、最初に私はこう断言する——まったく無装飾の書物であっても、それがいわば建築的に良いものならば、醜くないばかりか、実際に断然美しく見えうるのだと。ちなみにそうすることでそう費用がかさむわけではない。醜い活字《スタンプ》を得るのもきれいな活字《スタンプ》を得るのも値段は変わらぬのだから。それに活字の正しい組付けや配置をおこなう際に必要な趣味のよさと配慮は、養えばすぐに習慣と化するものであろうし、他の必要な用事にかかっている場合でも印刷所の親方の時間をたいしてとるものではあるまい。

それでは次にこの建築的な配列ということで何が要請されるのかを見てみよう。第一に、版面が鮮明で読みやすくなければならない。第二に、そのためにはどうしても活字のデザインをよくする必要がある。そして第三に、余白を狭くとろうが広くとろうが、版面と釣り合いがうまくとれていなければならない。

はっきり読みとれるようにするために考慮すべきことは、第一に、文字が胴《ボディ》に適切についているようにすることであり、またとりわけ字間にわずかな余白を入れることだと思う。すべてのローマン字体のなかでも最も粗雑であるローマの初期印刷者たちのローマン字体が特にそうなのだが、一部の初期の活字が不揃いなものであっても、別段読みにくくなってはいないというのは、奇妙ではあるが、私にいわせれば当然のことである。読みにくくなるのは文字の左右を圧縮してしまうからで、そうするとどうしても字が細くなりすぎて形がくずれてしまう。もちろん今言った不揃いな字が矯正すべき欠点でないなどと言うつもりはない。理想の印刷で決してしてはいけないことがひとつある。字間の空き、すなわち字間に余計な余白をとることである。新聞の印刷のような急を要して印刷をあまり問題にしていられない仕事は別にして、それは禁物である。

これはこの問題の第二点である語の左右の間隔（語間の余白）という問題にわれわれを導く。美しいページを作るためにはこれに大いに注意を払う必要があるのだが、残念ながらこれが果たされていないことが多い。語と語の間の白は両者をはっきりと分けるだけあればよく、それ以上は無用である（図26）。それより白が多くなると読みにくくなるし、またページが醜くもなる。以前に十五世紀ヴェネツィアの立派な本を買ったことを覚えているが、一部のページがひどく読みづらく、また非常に平凡で下品に見えるのがどうしてなのか最初はよくわからなかった。活字には何の欠陥も見られなかったからである。だがまもなくして間隔のせいだということに思い至った。問題のページの間隔の取り方が近代の本のようだった、つまり黒と白がほとんど同等だったのだ。次に、読みやすい本を望むなら、白は鮮明に、黒は黒くするべきである。あのすぐれた雑誌『ウェストミンスター・ガゼット』が発刊された時、緑の用紙の効用について論議がかわされ、それについてずいぶんと馬鹿げたことが語られた(1)。年季の入った印刷者であるわが友人のジャコービ氏がその賢明な諸氏のあやまちを正そうとして投書をし——これに彼らが気をとめていたら是正できていたはずだが、どうも気づかなかったらしい——彼らがしたのは用紙の色調《トーン》(道徳の調子《トーン》ではなく)を落とすことであり、それゆえ通常の白黒と同じように読みやすくするには黒をさらに黒くしなければいけないと指摘した。もちろん彼らはこれを実行していない。灰色のページが非常に目を疲れさせるということは確かであろう。

先に述べたように、読みやすさはまた文字のデザインによるところも大である。それで再度私は圧縮した活字に、とりわけローマン字体の場合に攻撃の矛先を向ける。aやbやdそれにcといったフルサイズの小文字は、よい結果を得るためには四角に近い形にデザインするべきで、そうしないとデザインの余地はまったくないということになってしまうだろう。さらに、おのおのの文字にはその字にふさわしい特徴ある線が備わっているべきである。例えばbの字を太くするやり方はdの場合と同じではいけない。uがnをひっくりかえしただけのものであってはいけない[2](図5)。iの点はコンパスで描かれた円であってはならず、菱形を繊細に描いたものでないといけない、といった具合である。要するに、文字のデザインは技術者ではなく芸術家がおこなうべきなのだ。イングランド(イギリス本国ということだが)では文字の形態についてはこの四十年間で大きな進歩が見られた。暑苦しくてぞっとするようなボドーニの字体、字の太さ細さがでたらめで、かつて彫られたなかで最も読みにくい活字であるボドーニの字体[3]は、いとも殺伐たる功利主義しか信奉しない工場に大方委ねられ（功利主義でありながら読めない活字を使うのはどうしてなのか、私には見当がつかぬが）、キャズロンの字体、および今日彫られているいささかか細いがそれなりに優雅なオールド・フェイス活字体がおおよそそれに取って代わった。しかしながら、現代の最良のローマン活字体のデザインのためにいささか低い優劣の基準が受け容れられているのは相当に残念なことである。ニコラ・ジャンソンを筆頭とする十五世紀ヴェネツィアの印刷者たちのゆったりとして筋が通ったデザインでなく、プランタンやエルゼヴィール家の比較的貧弱でか細い文字がモデルにされているのだから。ジャンソンたちのものがかつて鋳造されたなかで最良かつ最も鮮明なローマン字体であるのが明々白々であるのに、ありうべき新たな旅立ちに向けての出発点を最良の時代より落ちる地点にすえるというのが残念に思えるのである。この活字が十七世紀の活字にまさっているという事実を疑う向きには、五倍に拡大した見本を調べてみれば納得していただけると思う（図3）。もっとも、商業上の考慮もここに入ってくるということは認めなければならない。すなわち、ジャンソンの字体は十七世紀の模造品より場所をとるということである。それはもうひとつの商業上の問題につながる。すなわち、小さな文字で印刷されたら、見た目にもよくないし、また読みにくい本になってしまうということである。私見では、通常の八折判より小さい本が欲しい場合は別だが、パイカより小さくしてしまうのには断固反対だ。しかし何にせよスモール・パイカがどんな本の版面に使うものであっても最小の活字であるように私には思える。(4) もっと多くの字を入れたいのなら、鉛板《レズ》のサイズを小さくするか、あるいはまったくそれなしですませてしまえばよい、と私は印刷者に言いたい。活字によってはそれがあった方が望ましい場合がむろんある。例えばキャズロンの字体はアセンダーやディセンダー(5)が長いので、特別な場合をのぞいて鉛板を入れる必要がない。

ここまで私は上等でゆったりとしたローマン字体を念頭に置いてきたが、結局のところ、ある程度変化に富んでいることが望ましいのであり、昔の最良のものと同じくらい良質のローマン字体をひとたび得たならば、それをさらに発展させる余地は見つからないだろうと思う。それゆえ、われわれの改善された印刷本に使われるゴシック字体のある形態について一言口をはさんでおきたい。こう言うと驚く方がおられるかもしれぬが、バースレットがごくたまに用いた非常に注目すべき活字(6)をのぞけば、ウィンキン・ド・ウォードの時代以来ずっと、イギリスのブラックレターは、その頃にオランダから導入された文字だったということを覚えておかねばならない(もちろん近代のキャクストンの模造品もまた例外であるが)。さて、これは整った立派な文字ではあるが、あまり読みやすいものではない。字があまりにも圧縮されていて、ひげが尖りすぎているし、いわばゴシック字体であることを意識しすぎた文字である。しかし過渡的な特徴をもった活字がたくさんある。しかもそこには、一部のメンテリン活字や疑似メンテリン的な活字(それはまさに美しい単純さのお手本である）や、例えばウルム版『プトレマイオス』の字体——これはゴシック字体かローマン字体か決めかねる字体だが——のように、ゴシックの引き締まった華やぎをほんの少し取り入れただけのものから、一四六二年のシェッファーの聖書を最良の例にあげてよいと思うが、ほぼ完全なゴシック字体といえるすばらしいマインツ活字に至るまで、変化のあらゆる段階が見られるのである。これはわれわれに広い範囲の多様性を与えると思うので、みなさんに意見を申し上げ、二点指摘して問題のこの部分を残しておく。第一に、ゴシック本が読みづらい理由の多くはそのなかに略字が数多く入っているからだということである。それは写字生の慣習の名残だった。また、略字ほどではないが、連結文字がやたらと多いことも一因である。いずれの場合もこれらの準ゴシック字体に基づく近代の活字では当然解消されているはずだと思われる欠点である。そして第二に、私見では大文字はローマン字体が得意の面であり、小文字の方はゴシック字体のものだということである。それはまったく当然の話である。なにしろローマン字体は本来頭文字のアルファベットだったのであり、小文字はそれから徐々に導き出されてきたものなのだから。

さて、紙の上の印刷ページの位置の問題に入る。極めて重要な点である。それはごく最近まで近代の印刷者が完全に誤解していたことであり、古《いにしえ》の印刷者が、あるいはまたいかなる類の本の制作者であれ、めったに誤ることがなかったことでもある。この問題については、われわれが一度に本の一ページだけしか見ないのは稀だということをまず思い出していただかねばならない。見開きの二ページが実際に書物の一単位となるのであり、昔の本の制作者はこれを完全に理解していた。みなさんは、十八世紀以前に制作された本、しかもあの書物（と人類）の敵である製本業者の手で断裁されていない本をご覧になることはめったにないだろうと思う。断裁された場合はこの法則が守られていないことになる。すなわちその法則とは、ページの内側（綴じ目の方）の余白は最小にとり、天の余白はこれより広く、外側はさらに広く、そして地の余白を最大にとらねばならないというものである。釣り合いというものをわきまえている者が見るならば、こうするのが満足すべきものに見え、ほかの仕方ではそのように見えないのだと言いたい。ところが現代の印刷者は、概して、紙の真ん中と称するところに印刷面をどさりと置いてしまう。実はそれは真ん中でさえない場合が多い。ヘッドライン〔柱〕を入れた場合に、それは本当は版面のうちに入らず、活字の小片が紙面の上部にかすかにしみをつけた程度なのに、そこから版面を測ってしまうからである。さて、あえて言わせてもらうならば、いかなる本でも、版面が紙面のほどよい位置に置かれているなら、どんなに貧弱な活字を使っても（すべてを台なしにしてしまうような「装飾」がないかぎりは常に）見るに堪える本となるのであり、それに対して、版面の位置が悪いと、いかに活字と装飾が立派でも見るに堪えぬ本となるのである。私の書架には今ジャンソンのラテン語版『プリニウス』が一冊あるが、これは活字が美しい上に彩色された装飾が優美であるにもかかわらず、めったに見る気になれない。

製本屋が（言語道断のやつで、何と形容してよいかわからぬ）地の余白を三分の二も切り落としてしまったからである。こんな馬鹿げた所業は、殿方が外套を後ろ前に着たり、ご婦人がボンネットを逆さに被るのと変わらぬ。

この節を終える前に、大型判について一言述べておきたい。私はこれに大反対である。もっとも自分自身この方面で大分罪をおかしてしまった。しかしそれは無知だった時分の話で、ひとえにその理由で許しを請う次第である。廉価であってかつ立派な体裁の本を出したいと思うなら、そうすればいい。ただし二種類の本にすべきである。みなさん（もしくは一般の方々）にこれができぬのなら、できるだけ見栄えのする廉価版を作ることに創意と金を用いるべきだ。小型本から大型本を作ろうとすると、たとえ大型本用に版を組み直したとしても――そうすることはあまりないと思うが――ディレンマにおちいってしまう。余白が小型本にはちょうどよくても、大型本にはどうしても都合が悪くなってしまい、より悪い本をより高い価格で世間に売り出さねばならぬはめになる。大型本にちょうどよい余白でも、小型本には不適当で、今見たようにその余白のおかげで必ずそうなるのだが、こうして本を台なしにしてしまう。これは（芸術的倫理の観点からするなら）一般読者に対して確かに公正さを欠いているように思える。なにしろ人々は高価でなくとも見た目によい本をもちえたはずだから。

われわれの理想の書物の用紙については、昔と比べてはなはだ不利な状況にある。十五世紀末まで、いや、まさに十六世紀の最初の四半世紀までは、悪質な紙はまったく作られなかったし、大半が非常に良質のものだった。当今は良質の紙はほとんど生産されておらず、大半がひどいものである。われわれの理想の書物はなるべく良質の手漉紙に刷るべきだと思う。この点をおろそかにすると貧相な本ができあがってしまうだろう。しかし機械産の紙を使わざるをえないのなら、見事さや豪華さを装うことなどせず、あるがままの姿を示すべきである。私だったら、外見に関するかぎりであれば、新聞雑誌用の安手の紙の方が、お上品な本に使われる厚手のなめらかな、見せかけばかりが上等の紙よりは断然いいと思う。なかでも最悪なのは、手漉紙の造りを模倣した紙だ。

しかし、手漉紙が手に入ったとしても、その厚さが問題である。小型本の場合は、どんなに良質の紙であろうと、厚手の用紙に刷ってはいけない。厚手の紙を大型本だけにかぎらなければ、楽にめくることができて読書中開いたページがおとなしく収まっている本が欲しいと思っても、どだい無理なのである。

ついでながら、小型本だけが読みやすいのだといった迷信に対して反論しておきたい。小型本はまあまあ読みやすいものもあるが、最良のものでもかなり大型の二折判——例えば断裁されていない『ポリフィルス』のサイズ、またそれよりいくらか大きいもの——に比べると読みやすさでは劣る。実際のところは、小型本はページを開いたままにしておくことがなかなかできないもので、おさえておくので手がふさがるか、テーブルの上に置いて片側にスプーン、片側にナイフといった具合に、何かの道具で固定しておかねばならぬ。そうした道具は肝心な時にいつもころがり落ちるもので、読書に欠かせぬ落ち着きがそのために失われていらいらした気持ちにさせられる。それに比べて、大型二折判はテーブルの上で落ち着いて堂々としており、読者が喜んでやって来るのを快く待っている。ページは平らに静かに収まっており、何ら体に面倒がかからないので、その美しい廟に収められた文学を心ゆくまで楽しむことができる。

さて、ここまで私は、職人技術を用途に適合させることから生じる必然的で本質的な美だけを装飾としてもつような書物について語ってきた。しかしそこまで到達するなら、おそらくそのような職人技術から確固とした装飾が生まれるであろうし、時には賢明に慎みをもって、時には同じく賢明に贅を尽くして、それが使われるようになるだろう。当面は、本をどうしても装飾せねばならぬと本当に感じるのなら、できるだけのことをやってみるべきだろう。しかしこれを試みる際にひとつ肝に銘じておくべきことがある。すなわち、装飾というものが装飾として書物の一部をなす理由が、本と一緒に刷られ一緒に製本されるからにすぎないと思うのなら、大きなまちがいだろうということだ。装飾は活字自体と同じぐらいページの一部をなすはずのものであって、さもなければ失敗作となるだろう。成功し装飾となるためには、一定の制約に従わねばならぬ。そして建築的なものにならねばならぬ。単なる白黒の絵では、それが絵としてどんなに面白いものであっても、本の装

25　ウィリアム・モリスがデザインした三種の印刷者マークのひとつ。これはケルムスコット・プレスの小さめの判に出したもの。

飾には場違いかもしれない。他方、書物は、それにふさわしい絵で飾られているならば、そしてその場合においてのみ、しかるべき装飾がほどこされた見事な建築や見事な文学作品以外の何物にもひけをとらぬ芸術作品となるだろう。

今言った見事な建築と見事な文学は、実際、われわれが芸術に対して要求すべき唯一の絶対必要な贈り物である。絵入り本は人の暮らしに絶対必要なものではないかもしれぬが、それはわれわれにあのようなかぎりない喜びを与えてくれるのだし、またもうひとつの絶対必要な芸術である想像的文学とかくも密接に結びついているので、思慮を備えた人々が鋭意制作にはげむべき、何よりも価値あるもののひとつであり続けるにちがいない。

ケルムスコット・プレス設立趣意書

一八九六年発表のエッセイ

私が本の印刷を始めたのは、美しいといえる資格をはっきりもち、同時に読みやすくて目をくらませることもなく、また風変わりな字形で読者の頭を混乱させたりしないものを作りたいと望んでのことである。私は常々、中世のカリグラフィと、それに取って代わった初期の印刷を絶賛する者であった。十五世紀の印刷本については、その多くには装飾がふんだんにほどこされてはいるが、たとえそのような装飾を加えずとも、それらがタイポグラフィの力だけで常に美しいものになっていることに気づいていた。そこで、活字を印刷し配列したものとして見ることがひとつの喜びになるような本を生み出すことが私の企図の核となった。それで、私の冒険をこの観点から見ると、主として以下の事項を考慮せねばならぬことがわかった。すなわち、用紙と活字体、それに文字と単語と行の相対的な間隔、そして最後にページの上の組版の位置がそれである。

用紙は、耐久力がありかつ見た目にもよいという理由で、手漉紙にする必要があると考えたのは当然のことである。安くあげようとして紙の質を落としてしまうのは非常に誤った倹約だといえよう。だから私は手漉紙の種類だけを考えればよかった。この点については、二つの結論に達した。第一に、紙の材料は全部リネンを使い（今日では大半の手漉紙が木綿製である）、非常に「堅い」もの、すなわち礬水《どうさ》が十分に引かれているものでなければならない。(1)第二に、紙は「織目型」ではなく「簀目型」《すのめ》(2)（すなわち見ればそれとわかる針金から作った漉型《すきがた》で漉いた紙）でなければいけないのだが、漉型の針金によって生じ

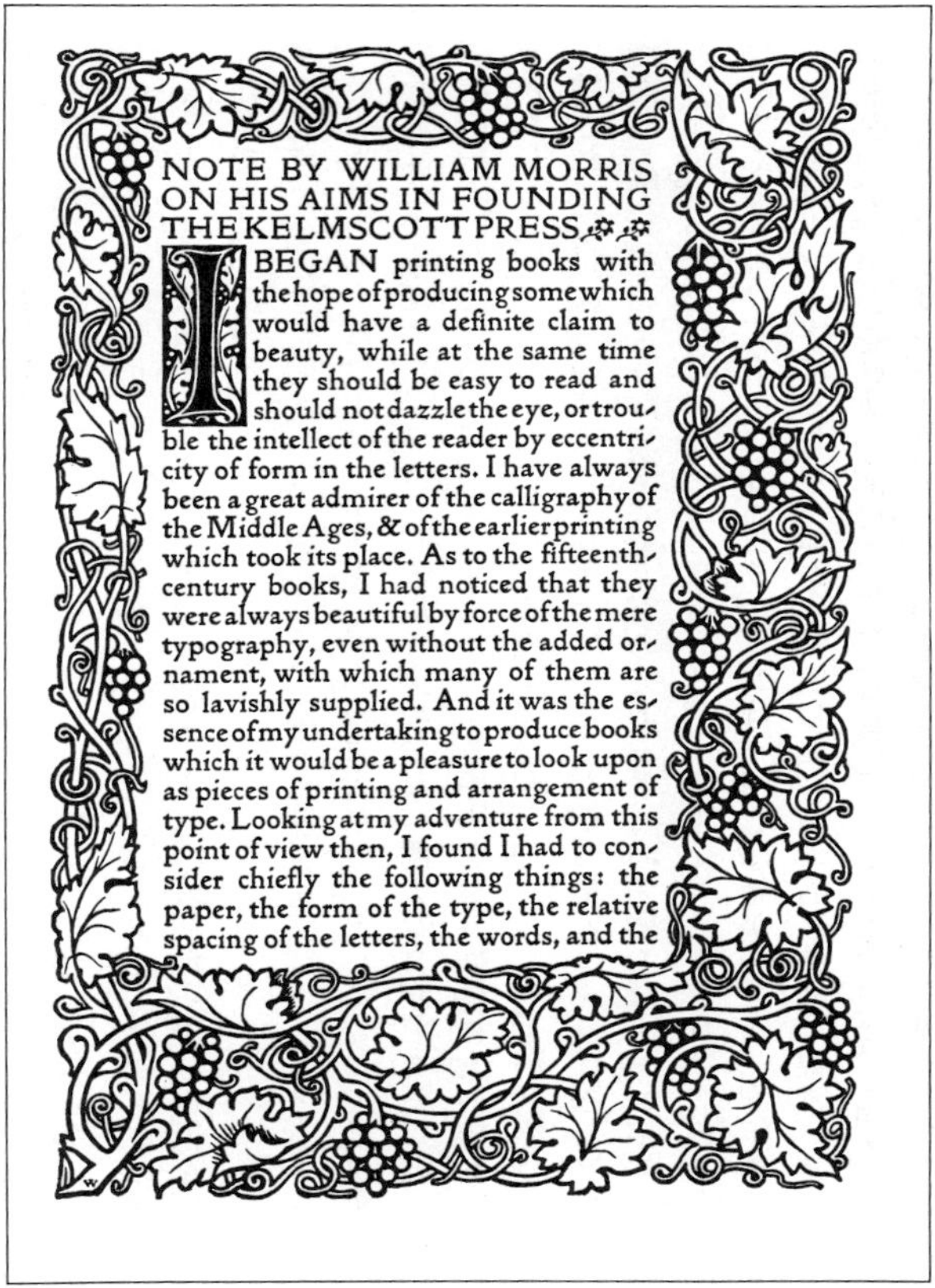

NOTE BY WILLIAM MORRIS ON HIS AIMS IN FOUNDING THE KELMSCOTT PRESS

I BEGAN printing books with the hope of producing some which would have a definite claim to beauty, while at the same time they should be easy to read and should not dazzle the eye, or trouble the intellect of the reader by eccentricity of form in the letters. I have always been a great admirer of the calligraphy of the Middle Ages, & of the earlier printing which took its place. As to the fifteenth-century books, I had noticed that they were always beautiful by force of the mere typography, even without the added ornament, with which many of them are so lavishly supplied. And it was the essence of my undertaking to produce books which it would be a pleasure to look upon as pieces of printing and arrangement of type. Looking at my adventure from this point of view then, I found I had to consider chiefly the following things: the paper, the form of the type, the relative spacing of the letters, the words, and the

26　ケルムスコット・プレス最後の刊本となったモリスの『ケルムスコット・プレス設立趣意書』(1898 年) の冒頭のページ。〔縁飾り 4 番。活字はゴールデン・タイプ。〕

る目が強すぎてうね模様が出てしまうようでは困る。これらの点については持説が十五世紀の製紙業者の流儀と同一であることを知った。それで一四七三年頃のボローニャの紙を自分の手本とすることにした。ケント州リトル・チャートに住む友人のバチェラー氏が私のもくろみを非常に満足のいく形で実行に移してくれ、最初から優れた紙を作ってくれた。これは今でも使っている。

次に活字について(図4、5)。意識して十分な熟考を重ねたというよりむしろ本能によって、私は手初めにローマン字体を一揃い手に入れた。そしてここで私が求めたのは、純粋な形態の文字だった。つまり、無用な突起のない簡素な文字であること。近代の通常の活字の根本的欠陥であって本を読みにくくする原因となる極端に太い線や細い線がないしっかりした文字であること。そして商売上の必要に迫られて最近の活字はおしなべて左右圧縮されて縦長のものになってしまっているのだが、そんなふうにひしゃげていない文字であること。そのような文字を望んだのである。この完璧なローマン字体の手本にできるような源泉がただひとつあった。すなわち、十五世紀ヴェネツィアの偉大な印刷者たちの作品である。わけてもニコラ・ジャンソンは一四七〇年から一四七六年までの間に完璧無比の最もローマン字体らしい字体を生み出した。この活字を私は綿密に調べた。自分自身の文字のデザインを始める前に、これを写真にとって拡大したり(図3)、何度も描いてみたりした。そういう次第で、これの精髄をわがものにしたと思うのだが、隷属的に模写したわけではない。事実、私のローマン字体は、とりわけ小文字がそうだが、ジャンソンのものと比べて大分ゴシック字体の趣が備わっている。

しばらくして、ローマン字体とならんでゴシック字体の活字も揃える必要があると思えてきた。そしてここで私が自己に課した仕事は、一般にゴシック字体に対して言われる読みにくいという非難からその字体を救い出すことだった。それにこの非難は、印刷史上の最初の二十年の間に作られた活字に向けるのは理不尽だという気がした。マインツのシェッファー、シュトラスブルクのメンテリン、それにアウグスブルクのギュンター・ツァイナーは、後代の活字の一部が上述の非難をこうむる原因となった末尾の突起や無理な圧縮を避けていると思えたのである。ただし、最初期の印刷者たちは（その点は彼らの先人である写字生の慣習を自然に踏襲したのだが）略字をやたらと使い、「連結」文字を多く用いすぎた――ちなみに、それは植字工にすれば大層便利なものではある。それで私は、&の字以外は略字をすべて避けることにし、連結文字もごくわずかにとどめた。実際、絶対に欠かせぬもの以外は連結文字は使わずにすませた。自分の目標をたえず念頭に置き、ブラックレターの活字をデザインした（図5）。これはローマン字体に劣らずに読みやすいものだと自負する字体で、実を言うと私のローマン字体より気に入っているものである。この活字体はグレイト・プリマーと呼ばれる大きさのものである（ローマン字体の方は「イングリッシュ」大）。だがあとになってチョーサー（二欄組の本）を作る必要上、やむをえずパイカ大の小型ゴシック活字を揃えることにした。

ここで言っておきたいが、これらの活字すべての父型を私のために大いに知力と技能を傾けて彫ってくれたのはE・P・プリンス氏であり、氏は私のデザインを非常に満足のいくものに実現してくれた。

さて、間隔について。第一に、文字の「面《フエイス》」はできるだけ「胴《ボディ》」の広さ一杯をふさぐようにして、字間に過度の白が出ないようにする。第二に、語間の横の空きは、(a)語と語の区別をはっきりつけるに足るだけにとどめ、(b)できるだけ等分に近いものとする。近代の印刷者は、最良の人々でさえ、見た目によい植字のための必須事項であるこれら二点にほとんど注意を払っておらず、へたな連中となると、勝手放題に間隔を広げて、そのために、何よりも、品位ある印刷にとって非常な汚点となるページ上を走る例の醜い線の川が生じてしまうことになる。第三に、行間の白がありすぎてはいけない。「レディング」〔行間への鉛板《レズ》の挿入〕という近代の習慣はなるべく避けた方がよいし、特別な印刷箇所を目立たせるといったような、何か明確な理由がないかぎりそれは禁物である。私が唯一自分に許容しているレディングは、私のゴシック字体のパイカ活字の行間に時折入れる「薄目」の鉛板である。チョーサー作品集と二欄組の本では「極細《ヘアー》」の鉛板を使ったが、十六折判ではこれさえ使っていない。最後に、これも大事なことだが、ページ上の版面の位置が問題になる。これは常に、内側の余白を最も狭くし、天をそれよりいくぶんか広く

THE Kelmscott Press began work at Hammersmith in February 1891. The designer of the type W. Morris, took as his model Nicholas Jenson's Roman letter used in Venice in the 15th Century, and which unites in the fullest degree the necessary qualities of purity of line and legibility. Jenson gives us the high-water mark of the Roman character: from his death onwards typography declined till it reached its lowest depth in the ugliness of Bodoni. Since then the English typographers following more or less in the footsteps of Caslon, have recovered much of the lost ground; but as their work is almost always adapted for machine printing it has a tendency to exaggeration of lightness and thinness, which may well be corrected, in work printed by the hand-press.

207

27　シオドーア・ロウ・ド・ヴィン『タイポグラフィの実践……簡素な印刷活字』（ニューヨーク、1899年）、207ページ。コッカレルが次のような説明をしている（大英図書館、書架記号C. 102.h.18、紙葉番号［8］）。「ド・ヴィンの印刷を論じた書物の一冊のためにW. M. が書いたケルムスコット・プレスの略説。電気製版が一枚ド・ヴィン氏に送られた。……」〔288ページ、「ケルムスコット・プレス設立趣意書」注(3)を参照。〕

し、外側（前小口）をそれよりさらに広く、そして地を一番広くとるようにするべきである。中世の書物では、写本であれ印刷本であれ、この規則からの逸脱はまったく見られない。近代の印刷者たちは示し合わせたようにこれにそむいている。そのため、本の単位は一ページではなくて見開き二ページだという事実と明らかに矛盾してしまっている。わが国の最も重要な私設図書館に数えられるところで司書をしている友人の話だが、入念な調査をおこなってみて、おのおのの余白の差が二十パーセントずつになるようにするのが中世の規則だったという結論に達したという。さて、これらの間隔と位置の問題は美しい書物を制作するのに一番大事なことである。これらの点をしっかり考慮するなら、何の変哲もない活字で印刷したものでも、少なくとも品位があって目に快い本ができるだろう。それをなおざりにしてしまうと、どんなに見事にデザインされた活字を使っても、その効果が台なしになってしまうだろう。

装飾業をなりわいとする私が、自分の本をしかるべく飾ろうとするのはごく自然なことだった。この問題については、自分の装飾を版面の一部にする必要性を常に意識しておくように努めた、とだけ言っておきたい。それから、私の本の何点かを飾る見事な類なき木版画、なかんずく完成間近のチョーサー作品集を飾る木版画をデザインするにあたって、わが友人のサー・エドワード・バーン＝ジョーンズはこの重要点を決して見失ったことがなく、それゆえに彼の作品はきわめて美しく想像力に富む絵をわれわれに与えてくれるのみならず、印刷本と最高に調和のとれた装飾にもなるのだろうということ、それを付言しておきたい。

ハマスミス、アッパー・マルの
ケルムスコット・ハウスにて
一八九五年十一月十一日

付録

付録A　ケルムスコット・プレス小史

シドニー・C・コッカレル著

　前掲の論考〔モリスの「ケルムスコット・プレス設立趣意書」〕は、ロンドンの一書肆の依頼を受けて、ケルムスコット・プレス論の口頭発表を準備していたアメリカ人の顧客のために書かれたものだった。今印刷所を閉めようとしているわけなので、また七年間続いてきたその活動もまもなく歴史のひとこまとなるだろうから、印刷所に関わる他のいくつかの事実を、それがまだ確証できるうちに書き記しておくのが妥当と思われる。不完全な情報に基づく発言が新聞や雑誌に散見されるので、なおさらそうする必要があるだろう。

　早くも一八六六年に、『地上楽園』の特装版が計画された。それは二欄組の二折判で、サー・エドワード・バーン＝ジョーンズの挿絵をふんだんに配し、タイポグラフィの点で当時の本をしのぐものになるはずだった。「クピドとプシュケ」、「ピグマリオンと像」、「ウェヌスに与えられた指輪」、それに「ウェヌスの丘」といった物語のためのデザインができあがり、そのうち「クピドとプシュケ」用の四十四点が、初期ドイツの巨匠たちといくぶんか似た流儀で版木に描線で彫られた〔図29〕。約三十五点の木版がウィリアム・モ

Ornaments designed and engraved for Love is Enough.

28　『ケルムスコット・プレス設立趣意書』（ケルムスコット・プレス、1898年）、9ページ。〔図版中のキャプションは「『恋だにあらば』のためにデザインされ彫られた装飾」と記されている。〕

リスみずからの手で仕上げられ、残りはジョージ・Y・ウォードル、G・F・キャンプフィールド、C・J・フォークナー、それにエリザベス・バーデンが手掛けた。見本刷りがキャズロン・タイプで、また後年に『ウォルフィング族の家の物語』で使うチジック・プレス・タイプで組まれたが、様々な事情でその計画はそれ以上進まなかった。(1) それから四、五年後、『恋だにあらば』の挿絵入り版の計画がもちあがった。そのためにLの装飾頭文字二点と縁飾り七点をウィリアム・モリスが描き、彫った。もう一点の欄外装飾はサー・E・バーン゠ジョーンズがデザインしそれをモリスが彫った。サー・E・バーン゠ジョーンズは口絵の下絵も描いたが、それはケルムスコット・プレス版『恋だにあらば』の最終ページ用にW・H・フーパーが先日彫ったばかりである。これらの縁飾りは――そのうち三例を向かいのページに出してある(図28)――ケルムスコット・プレス用にデザインされたいかなる縁飾りよりも華奢なものではあるが、最初期の印刷本に見られるいくつかの装飾的特徴を復興しようという考えが印刷所発足の時点で創設者モリスの頭をすでに長年にわたって占めていたものであったことを示している。これと同時期、一八七〇年代初頭に、彼は古写本の研究に大いに没頭し、また『ホラティウス詩集』や『オマル・ハイヤーム』を初め、様々な本を筆写し、彩飾するのに熱中していた。そのために彼の思いが印刷から離れてしまったのかもしれない。いずれにせよ、挿絵入り版『恋だにあらば』を作る話は、二折判『地上楽園』の場合と同じように、沙汰止みになった。

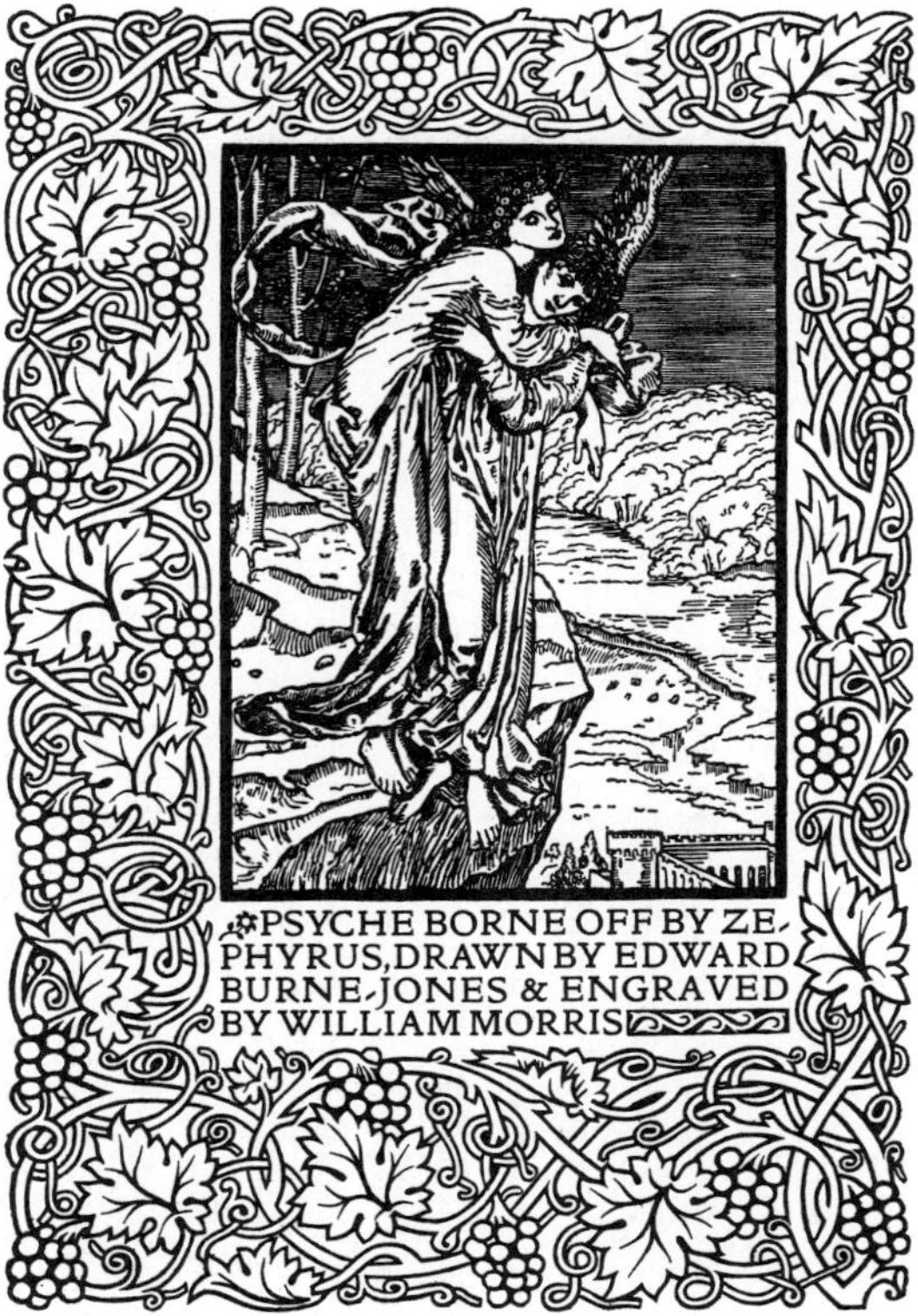

29 『ケルムスコット・プレス設立趣意書』(ケルムスコット・プレス、1898年)、口絵。(この木口木版画は『地上楽園』の特装版に使う予定でいたもの。)〔図版中のキャプションは「『ゼピュルスに運ばれてゆくプシュケ』エドワード・バーン＝ジョーンズ画、ウィリアム・モリス彫版」と記されている。縁飾り4番a。〕

ウィリアム・モリスが書いた本はまずまずの印刷で出続けてはいたが、再びタイポグラフィに大いに注意を払うようになるのは一八八八年頃に至ってからだった。彼は当時、そしてその後死ぬまでずっと、ハマスミスを離れぬときは近くに住む友人のエマリー・ウォーカー（図2）と毎日つきあっていた。この問題についてのウォーカー氏の見解が彼自身のそれと一致し、それにまた印刷技術の実際的知識をウォーカー氏は備えていたのである。その見解が最初に表明されたのは、一八八八年秋にニュー・ギャラリーで開かれたアーツ・アンド・クラフツ展覧会協会の展覧会のカタログに載ったウォーカー氏の論文においてである。[2]話し合いを多く重ねた結果、『ウォルフィング族の家の物語』の印刷をこの時チジック・プレスに依頼し、古いバーゼル活字をモデルにした特別あつらえの活字を使い、鉛板《レズ》を入れず、余白の比率に十分配慮した本を作った。題扉の配列にも注意を払った。翌年『山々の麓』を同じ活字（ただし小文字のeは変更）で印刷したが、ページの釣り合いの取り方が異なっており、ヘッドライン（柱）の代わりに肩注が入っている。この本は一八八九年十一月に刊行され、著者はこれが十七世紀以降出たもののなかで一番見栄えのする本だと断じた。大型判で刷るのは『ウォルフィング族の家の物語』の際にうまくいかなかったのでやめにして、それに代えて普通判の紙とほぼ同サイズのワットマン紙（上質の手漉き織目紙）に二百五十部刷った。この紙の在庫を少しばかりかかえていたので、それを整理するために、グンラウグのサガ（「蛇の舌のグンラウグ」）の翻訳——初出は一八六九年一月の『フォートナイトリー・レヴュー』で、のちに『北欧の三つの恋物語』に収録――をチジック・プレスで印刷した。これに用いた活字は、キャクストンの活字のひとつを模倣したブラックレターで、頭文字の部分は手書きの朱文字を入れるように空けたままにした。三部をヴェラムに刷った。しかしこの小さな本ができあがったのはようやく一八九〇年十一月になってからである。

その間、モリスは自身の活字をデザインしようと心に決めていた。『山々の麓』が出てからすぐその仕事にとりかかり、一八八九年十二月、ウォーカー氏に印刷者として共同経営者になってもらえないかと依頼した。この申し出をウォーカー氏は謝絶した。だが、事業の財政面には関与しなくても、氏はその発端から最後までケルムスコット・プレスの事実上の共同事業者だったのであり、氏の助言と賛同を得ないで大事な一歩を踏むことは決してなかった。実際、当初の目論みでは、本はハマスミスで組みつけをして、クリフォーズ・インの氏のオフィスで印刷する予定だった。

モリスが中世本の蒐集を再開したのはこの時期で、その後の六年間に実に素晴らしい蔵書を形成した。以前にもそうした本を少し集めたことがあるが、その大半を手放してしまい、本人は大いに後悔していた。今度は初期印刷者たちの活字と手法の研究というはっきりした目的をもって購入するようになった。そのようにして手に入れた最初の本のなかに、アレッツォのレオナルドの『フィレンツェ史』（図3）があった。一四七六年にヤコブス・ルベウスがヴェネツィアで印刷した本で、ニコラ・ジャンソンの字体と酷似したローマン字体を使っている。様々な字体の特徴がさらにはっきり出るように、この本とニコラ・ジャンソンの一四七六年刊の『プリニウス』の一部を写真で拡大してみた。そしてその長所短所を押さえてから、ウィリアム・モリスは活字のデザインに進んでいった。できあがったその活字一揃いを、一八九二年十二月のリストで彼はゴールデン・タイプと名づけた（図4、5）。それを使って最初に印刷する予定でいた『黄金伝説』にちなんでの命名である。この活字は、句読点、数字、連結文字を含む八十一のデザインからなる。小文字のアルファベットが数カ月で仕上がった。プリンス氏がグレイト・プリマー大で彫った最初の文字は大きすぎると思ったので、「イングリッシュ」大にすることに決めた。一八九〇年八月中旬までに十一の父型が彫られた。その活字は年末にはほぼ完成した。

一八九一年一月十二日、アッパー・マル十六番地にコテッジを借りた。引退していた老練の印刷者ウィリアム・ボーデン氏を、植字工兼印刷工として働いてもらうべくすでに雇い入れていた。それから試し刷りに必要なだけの活字を鋳造し、それを一月三十一日の土曜に組んで刷った。用紙は、ケルムスコット・プレスのためにJ・バチェラー父子商会が漉いた紙のサンプルを使った。二週間ほどして、紙が十連《リーム》（一連は五百枚）届いた。続いて二月十八日、かなりの量の活字が入った。のちに監督となるW・H・ボーデン氏（図30）がそれから植字工として父親に加わり、『輝く平原の物語』の最初の数章の組み付けをおこなった。最初の一シートが印刷されたのは三月二日だったようである。この時にはジャイルズという名の印刷工が加わっていたので職人は三人になっていたが、彼はこの本が仕上がってからすぐに辞めた。今言った試し刷りを印刷した翌日にウィリアム・モリスに会った一友人が、自分の新しい活字の成功に意気揚々としていたことを述懐している。しっかりした印刷になっている「サガ双書」の第一巻を出してきて、この試し刷りと並べてみたところ、遜色がないどころか、はるかにすぐれたものだった。それでこの詩人は、ブラックレターの活字を作る作業に即刻とりかかるつもりである旨を明かしたのだという。しかしながら、病気に妨げられ、それを始めたのは六月になってからだった。小文字のアルファベットは八月初旬までに仕上がった。ただし連結文字はまだで、これと大文字のデザインをプリンス氏のもとに送ったのは九月十一日である。十一月初旬に試し刷り二ページに必要なだけの活字が鋳造された。一ページはチョーサーの「地主の話」の二十六行、もう一ページは『ヴォルスング族のシグルズ』の十六行を組んだものである。両方に使われた大文字Iはすぐに捨てられた。一八九一年の大晦日にトロイ・タイプの完全に揃ったものが鋳造所から届いた。この活字が最初にあらわれるのは、一八九二年五月の日付が入ったリストのうちの、その名のもとになった本〔『トロイ物語集成』〕を知らせた一文においてである。

このトロイ・タイプは（図5）、デザインしたモリスが他の二種の活字より好んでいたもので、マインツのペーター・シェッファー、アウグスブルクのギュンター・ツァイナー、ニュールンベルクのアントン・コーベルガーらの初期の美しい活字の影響がうかがえるが、ゴールデン・タイプよりさらに強い独自の個性を備えており、主としてこの点でいかなる中世の活字体とも異なるものになっている。最近これが国外で盗作され、企業心の旺盛なドイツの会社が「米国凱旋ゴシック体」なる名前で宣伝している。ゴールデン・タイプの方がひどい目にあっているのかもしれなくて、合衆国で改作され、その個性の大半が失われて、その地から「ヴェネチアン」、「イタリアン」、「ジャンソン」といった名称でイギリスに戻ってきた。ニコラ・ジャンソンの活字の現物を復刻しようという良識を未だ誰も持ち合わせていないというのは奇妙なことである(3)。

ケルムスコット・プレスで使われた三番目の活字は「チョーサー」体と呼ばれたが、これはトロイ・タイプのサイズを変えただけのもので、グレイト・プリマーでなくてパイカ大にしてある(図5)。これは一八九二年の二月から五月にかけてプリンス氏が父型を彫り、七月にはできあがった。この活字が最初にあらわれるのは、一八九二年十一月二十四日に出した『トロイ物語集成』の目次と語彙集においてである。

同年六月二日にウィリアム・モリスはプリンス氏にこう書いた。「大体三カ月以内に『イングリッシュ』大の活字用の新しいスケッチをそろえることができると思います」。そのスケッチはできてこなかった。しかし一八九二年十一月五日に彼はアウグスティヌスの

『神の国』を購入した。ローマ近郊のスビアーコの修道院でスヴァインハイムとパナルツによって印刷された作品で、少々圧縮された活字を使っており、その活字は知られているものではわずか三冊の本にしか見られない。彼はただちにこれをモデルにして小文字をデザインしたが、満足のいくものはできず、父型も彫らせなかった。その後新しい活字をデザインしたいとか、ゴールデン・タイプを大型サイズで彫らせようなどといったことを時々口にしてはいたが、彼が活字デザインを実際に試みたものとしてはこれが最後のものとなった。

活字の次に大事なのが、ウィリアム・モリスのデザインした装飾頭文字、縁飾り《ボーダー》、それに装飾《オーナメント》である。最初の本には奇数ページの縁飾りが一つ、それに二十種の頭文字が入っている。次の本『折ふしの詩』では頭文字の種類は五十九点ある。多くはすぐに捨てられたが、これらの初期の装飾頭文字は、大体において、最初の縁飾りと同様に、十五世紀のイタリア写本の装飾を連想させる。ブラント著『恋愛抒情詩』では新たなアルファベットのうち七つの字を使っている。文字の背景には自然な感じで葡萄の房やつるが描かれているが、これは一八九一年八月にボーヴェを訪れ、〔大聖堂の〕大きなポーチに葡萄の模様が彫られているのを観察した結果である。それ以後新鮮なデザインがたえず加えられていった。初期の装飾頭文字は時として暗すぎて活字とそぐわぬように見えたので、葉を大ぶりにし、背景を明るくしていく傾向がずっとあった。彫られはしたが使用には供されなかったものも数点含めると、ケルムスコット・プレスのためにデザインされた大小様々なサイズの装飾頭文字の総数は、三百八十四点にのぼる。Tの文字一つをとっても、三十四種もある。

ケルムスコット・プレスのために彫られた縁飾り（図26）の総数は、未使用のもの一点を含めるが、『地上楽園』用にR・キャタースン＝スミスがデザインした縁飾り三点をのぞけば、五十七種にのぼる。こうした（欄外の四方にほどこす）全面縁飾り《フル・ボーダー》以外の欄外装飾を入れた最初の本は『グウィネヴィアの抗弁』で、その七四ページのところに半縁飾り《ハーフ・ボーダー》が見える。他に『黄金伝説』の序文で二点使っている。『トロイ物語集成』がこの種の装飾をふんだんに使った最初の本である。百八種のデザインが彫られた。

以上挙げたデザインのほかに挿絵を縁取る枠が『輝く平原』に七点、企画された『ウォルフィング族の家』用に一点、『チョーサー作品集』の挿絵用に十九点（内一点はその本では使用せず）あり、題扉と題辞が二十八点、『チョーサー作品集』用の冒頭の大きな装飾語が二十六点、『世界のはての泉』と『不思議な島々のみずうみ』用の装飾頭文字が七点、行末飾りが四点、そして印刷者マークが三点あり（図25）、あわせると、七年間に描かれ彫られたウィリアム・モリスのデザインは六百四十四点になる。繰り返して使う頭文字や装飾はすべて電気製版で刷ったが（図6）、題扉や冒頭の装飾語の方は大抵版木から直接刷った。サー・エドワード・バーン＝ジョーンズ、ウォルター・クレイン、C・M・ギアによる挿絵もまた、二、三の例外はあるが、版木から刷った。サー・E・バーン＝ジヨーンズの原画はほぼすべて鉛筆描きで、それをR・キャタースン゠スミスがインクで描き直し——C・フェアファクス・マリーがそれを担当したことも数度ある——、それが済むと画家の修整を受け、写真にとって版木に転写された。スペンサーの『羊飼いの暦』のためのA・J・ギャスキンのデザイン十二点、『サンダリング・フラッド』の地図、それに『十五世紀ドイツ木版画集』に復刻された木版画三十五点は、写真凸版で刷られた。

装飾頭文字、欄外装飾、挿絵のための木版のほぼすべての彫板を手がけたのはW・H・フーパー、C・E・キーツ、それにW・スピールマイアーだった。ただし『輝く平原』の木版二十三点はA・レヴァリットが彫り、最初期の頭文字数点はG・F・キャンプフィールドが彫った。これらの木版は全部大英博物館に送った。今後百年間これの複製もしくは印刷を禁ずるという条件で受け入れてもらったのである。電気製版は破棄した。この方針はウィリアム・モリスの死の直前にこの問題を話し合ったときに認めてもらったものだが、受託者たちがそのようにしたねらいは、一連のケルムスコット・プレス本と他の本との間に一線を劃しておき、デザインが頻繁に使われて陳腐なものと化してしまうのを防ぐためだった。その多くはアメリカで盗用されパロディ化されているが、本国では幸い版権で守られている。活字は受託者たちがまだ保管しており、これをデザインした当人の著作を刊行する際に、特装版の要請があればその印刷に使われるだろう(4)。他にも彼が承認したと思われるような本の印刷に使ってもよいだろう。そこには頭文字や装飾がついていないわけだから、ケルムスコット・プレスで刷られた書物群との相違は常に一目瞭然だろう。

ケルムスコット・プレスで使ったイギリス製手漉紙の性質については前掲の論考でウィリアム・モリスが説明している。これは最初十六インチ×十一インチ大のシートで供給された。各シートのすかし模様にはW・Mの頭文字の間に様式化された桜草が描かれた。先に述べたように、『黄金伝説』が最初に印刷に着手する予定の本であったが、一度に二ページしか印刷できないだろうし、これでは経費がかかりすぎてしまうだろうということで、この作品用には倍のサイズの紙を注文し、代わりに『輝く平原の物語』を始めることにした。この本はそのあとに続く五点と同様に小型四折判で、各シートが二度折り重ねられた。その小型サイズの紙の最後の一連は『騎士道』に使った。このシリーズの他の巻はすべてサイズを倍にした紙に八折判で印刷されている。『チョーサー作品集』用にはより丈夫で一回り大きな紙が必要だった。これのすかし模様は、パーチ〔鱸に似た川魚〕が小枝を口にくわえている図柄である。大型四折判の本の多くはこの紙に刷られた。これの最初の二連が届いたのは一八九三年二月である。ケルムスコット・プレスでは他にもうひとつだけちがうサイズの紙が使われた。これのすかし模様は林檎で、他の二つのすかし模様と同じくイニシャルのW・Mが描かれている。この紙で刷られた本は、『地上楽園』、『花と葉』、『羊飼いの暦』、それに『ヴォルスング族のシグルズ』である。この最後の作品は二折判で、見開き二ページがシートのサイズにあたる。およそ十八インチ×十三インチのものである。

この「林檎」紙の最初の荷が届いたのは一八九五年三月十五日だった。

ブラントの『恋愛抒情詩』、『ゴシックの本質』、『罪なき民の書』、『黄金伝説』、『知恵と虚言の書』は例外だが、それ以外の本はすべて何部かをヴェラムに刷った。『輝く平原の物語』のうち六部はローマから取り寄せた極上品のヴェラムに刷ったのだが、この品は全部ヴァティカンから注文を受けているというので、二度目の供給は得られなかった。他の本のヴェラムは、ローマ製ヴェラムを使った『折ふしの詩』の二、三部をのぞけば、ブレントフォードのH・バンドと、スタウアーブリッジのW・J・ターニー社から仕入れた。ヴェラム刷本の完本セットは三組現存するが、本が分散したあとで全点をそろえるのは至難の業であるから、四つめの完本セットが今後できあがる見込みはまずない。

黒インクは、複数のイギリス社の製品を試したあと、ハノーファーから取り寄せたのが一番意に添うものであることがわかった。ウィリアム・モリスはインクの成分が確かめられるようにみずからインクを作りたいとよく語っていたものだが、その意向は決して実行には移されなかった。

ヴェラム装とハーフ・ホランド装〔厚紙の表紙の背にリネンを張った装丁〕による製本は最初からJ・アンド・J・レイトン社が請け負った。使われたヴェラムの大半は白色もしくはそれに近い色だったが、ウィリアム・モリス自身は濃い色の方がずっと好きで、褐色の毛のあとが見える皮が彼専用の本の製本のためにとっておかれた。赤、青、黄、緑の四色の絹紐は特別に織って染めたものである。

次の項では、ケルムスコット・プレスで印刷された五十二作品六十六巻、それに『フロワサール年代記』の見本刷り二ページを加え、全刊本が解説される。(5) わざわざ付け加えるまでもないが、印刷には通称「アルビオン」という型の手引き印刷機しか使わなかった(図30)。初めのうちは、校正刷りをとるための小型印刷機のほかには、本を刷るための印刷機は一台しかなかった。一八九一年五月末に、アッパー・マル十四番地に前より大きな部屋を借りた(図31)。これは先に述べたコテッジの隣にある建物で、前のは六月に引き払った。一八九一年十一月に二台目の印刷機を購入。『黄金伝説』がまだ半分も進まず、全部で一二八六ページあるその本がいつまでたっても終わらぬように見えたからである。三年後、十四番地はそのまま残して、もう一軒小さな家を借りた。これはアッパー・マル二十一番地で、〔テムズ〕川を見下ろし、川が反射鏡の役目を果たすために、印刷作業には格好の光がえられた。一八九五年一月、『チョーサー作品集』に二台の印刷機を稼働させるべく、特にその制作に向かうために三台目の印刷機をここに据え付けた。この印刷機はすでに他人の手にわたっているし、また、チジックとモートレイクに向けて気持ちのよい外観を見せている思い出多きその小さな家も、今では穀倉に変えられてしまっている。そこで刷られた最後のシートは、本書の口絵と表題が入ったシートだった。

ハマスミス、アッパー・マル十四番地にて　一八九八年一月四日

付録B　ウィリアム・モリスへの四つのインタヴュー

印刷者としての詩人

『ペル・メル・ガゼット』一八九一年

「対岸の家並みはひどく見苦しい。子供が算数の授業で泣いている姿を連想します。それをのぞけば、ここからの眺めは悪くありません。右手を見ればバターシー公園の大木の葉が望めます」。ハマスミスのケルムスコット・ハウスの前に私たちがたたずみ、川のグレイの光を眺めていたとき、ウィリアム・モリス氏はこう言った。ハマスミスの住人はみなケルムスコット・ハウスとモリス氏を知っている（以下、本誌の代表が記す）。この地域の迷宮のごとき路地の一つを通っていた時に汚いなりをした片目のはしけの船頭に会ったのだが、この男、社会主義の中心地に行く道をたずねられて、まってましたとばかりに答えてくれた。「モリスさんの家かい。そりゃもう知ってまさあ。川ぞいの通りにいらっしゃい。ちゃんと教えますぜ。絶対迷ったりゃしないよ」。

ケルムスコット・ハウスの外観には特筆すべきことは何もない。この近辺の家々に見られるのと変わらぬ四角く高い建物で、正門の上に古めかしい鉄製のランタン受けがあるのが昔の習慣を物語っている。ところが、正面玄関をくぐるやいなや、別世界が出現する。入るとまず絵が並んでいるのが見え、それから目に入るのが、古いオーク材と錬鉄、そして棚という棚にぎっしりとつまった古い書物である。その本は、「見せびらかしの蔵書」を眼目としたものではなく、毎日、毎時間使われているかのように並べられている。実際その通りで、まさにこれらの書物が、あるいはその一部が、モリス氏の美しい新刊書『折ふしの詩』のモデルとなったのだった。同書については、本紙に数日前に評が出た。「われわれは十四世紀のローマン字体に戻るにしくはないと思う」とモリス氏は仕事部屋を気ぜわしげに歩き回りながら言った。この部屋は、どちらを見ても一層古いオーク材、一層古風な趣の陶磁器、一層美しい絵画が目を引く。芸術の名品が一見無頓着に並べられているのが念入りに並べられているより効果的で、それが広くて天井の高い部屋に独特の魅力を与えている。「タイポグラフィの芸術にはむろん限界がある。アルファベットを使わねばならぬわけですからね。一番の目的は、活字をできるだけ読みやすく、かつ美しくすることとです。さて、十五世紀のヴェネツィア人たちがタイポグラフィ芸術で最高の完成に至ったのだと私には思え、入念に比較検討したあと、十五世紀のヴェネツィア本一巻の活字を自分の本のモデルに選んだのです。それをお見せしましょう」。

そしてモリス氏は広間の彼の宝庫から古い褐色の書冊を次々と取り出した。いずれも美しく保存されたもので、古い不揃いなゴシック字体から鮮明なローマン字体に至る系譜の各段階を示していた。いずれも一つ一つがそれ自体で貴重な品といえるものである。その系譜の最後にくるのが「フランス人ニコラ・ジャンソンの作品」Opus Nicolai Jansonis Gallici だった。

「これはローマン字体活字の最も完璧な見本だと思います」とモリス氏は続けた。「これを私は自分の本のモデルにしましたが、しかし隷属的に従ったわけではありません。改善できると思う場合はそうしたのです。ですが、ローマン字体を完成させたあの古《いにしえ》のヴェネツィア人たちはなすべきことをよく心得ていたものだから、あまり多くを変える必要がありません。紙もごらんなさい。美しいものです。もちろん手漉紙です。紙もまた私のモデルになっています。そら、二つを比べてみればわかりますよ」。優美で軽い『折ふしの詩』がテーブルの上で昔のジャンソンの大きな書物の隣に置かれると、さながら松雪草が向日葵の大輪と並んでいるような風情だったが、それでも両者の類似性ははっきりわかった。同じように鮮明でむらのない活字、同じように柔らかくて落ち着いた色調の紙、同じように黒々としたインク、そして本を美しく仕上げるためのあらゆる細部への心づかいが同じように随所にうかがえるのである。「タイポグラフィの点ではイギリスはすべての国中で最悪でした。十五世紀ぐらいまでこの芸術で最も完璧だったのがイタリア人とドイツ人です。その後、彼らもまた衰退し始め、十七世紀では印刷の方面で誇れるものをもっていたのはフランスとオランダぐらいなものでした。この国で当今作り出される本を見てごらんなさい。私が今使っている活字よりも小さい活字で本を印刷してはいけません。わが国屈指の著述家の本でさえ、活字のおかげで台なしになっています。ラスキン氏の作品をごらんなさい。英語の本のなかでもおよそ最悪の印刷で、最も醜い代物ですから」。

「ですが、モリスさん、『ヴェネツィアの石』の一部を印刷することでその欠陥の埋め合わせを、少なくとも部分的に、なさろうとしていらっしゃるそうですね」。

「そう、その一章分だけ。『ゴシックの本質』の章で、これは実はその著作全体の核心部分に当たるのです。そのなかでラスキンは建築について言うべきことのすべてを要約しています。大きめの良質の活字が一般に採用されたら、最初に活字の鋳造の費用がかかるだろうし、しかもかなりの額になるでしょう。しかしそれが一般読者に与える恩恵を考えてごらんなさい。何百万もの人々が現在読まねばならず、おかげで目を悪くしている廉価版のひどい活字がもはやなくなるというわけですから」。

「ですが、モリスさん、小さな活字を使い、その結果安くなっている本が消えてしまったら、本をまったく読めなくなる人も出てくるでしょうから、それよりは小さな活字を使った廉価版を与えた方がいいのじゃないでしょうか」。

「ええ、そこが難しいところなんです。いいですか」とモリス氏は、例のいつもの話に移ったので、一瞬顔に微笑みを浮かべて続けた。「いいですか、われわれが全員社会主義者だったら、事情はちがっていたでしょう。どこの街角にも公立図書館があって、最良の最も美しい活字で刷られた名著のすべてを誰でもそこに読みに行けたでしょう。そうなったら私だってこの古書の一切を買わずにすみ、これが公共財産になっていて、ほかの人々と同じように必要な時にいつでも見に行けたでしょうね。今は大英博物館に出かけないといけません。すぐれた機関ではありますが、十分ではない。これらの本を手元に置いておきたいし、しかも頻繁に見たい。それだから、自分で買わざるをえないのです。ほかの人たちの場合も同様で、それを買うだけのお金がないのなら、なしですまさなければなりません。社会主義がそれをすべて変えるでしょう(1)」。

「社会主義が私たちに一つの大英博物館でなくて百の大英博物館を与えてくれるだろう、ということですか、モリスさん」。

「その通り。ともあれ私の印刷所をお見せしましょう。近所にあります（図30）。狭い所です。できるだけ小さなものにしておくつもりでね。事業を広げると時間をとられすぎてしまうので」。なるほど、たしかに狭い所ではある。階下の部屋の窓際に手引き印刷機が置かれている。キャクストン、グーテンベルク、シェッファー、コスター、カスタルディらの往年の印刷機とほとんど同型のものだ。ウィルフリッド・ブラント氏の詩集が進行中である。朱色の頭文字のための四角の空白を残したまま、紙が次々と「刷られ《プル》」ていく。

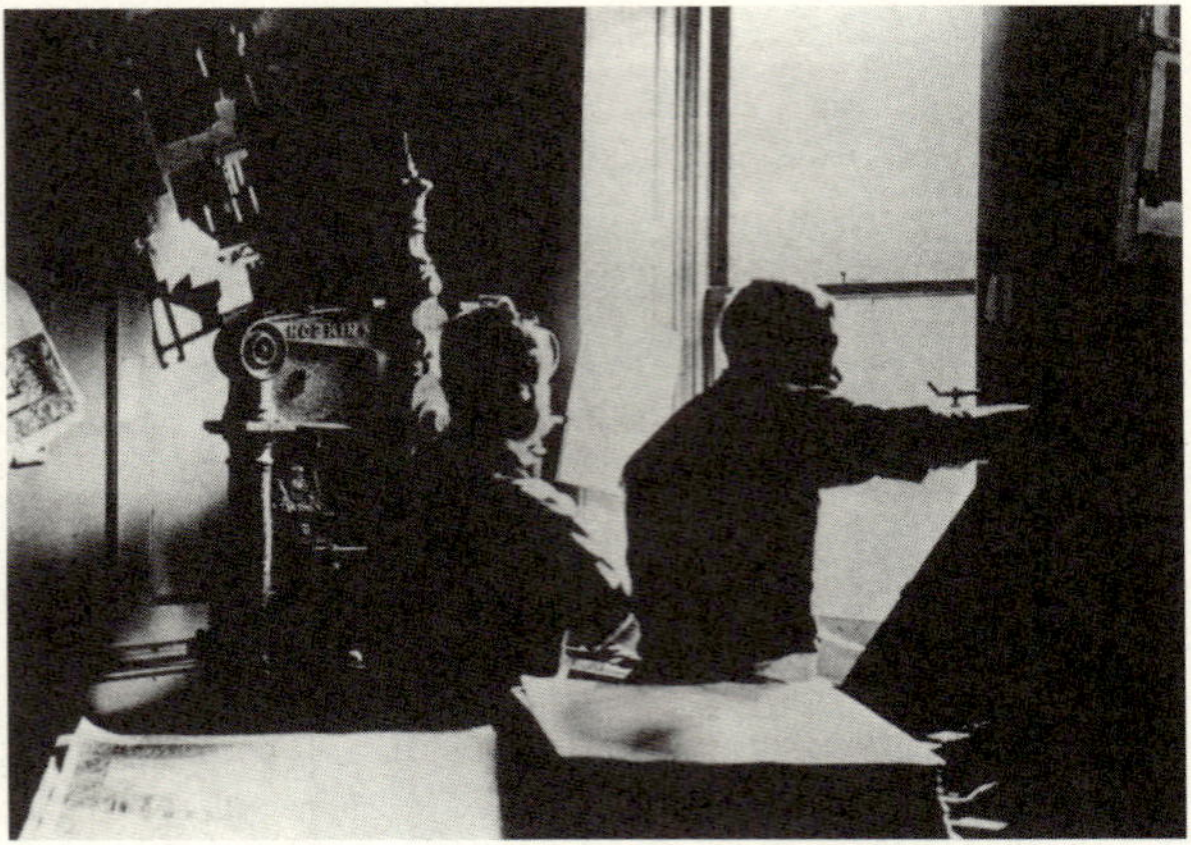

30　ケルムスコット・プレス版『チョーサー作品集』の印刷作業に従事する二人の職人、W. コリンズと W. H. ボーデン。左の壁に掛かっているのは『イアソンの生と死』の 355 ページに出てくるバーン゠ジョーンズの挿絵で、左手前の机にのっているのは『チョーサー作品集』の 324-25 ページ。セント・ブライド印刷図書館提供。

上の階では植字工たちが——女性の植字工もなかに一人混じっている——『黄金伝説』にかかっている。そのページが濡れたリネンのように物干し綱にかけられ、もう一部屋をふさいでいる。そしてそれにはすべて『折ふしの詩』と同じ鮮明な肉太の活字が刷られている。

「あなたのご本の純粋に装飾的な部分についてはいかがですか、モリスさん。装飾縁飾りと装飾頭文字についてです。そのデザインも時の深みから救い出されたのか、それともご自身のデザインなのか」。

「デザインはみな私自身のものですが、描くにあたって古書のデザインから教えられました。そう、ひとつもっていって、『ペル・メル・バジェット』に出したらいいでしょう。このTをどうぞ。Sはあげられません。『黄金伝説』をクォリッチ氏のために印刷しているところですが、実に多くの章の冒頭がSで始まるのですよ。どれもこれもみな「Saint聖人」というわけでね。もう一つ頻繁に使うのがAの字。'And it is to wyte：'(そしてすなわち)、'And we ought to note'(そして述べておくべきだが)、'And the cause wherefore'(そしてそのために)といった言い回しが始終出てくるので」。

「すると、あなたのお考えでは、十五世紀の装飾頭文字は今日の画家のデザインになるものよりすぐれているのでしょうか」。

モリス氏は首を横にふり、穏やかな微笑みを浮かべた。「雄鶏はみなおのが桶の上ではときをつくる〔自分の持ち場にいるときは大胆になる〕、といいます。そうだとは思いますが、私が意見を述べるのはふさわしくありません。この問題については読者が自分で判断すべきです」。

「ところでモリスさん、あなたのチョーサーについて[2]お話しください。出版を考えていらっしゃる版はどのようなものになりますか。古英語か近代英語か、修正版か無修正版か、チョーサー作かどうかがあやしい作品も含めるのか、疑いのないものに厳密にしぼるのか。いかがでしょう」。

「もちろん古英語で、確かに無修正版です。『薔薇物語』も入れようと思いますし、実際、良質のチョーサー作品集に通常入っているものはすべて入れるつもりです。どこをとっても文句のない版を得て、何を含めるべきか正確に知る、というのは至難の業です。すぐれた謎解きの仕事はわれわれの時代になされてきました。ファーニヴァル博士その他をごらんなさい。それでも楽ではない。十七世紀の立派な本を一冊もっています。待って。お見せしますから」。

美しいものだった。一六〇二年刊。のどから手が出そうな本である。それから私たちはほかの古い書冊に没入していった。それらの古書の多くは、その青年期に鎖につながれていたのであり、そのあとがまだ残っていた。しかし老年に至って、目下完全に自由な暮らしを享受している。長い列のなかで気楽に立っていたり、それらの一部とおそらく同時期にできた黒いオークの印刷機のあたりに横になっていたりする。

「これは奇妙なドイツの古書です」とモリス氏はいかにも真の古書愛好家らしく、喜々として続けた。氏にとって、その宝物は尽きせぬ喜びの源なのである。「誰か昔のやつが余白に書き込みをしていて、実に奇妙なのが時々ある。例えばこれをごらんなさい。このくだりはあるドイツの王侯に言及しているのだが、やっこさん、そのうしろに『虚偽ナリ』falsum est などと書いている」。

モリス氏は、古風で変わった中世ラテン語やイタリア語が読めるが、初期ドイツ語のこのくだりも同じくらい楽々と読んだ。「けれども近代ドイツ語はだめです」と二人してページをめくり、グロテスクで暗示に富む古い挿絵をゆっくりと眺めているときに氏は言った。「まったくお手上げでね。初期ドイツ語ならばシンタクスが全然ない。ドイツ語と反りが合わない理由はその恐ろしいシンタクス以外には考えられません。なるほど、こう言うとドイツ人はお返しに、こちらはシンタクスで罪があるが、そっちは綴りの点で同じ罪を犯しているじゃないかと言ってくるかもしれない。ドイツで訴訟を起こしたフランス人の話をご存じかな。相手方の弁護士が弁論している間中、フランス人は自分の弁護士に『やつは何と言っているんだ。何と言っているんだ』と、ずっと尋ねていた。だが弁護士はこう答えただけ、『お静かに、まだ何とも言えません。動詞を待っているところです』と。まさにこの点なんだな。動詞がまきちらされていて、それでまいってしまうというわけ」。

「印刷親方モリス」ケルムスコット・プレス訪問

『デイリー・クロニクル』一八九三年

ウィリアム・モリス氏のお宅を昨日訪ねたとき、氏は昼食の秘儀に没頭している最中だと言われた（と『クロニクル』紙のインタヴューアーが語る）。それで私はテムズ河を見下ろす四角い仕事部屋に座り——テムズもハマスミスでは比較的澄んでいる——書物がぎっしりと詰まった書架をあちこち眺めていた。あらゆる種類の本があるように見えた。ほとんどが稀覯本かもしれず、きわめて貴重な本もなかに含まれているようだ。「やあ、どうも」と言ってモリス氏が元気よく入ってきたので、私は書架を離れ、用件を説明しなければならなかった。自分が望んでいるのは「印刷親方ウィリアム・モリス」へのインタヴューで、ケルムスコット・プレスとその使命についておしゃべりしたいのです、と述べた。「ああ、わかりました」とモリス氏は実に簡素なパイプに火をつけるために暖炉に身をかがめながら答えた。言うまでもないが、ネイヴィー・ブルーのスーツで、それより明るいブルーのシャツを着ていた。「ケルムスコット・プレスについて何をお話ししたらよろしいでしょうか」。

31　左手の戸口が 1891 年から 1898 年までケルムスコット・プレスの本拠となったサセックス・コテッジへの入口（ハマスミス、アッパー・マル 14 番地）。中央の広いドアは当時エマリー・ウォーカーの写真製版工房が置かれていたサセックス・コテッジに属する。大英図書館提供。

色々うかがいたいことを話すと、それでは質問してみて下さいと氏は言った。

「では、初めに、どういうお考えでケルムスコット・プレスをお始めになったのか」。

「良質の本を何冊か印刷したかったのです。それと自分の楽しみも欲しかった。この両方を果たしてきたと言えるかな。もちろん、重大な点は良質の本ということです。過去二十年間にこの国では印刷は相当に改善されてきました。思うに、ほかのどこよりもこの地で改善されたのではないでしょうか。心中こう思ったわけです——まさに最高の印刷本を得るためのさらなる助けとなりうるような努力をするならば、悪い結果に終わるはずはあるまい、と」。

「では、印刷については、今日ではイギリスが群を抜いているとお考えなのですね」。

「それはまちがいありません。イギリスの印刷をたとえ最も悪く考えたとしても、われわれは他の国々よりはるか先を行っています。たまにフランスでも立派な活字が使われますが、それも多くはありません。今のドイツでは良質の活字は一つか二つぐらいしかありません。イタリアの印刷はヨーロッパで最悪のもので、アメリカの印刷については、まったく言語道断です」。

「すっきりして簡素な印刷と共に、書物全体の体裁の改善も望んでいらっしゃるのだと存じますが」。

「その通り。用紙、装丁、本全体の外観ですね。良質の紙と良質の装丁は良質の印刷に当然つながります。美しい活字《スタンプ》をみすみす悪い紙に刷り、悪い装丁、というかまあ最良ではない装丁をほどこす、などというのは馬鹿げたことでしょう。つまりね、美しい活字《スタンプ》から刷るのも、醜い活字から刷るのも安さはまさに一緒だということで、七シリング六ペンスとか半ギニーをこえる値段の本となれば、上等な紙を使ってもそれほど影響しません。革製本《レザー・バインディング》の場合、祖先が得ることができたのと同じ質のものは今日では得られませんので、主としてその理由で、私は自分で作る本のほとんどを〔本来は本文用紙に使われた「皮紙」である〕ヴェラムで装丁しています」。

「それでは、ケルムスコット・プレスを発足なさった目的は、美しい印刷でいかなる成果が得られるかやってみようという、使命感を帯びたものだったのですか」。

「まさにそう。これまで生きてきた間に私は活字についてかなりの知識を得てきました。とりわけ、『コモンウィール』の編集人をしていた時にずいぶん活字に囲まれていました。(1)『ケルムスコット』の名は、私が夏に行くオクスフォード州とグロスター州の州境にある心楽しき古家《ふるや》から採りました。われわれが仕事を始めてから二年たちますね、先月の一月で――そう、ちょうど二年です。私の一番の考えは、活字が最良であったと認められ、同時に最も簡素でもあった印刷の時代に戻ろうとすることでした。例えば一四七〇年のヴェネツィアの印刷者たち。彼らはローマン字体活字で美と簡素を結びつけることを完璧にしおおせたのだと言ってもいいでしょう。一人、ニコラ・ジャンソンという人が、ヴェネツィア派の名高い印刷者としてわれわれに伝わっています。ちなみに彼はフランス人でした。彼の時代以前では、ヴェネツィアの印刷にはある種の生硬さがありました。彼のあと、ヴェネツィアの活字は衰退し始め、悪化の一途をたどって一四九〇年までにはヴェネツィアの印刷は脱落してしまいました。だが要点に帰ります。自分の本の印刷のために私は三種の活字をもっています。一つはローマン字体で、あと二つはゴシック字体、というか準ゴシック字体です。ローマン字体をデザインする時にはヴェネツィアの印刷者たちを参考にしたのですが、ゴシック字体活字のデザインにあたっては、マインツとアウグスブルクの初期印刷者たちを同じように参考にしました」。

「それから、ケルムスコットの事業の文学面について。美しい本を生み出すことがおできになって、どのような部類の美しい本を作りたいとお望みですか」。

「自分自身の著作が何よりも整った活字で刷られているのを見たいものだと思ったのですが、それ以外では、文学の傑作を印刷すること、とりわけ、キャクストンの刷ったような初期イギリスの古典に向かいたいと思いました。例えば『狐のルナール〔レナード〕』。これはケルムスコット・プレスから出しました。それから『黄金伝説』。これらは文学的見地からいって見事な作品です。さて、『黄金伝説』が最後に印刷されたのは一五二七年で、私の版が十ギニーの値段で出るまでは、これを一冊欲しいとなるとおよそ二百ポンドを支払わなければならなかったのです。そして本屋に行って『黄金伝説』を求めたとしたら、本屋は『お客さん、お手に入るまでお待ちいただきませんとね』と言わんとするかのように、客の顔を見ているだけでしょう。それから、ギリシア・ローマ神話の中世的見解といえる『トロイ物語集成』がもうひとつの非常に注目すべき作品です」。

「ケルムスコット・プレスができてからの二年間、かなり積極的に活動なさっていらっしゃいますね」。

「実際上、十三点の本を印刷しました。まだその全部が出たわけではありませんがね。そのうち四点が私自身の著作です。『輝く平原の物語』、『ジョン・ボール〔の夢〕』、『グウィネヴィア〔の抗弁〕』、それに『折ふしの詩』です。第一回十字軍の歴史をつづった『ゴドフロワ・ド・ブイヨン』は目下印刷中。それに『世界のはての泉』という私の最新作も。あなたが興味をもたれるかどうかわかりませんが、『世界のはての泉』は時代を漠然と中世にすえたロマンスで、七百ページぐらいになるでしょう。この先に印刷する予定でいるのは、チョーサー、それからマインホルト作の例のドイツの魔女狂についての素晴らしい物語『魔女シドニア』のワイルド夫人による翻訳。F・S・エリス氏がチョーサーの本文をわれわれのために校訂してくれているところで、バーン゠ジョーンズ氏が六十点の挿絵を描いています」。

「これまでで、印刷者として果たしてこられたお仕事と、あなたの本が受けた歓迎に満足していらっしゃいますか」。

「大いにね。続けていくには赤字を覚悟せねばならぬと思っていたのですが、これまでのところはうまく帳尻が合っています。この国に美しい本の真の愛好家がかなりいるということに私は実に満足を覚えます。われわれの本の大半を買ってくれるのは、それを所有して自慢したい人々ではなくて、本をそれ自体のために心底から求める人々なのだと信じますね。アメリカには少し読者がいますが、フランスにはまだいません」。

「美しいケルムスコット本をお出しになることが、文学に何か直接の影響を与えると思われますか」。

「繰り返すまでもありませんが、第一に目的とするのは良書を良質の印刷で出すことです。しかし、立派な体裁で出したからといって文学が影響をこうむることは決してありません。確かに、価格はどんな人にでも払えるという額ではありません。願わくば――願わくば、本の値段をもっと安いものにしたいものですが、しかし、印刷と装飾と紙と装丁をしかるべきものにするとなると、それは無理な話なのです」。

「最後の質問です。これ以上はお時間をとらせません。ただ、この質問はかなり個人的なものです。ケルムスコットの印刷者と引き換えに一人の詩人が失われる、という危険があると思われませんか。つまり、印刷者の仕事にあまりにも没頭してしまったらということですが」。

「おっしゃりたいことはわかります。ですが、詩を書く者にとっては、ほかの仕事をするのは非常に有益なことなのですよ。詩も一層よくなるだろうし、自分の詩で金を稼ぐということをしなくていいわけですからね。詩作で稼ぐだなんて信じられませんね。そう、詩にとってもそんなことは信じられない。こんな話をお聞きでしょうか。文学とはいかなる分野《ブランチ》に属するものなりやと誰かがたずねた。返ってきた答えは、『ああ、そりゃ首を吊るのにうってつけの枝《ブランチ》さ』。私は詩を書きたくなればただそうするだけで、それ以外はどうだっていい。しかし、詩を書くしか能がないというふうに定められていたら、何ともつらい運命でしょうね」。

ほかにもモリス氏は、使っている手漉紙はすべてケントで製造されたものであることなど、色々話してくれた。そうした話も書き留めようと思えばできようが、「印刷親方」モリスの個性と会話のなかに生きている新鮮さと、魅力と、強く人を引きつける力を伝える術を私は知らぬ。

ケルムスコット・プレスのウィリアム・モリス氏

『イングリッシュ・イラストレイティッド・マガジン』一八九五年

ケルムスコット・ハウスは誰でも知っている、というか、知っているはずである。ハマスミスにある川に面した簡素な白い邸宅で、モリス氏の都会の住居だ。その名のもとになっている、テムズのはるか上流にある小さなグレイの石造りのマナー・ハウスについて聞いたことがない人たちでさえ、この世界で美が作用する多くのことがらへの氏の愛情を通じて、今ではなじみ深いものになっている。ケルムスコット・ハウスはモリス氏の多岐にわたる超人的な活動の各分野と結びついている。そこは名高いハマスミス絨毯の出生地であり、長くイギリス社会主義運動の事実上の中心地であった。何らかの点で、読んだり考えたり、芸術に関心を抱いたりする人で、そこを知らないでいる者はほとんどいない。とはいえ、ケルムスコット・プレスの制作物を自分の最も大切な宝物のうちに入れていつくしんでいる人々でさえ、その印刷所の所在地が同じくアッパー・マルで、ケルムスコット・ハウスから東にほんの数軒はなれただけの建物にあるのだということをみなが知っているわけではない。本誌の図版でおわかりいただけるように、印刷所はかつては住宅であった建物（図31）に居を定めている。その家は長い間ずっと不振におちいっていて、川辺に家屋が立て込んで川の視界がさえぎられ、裏に追いやられてしまっていた。そして今は不均衡に仕切られて、生産的な目的に供されている。

モリス氏に会ったのはケルムスコット・ハウスの書斎の、蔵書に囲まれたなかでだった。文字通りにそうだった。なにしろ壁という壁に本がぎっしりつまった書架が一面にずらりと並んでいたのだから。氏の前には目をみはるほどの校正刷りの山が置かれていた。大きな二折判のページで、その多くには木版画と見事な縁飾りが入っており、モリス氏が準備中の素晴らしいチョーサーの本の一部であることを証していた。それを丹念に通読し、たっぷりと赤を入れたあとで、「印刷親方」は、これからそれを印刷所に持っていき、自分の指示がちゃんと遂行されるのをみずから見にいくつもりだと告げた。「いっしょにいらっしゃるかな」と誘ってくれたので喜んで応じ、同時に、許しが出るまでは質問をぶつけたりしないという約束にも応じた。

印刷所自体には描写すべきことはほとんどない（図30）。雄弁な言葉で描き出せるようなものは皆無なのだ。建物は豪華なものでは全然ないし、贅沢な装飾もほどこされてはいない。複雑な機械が入っているわけでもない。輝かしき近代の発明だとか、工学技術などというものはない。動力といえば人の筋肉だけ。それを使って動かす器具もまことに単純な種類のものだ。実際、訪れる者に最も強い印象を与えるのは、あれほどの美を生み出すのにきわめて簡単な手段しか使われていないということなのである。キャクストンがそこに居合わせたとしても、彼が戸惑ってしまうようなものはその場所のどこをさがしても見当たらない。まったく、誰か昔の印刷者が許されてこの世によみがえり、この場所にやって来たとしたら、印刷機の枠その他を木製でなく金属製にしてある利点を二十分ばかりかけて理解してしまえば、あとはここにぴったりおさまり、再び自分の技をふるうことだろう。

ところで、彼の技のひとつの細目については、慣れるのに二十分以上かかるだろう。すなわち、使い慣れたダバー〔インク・ボール〕でなくインク・ローラーを操作することである。熟練者がやると簡単に見えるが、これを正確に回すのは二十分では覚えられない。実際に試してみたのだから本当である。

部屋から部屋へと回り、印刷作業を視察し、植字工に質問をし、「石」〔組みつけ台〕のわきに立って見事な「ウィーパー」と「ブルーマー」[1]がページ上のしかるべき位置に刷られるのをながめていると、どうしても約束を守っていられなくなり、ついついモリス氏に質問を浴びせてしまった。こう述べておくことは氏を正当に評価することであるのだが、専門的な細々とした作業に没頭していたにもかかわらず、氏は完璧な「インタヴュー相手」であると思えたし、また、芸術的タイポグラフィという深遠な謎を説明してくれる際に見せた親切さと忍耐力は比類のないものであった。最後にそこを辞去したときには、印刷術とその秘密についてのかなり難しい試験に通ったような気になっていた。もっとも、今はそんな自信は消えてしまっているが。

ケルムスコット・プレスには、きわめて重要な諸機関と同様に——この時点でその印刷所はそれらのうちに入っているといって差し支えないのだろうが——実際に発足するよりも前の時点にさかのぼる歴史がある。モリス氏が近代印刷の可能性に最初に注意を向けるようになるのは、一八八八年になってからだった。それまでは、常に美しい書物の愛好家であり購買者ではあったが、自作品の印刷に時間と労力を費やそうと思ったことはなかったようである。「しかしそれは無知の時代のことでした」。印刷術は、氏がまだ習得せず実践してもいないきわめて数少ない装飾芸術のひとつにとどまっていた。一八八七年に刊行された『オデュッセイア』に見てとれるように、氏の本の外見には際立ったところや個性的なところは何もない。むろん印刷はそれなりに良質のものである。活字と用紙、つまり活字とページ面との相関性が考慮されてきた。「ただし、大型判に関して過失をおかしてしまいました」。色々好意的にとることはできるのだが、それは「市場の印刷」の立派な見本の位置にとどまりはしても、決してそれ以上のものではない。

一八八八年にアーツ・アンド・クラフツ展覧会協会の第一回展覧会が開催され、その準備にモリス氏は主導的な役割を果たした。その展覧会には精選された現代の書物印刷と木版画の作品が含まれた。カタログの始めにいくつかの論文が入っており、それぞれが実際の職人の観点から見たいずれかの芸術もしくは工芸をあつかっている。印刷をあつかった論文はエマリー・ウォーカー氏（図2）が書いた。ウォーカー氏は展覧会の期間中に同じ主題で専門的な講演をおこない、その際、話を例証するのに幻燈スライドを用いた。その論文と講演の準備のときもそうだったのだが、スライドを選ぶ際にもウォーカー氏はモリス氏の助言と援助を得た。事実、モリス氏の蔵書から数多くの写真が撮られたのである。「活字を語る」ための二人の親密な会談が何度も、そして長く続いた。会談の場所は大抵いつも前述の本が並んだ仕事部屋だったから、論点を補強したり議論を支えるための実例には事欠かなかった。スヴァインハイムとパナルツからミラーとリチャードまで、グーテンベルクからチジック・プレスまで、活字のデザイン、制作、組み付け、印刷ページの配置と印刷作業といった事柄についてなされてきたこと、あるいはなしうることのすべてについて議論がおよんだ。言うまでもないが、現代の印刷は、チジック・プレスとその他二、三をのぞけば、おしなべて断罪された。そのように議論を重ねたひとつの結果として、モリス氏の方では、商業的な条件を受け機械の支配下にある現代の印刷であっても、現状のように口に出すのもはばかられるほど粗末である必要はないのだと確信するに至った。そしてそう確信する根拠を示し、少しの思慮と忍耐があれば何をもたらすことができるかを証明してみせようと決意したのである。

第二回のアーツ・アンド・クラフツ展覧会（一八八九年）で、当時の最新作『ウォルフィング族の家』をチジック・プレスで氏の監督により特別に印刷した版が展示された。これ以前に出されたものと比べてみると、その変化は大きくかつ明瞭である。その印刷に用いた活字は、以後この数年間に出た最良の印刷本のいくつかに使われてきたものなので、一般読者にはなじみ深いものとなったが、当時はかなり斬新なものだった。十六世紀のバーゼル・タイプに基づき、チジック・プレス専用のものである。活字の特徴、紙のサイズ、色、紙質、ページの配置、そして見開き二ページの相関性がすべて入念に配慮され、決定された。題扉はといえば、表題をどっしりした感じに刷り、特別に書いた詩を添えて図案と銘を一つにあわせたもののようにしてあり、その細部のほとんどすべての点で、現在受け入れられているタイポグラフィの迷信に背を向けた。『山々の麓』（一八九〇年）ではその変化がさらに進んでいる。活字、紙、ページの配置がすべてさらなる変化を示し、従来のヘッドライン〔柱〕が消えて代わりに肩注を附し、またページの数字も通常の天のすみにではなく地の余白の中央に表示されている。ページは質感と見た目の完璧さにおいて著しく向上している。持ち合わせの手段で何かこれ以上のことをするのは不可能ではなかったかと思えるほどである。

この時までにモリス氏は完全に印刷術のとりこになり、この技術を習得したいという願いがわきおこってきた。チジック・プレスのもとでなしうるかぎりのことを果したあとは、独力で仕事にかかるしかなかった。「心にかける一、二冊の本を自分が見たいと思うような仕方で印刷させるのはすばらしいことだと思ったのです」。

まず第一に不可欠なのが、昔の印刷者たちが用いた活字の美を、現代人の目から見て読みやすいものにしようとする一定の配慮と結合させた、一揃いの活字だった。そしてこれのデザインにモリス氏はみずから着手した。織物と木版彫りはいずれも氏がずっと昔に習得した工芸だが、そこでは修業時代にまだある程度昔の伝統が残っていた。それらの工芸の場合は、蒸気機関が支配する以前の時代の方法を備えた熟練工を見つけることも可能だった。だが活字のデザインの場合はそのようなものは皆無だった。

「考えてみると」とモリス氏は言った。「印刷に起こったことは実に奇妙なことです。それは十分に成長した完璧な状態で生まれたのですが、それがたちまちのうちに悪化し始めたのですから。ひとつには、もちろん、万事にわたって衰退がかなり進んでいたまさに中世末期にそれが発明されたということがあります。そしてその歴史は、総じて、商業制度の発達と事実上一致しており、その制度の要請は、美に関するかぎりでは、その範囲におよぶすべてにとって致命的なものでした」。

生きた伝統がなかったため、その水源にさかのぼり、あるいはできるだけその近くに向かい、そこから新たに出発する以外になす術はなかった。活字は近代人の目に合うようにする必要上、「ローマン」字体でなければならない。美しくもありかつ明快で読みやすいものにするために、「胴《ボディ》」の上の正しい位置につけてそれぞれの字間の白が一定のつりあいを示すようにしなければならない。左右を圧縮してはならず、字体は、極端な場合には「かつて彫られたなかで最も読みにくい活字」であるボドーニ体の「うだるようなひどさ」と大いに関わるような、太い部分と細い部分の対照が極端すぎるものであってはならない。これらのすべての点について、通常の活字デザイナーに受け容れられた細かい規則がある。「しかし」とモリス氏は言った。「それは単なる機械的な規則であって、工芸の生きた伝統ではありません。その上、それはすべて腹立たしいほどまちがったものであり、なすべきこととはまさに正反対のことを定めているのです。数学者か技術者が作った規則に見え、芸術家の手になるものとはとても思えません」。真に良質の活字の様々な要請が最も十全に実現された実例は「十五世紀ヴェネツィアの印刷者たちのゆったりとして筋の通ったデザインであり、その筆頭に立つのがニコラ・ジャンソンです。ジャンソンはローマン字体を行き着くところまで発展させました。彼のローマン字体はかつて彫られたうちで最良かつ最も鮮明なものであり、あるべき新たな旅立ちにふさわしい出発点だと思う、と言わねばなりません」。

それでモリス氏はジャンソンが使った活字の勉強にかかり、丹念に分析した結果、ようやく「その骨格を頭にたたきこんだ」。すなわち、この古《いにしえ》のデザイナーの作業原理を習得した。とりわけロッシなどがそうだが、「偉大な時代」の他のデザイナーたちも決して無視しなかった。その諸原理を発見し、抽象すると、モリス氏が眼前にすえている特別な目的に合うように修正する必要があり、氏の個人的な趣味と仕事の習慣の影響によって、その過程でさらなる修正が必然的に加わった（図4）。文字のデザインがすむとただちに父型彫刻師《パンチ・カッター》に手渡された。父型が彫られて母型ができるとただちに活字が鋳造された。活字の揃いがすぐにできあがり、一八九〇年の末頃に実際の作業が始まった。

このとき、ケルムスコット・プレスの全スタッフは一人の男と年端もいかぬ少年だけで、小さなコテッジに居を定めた。この印刷所の小さな規模とはまったくうらはらに、最初に制作に乗り出した本は大きなものだった。何とまあ、ウィリアム・キャクストンの『黄金伝説』の印刷に着手したのである。これはようやく一八九二年九月に刊行され、大型四折判三巻、あわせておよそ一三〇〇頁の大著となった。これの編集と校正を担当したのはF・S・エリス氏である。『黄金伝説』の印刷に最初に使ったことから、そのローマン字体は以後ずっと「ゴールデン」タイプの名で知られている。ちなみに、以前地方の本屋がケルムスコット・プレス本のひとつを宣伝する際に、この名につられて「黄金製の活字で印刷」とやってしまった。アメリカの業界誌の編集者が、「我輩のみたところでは」その本は普通の金属を使った活字で刷っても変わりなかったのではないか、などとのたまうこともあった。同様の理由で、後日モリス氏がデザインした二つのブラックレター活字は、「トロイ」タイプと「チョーサー」タイプの名が冠された。

モリス氏が印刷所を始めたのは、印刷者として自分に何ができるか試し、何冊かの大好きな本を自分の流儀で印刷してみようという、純粋に個人的な楽しみのためであり、初めはそのような事柄に何か需要があるなどとは思ってもいなかったのだが、印刷所を自分だけの玩具にしておくことは、たとえそう望んだとしても無理であるということをすぐに思い知った。機械製品に対する次第につのる不満、そして職人の手を自由に働かせることができるような仕事への欲求——その不満と欲求を生み出すために、モリス氏自身、当代の誰にも負けずに尽力してきたのであるが——それらが書籍の購買者の間でさえ非常につのってきたため、氏が本の印刷にとりかかっていることが知れ渡るやいなや、その本を求める声がわきおこったのである。スタッフの人員が次々と増えてゆき、小さなコテッジでは収容しきれなくなったので、印刷所を現在の家に移転せざるをえなくなった（図31）。そして今なお拡大しつつあり、またその殻に収まりきれなくなった。事務所、校正室、物置、それに印刷機一台は別の建物に置かれている。

活字ができると、次に用紙とインクを——製本のことはさておき——考えねばならなかった。望みどおりの紙を作ってくれる製紙業者や自分の要求を満たしてくれるインク製造業者を見つけるまでのモリス氏の苦労については、並大抵のものでなかったということだけ述べて割愛する。活字を自分で作り、装飾も自分でデザインできて、それを彫ってくれる職人も手近なところにW・H・フーパー氏という友人がいたのだったが、インクと紙については願いどおりのものを得るには他所にあたらなければならなかった。『輝く平原』を何部かヴェラムで刷ることになったとき、紙よりもさらに大変な困難が生じた。それでも、ヴァティカンを襲って教皇から奪ってくるなどという過激な行動には出ず——「出回っている一番上等なヴェラムをあそこに買い占められてしまった」とのこと——何とか確保することができた。

モリス氏自作のロマンス『輝く平原の物語』は印刷にかかった二冊目の本だったが、奥付日付にあるように一八九一年四月四日に完了したので、ケルムスコット・プレスの最初の刊本となった。紙刷りでわずかに二〇〇部、ヴェラム刷りで六部が刷られただけだった。これに続いたのが九月に出たモリス氏の『折ふしの詩』で、紙刷りが三〇〇部、ヴェラム刷りが十三部刷られた。この本では肩注や折り返し句などが赤で刷られている。『輝く平原の物語』は全部黒である。これらの本は、あとに続くほとんどの本と同様に、できあがる大分前に売約済みとなってプレミアがついた。「買い占め業者《フォアストーラー》や先物買いの業者《リグレイター》たち[2]が利益の大半を得ているのではないかと恐れます」とモリス氏は言った。「しかし、気にくわぬことではあるが、現状ではそれをどうやって変えたらよいのかわかりませんね」。

一八九二年五月にケルムスコット・プレスはその制作物のリストを刷って出すほどにまで至った。そのリストでは、「既刊」の項目にウィルフリッド・スコーイン・ブラント氏の『プロテウスの恋愛抒情詩と歌』、ラスキン氏の『ゴシックの本質』、モリス氏自身の『グウィネヴィアの抗弁』や『ジョン・ボールの夢』といった書物が見える。このリスト自体が今では蒐集家の垂涎の的となっており、半シートの内側のページだけに刷られていて外側には略表題《ハーフ・タイトル》その他が何もないために以後に出されたすべてと異なるという事実によって、高く評価されている。

最新のリストを見ると、ケルムスコット・プレスが仕上げた仕事の総数は三十作品にのぼり、大部の『黄金伝説』から小型の『ゴシック建築』にまでおよんでいる。後者の本は、ちなみに、一六〇〇部近くが売れ、それでもさらに多くを求める声があった。既刊書はかなりの部分が品切れとなり入手が望めなくなっている。しかしながら、そのうちおよそ十数点は残部がそれぞれ数冊ずつあり、懐が温かい恵まれた人ならばまだ手に入る。

「それで、これらすべてのうちで一番興味をお持ちの本はどれでしょうか、モリスさん」。

「その都度自分が手がけた本のいずれも。ご覧のように、それぞれに独自の個性があり、すべて何らかの見地から見て興味深いものです。一応考古学的な本というふうに呼んでいるキャクストン本があります。『黄金伝説』、『トロイ物語集成』、『ゴドフロワ・ド・ブイヨン』、『狐のルナール』といった本がそう。いずれもキャクストンからの復刻で、古い言葉がどうしようもないほどめちゃくちゃになり、新しい言葉が未だ形をなすに至っていない、英語史上珍しい時期に属するものとして、広く関心がもたれるものです。また、それを別にしても、史書あるいは物語本として、いずれもみな独自の価値がある。小型の『悔罪詩篇』には、考古学的な価値だけでなく非常に高度な文学的価値があります。ラスキンの『ゴシックの本質』、スウィンバーンの『〔カリュドンの〕アタランタ』、テニスンの『モード』、ロセッティの『バラッドと物語詩』および『ソネットと抒情詩』といったような現代の本への興味は、もちろんまったく別種のものです。これらすべての場合は、良質の作品をそれにふさわしい体裁で出せるというのが嬉しいことなのです。それから挿絵入りの本がある。ウォルター・クレイン氏の木版画が入った『輝く平原の物語』[3]がすでに出ています。ギャスキン氏の木版画を使った『世界のはての泉』も完成間近。そしてわが印刷所が乗り出した最大の企画、二折判のチョーサー作品集がある。サー・エドワード・バーン＝ジョーンズのデザインによる木版画をおよそ八十点含むものになる予定です。本当に、私は自分のやっているすべてに強い関心があるといっていいでしょう。それもそのはずで、何らかの点で自分の興味を引くようなものでなかったら、何も手をつけないことにしているのですから」。

目下進行中の最重要の仕事で、先に言及したチョーサー作品集は、かつてイギリスの印刷所が生み出した最も素晴らしい本となることは確実である。とはいえ、これについて多く語るのは気が進まない。予定の完成期日まで六カ月もあるというのに、すでに売り切れで、あまり言うとかなわぬ望みをかきたてかねないからだ。F・S・エリス氏が編者をつとめている。準備中の本のうち規模の点でその次に大きいのは、F・J・ファーニヴァル編の『ウィリアム・シェイクスピアの悲劇、史劇、喜劇』。そして『ジャン・フロワサール卿の年代記』。これはバーナーズ卿の英訳のピンソン版を復刻するもので、ハリデイ・スパーリング氏が編者となっている。シェイクスピアは小型四折判を何巻かに分けて出す予定。フロワサールの方は二折判二巻になる。モリス氏のデザインになる紋章のついた縁飾りを使い、本文中に登場する重要人物を象徴する紋章も入る。(4)

他に準備中のものとしては、コウルリッジ詩選集、ヘリック詩選集、シオドーア・ワッツ氏の詩集、ソーントン写本から採ったロマンス『サー・パーシヴァル』、そしてモリス氏自身の筆になる散文ロマンスの新作『チャイルド・クリストファー』がある。さらにもう一点モリス氏が出版の準備をしているのは、木版本、初期印刷本、写本からなる氏の素晴らしい蔵書の注釈付き目録で、挿絵として五十点をこえる複製画を入れる予定である。

書物の山に囲まれながら長時間差し向かいで話をしたあとだったので、暇を告げて帰る段になったときには、十戒の十番目〔汝その隣人の家を貪るなかれ〕がどこかに消え失せてしまっていた。とりわけ、話をさえぎったのはスパーリング夫人（メイ・モリス嬢）で、ケルムスコットの父君の寝室を飾るために彼女がデザインした美しい刺繍(5)を氏に見せにきたのだったから、なおさらそんな気持ちになったのである。

ケルムスコット・プレス――ウィリアム・モリス氏へのインタヴュー、挿絵つき
『ブックセリング』一八九五年

モリス氏にインタヴューする特権を得るのは生易しいことではない。事業と私的活動に忙殺されているために、真摯な職人が送る家庭生活への単なる物好きな詮索――それが多いのだが――のために時間を割く余裕はほとんどないのだ。私たちの場合はその手の好奇心にかられて会おうと思ったのではない。読者のもとに十九世紀の印刷所を――十五世紀

の印刷親方たちの特徴をなす仕事自体を愛する純粋な精神が、その精神のめざすものを心底から知る現代の天才的職人によって未だ保たれ、さらに光輝が添えられている場所である印刷所を――紹介したいと切望したからなのである。だから、ケルムスコット印刷所の業務を担当している秘書のコッカレル氏から、モリス氏が土曜午後に私たちと会ってくれるという知らせを受けたとき、私たちは与えられた機会を最大限に利用しなければならぬと感じた。

モリス氏は実に温かく私たちを出迎え、氏の仕事部屋ですぐにくつろげるようにしてくれた。部屋の窓からは「川の王者」〔テムズ河〕のハマスミス橋にかかっているあたりが望める。私たちはパイプや葉巻や紙巻煙草に火を点け、使い込んだ古い快適な肘掛椅子におさまった。ぎすぎすして散文的で無味乾燥な「アマスミス・アイ」〔ハマスミス・ハイの下町訛り〕の大通りからやって来てケルムスコット・ハウスに入るのは、喧噪を極める現代の郊外から、清閑として浮世離れした中世の田舎に移されるようなものである。室内には贅沢な家具類はほとんど見られない。あるのはインクナブラの稀覯本や見事な彩飾写本を集めた素晴らしい蔵書ぐらいなものだが、これにしても「家具」とみなすわけにはいかない。実はそれはモリス氏の道具となっているものなのである。なにしろその助けを借りて氏はデザインの仕事をおこない、昔の芸術家たちが作り上げた伝統を実現することができるのだから。氏自身がそうした芸術家たちの現代の生ける末裔なのである。

「それではモリスさん、ケルムスコット・プレスをお始めになった理由をお聞かせ願えないでしょうか」。

「なに、ただ単に、自分が愛していて大切に思う本に、印刷の面でも紙の面でも、そんな思いにふさわしい外見をもたせるような試みがあってもよいのじゃないかという気がしたからです。それだけのこと。われわれが心に抱く思想は残しておくに値するものですが、それに醜い形態を与えるくらいなら、美しい形態を与えてもいいと思うのに、そうしないのはなぜでしょう。醜くするのも美しくするのも手間はまったく同じなのです。現状が醜いものだけあって、美しいのがないというだけのことです。私が願ったのは、本を美しい活字を使って美しい紙に刷り、美しい装丁で製本するのが可能だという事実を示すことです。それと正反対のものにしてしまう方が今は多いわけですが、そんなひどいものをこしらえなくても、同じ手間で美しい本ができるということを見せたかったわけです」。

「では、いかなる本でもそのように作られるべきだとお考えなのですね」。

「当然です。なぜすべての本が『美的な物』であってはいけないのですか。醜くしていいなら、同様に美しくしてもいいわけでしょう。どちらも同じように簡単なわけですし」。

「例えば『ピクウィック・ペイパーズ』をあなたのゴールデン・タイプで印刷したいと思われますか」。

「もちろん。実を言いますと、ディケンズは大好きで、とりわけ『ピクウィック』は愛読

32 モリス、ウォーカー、そしてケルムスコット・プレスのスタッフ。前列（左から）S.モーレム、W. H. ボーデン、ウィリアム・モリス、メイ・モリス、W. コリンズ、L. タスカー。後列（左から）H. ハウズ、カーペンター、F. コリンズ、エマリー・ウォーカー、R. イートリー、H. H. スパーリング、J. ティペット、T. ビニング、G. ヒース。コッカレルの日記によると、この写真が撮られたのは 1895 年 9 月 13 日、印刷所の年に一度の慰安旅行でバッキンガム州のトプローに出かけた折のことだった。コッカレル自身の姿がこの写真に見えないのは、当日他に所用があって来られなかったため。大英図書館提供。

書です。ですから、ディケンズにふさわしいような体裁の作品集がまだ出ていないということは常々感じています。私の印刷所でディケンズを印刷できたらそれは嬉しいことでしょう」。

「えっ、手漉紙を使ってですか」。

「もちろん。機械製の紙を使ってよくて、手漉紙を使うのがまずいなどという理由がありますか」。

「いや、特に理由はありませんが、ただ、そぐわない感じがするかもしれません」。

「そぐわぬとは思えませんね。それは物事の道理についての先入観――悪習のためにできてしまった先入観――からきているだけのことです。私の狙いは、できればこの悪弊を変えて、不快な手仕事よりも、というかせめて醜い手仕事よりも快適な手仕事を得る方がよいというのを通念にすることです。醜いのが当たり前になっている時代にあっては、その逆を理解するのは難しいことだというのはわかります。現代の労働者たちはせっかくの自分の骨折りをわざわざ非芸術的なものにしているのであり、その無駄な労力の総量は、啞然とさせられるほどのものです。それだけの労力が正しく導かれていたら、もっと生気のある芸術と職人技術の真の精神がとうの昔に生み出されていたことでしょう」。

「何種類かの活字をデザインするのにどのような資料に依拠なさいましたか」。

「写本と初期の印刷者からです。この本をご覧なさい」。そう言ってモリス氏は部屋の西側の壁の書棚の方に歩いてゆき、ジャンソンが印刷した古い見事な二折判をとりだした。

「この本の文字の形態をじっくり調べて、『ゴールデン・タイプ』と名づけた私の活字と比べてみれば、私の霊感の源泉がジャンソンであることがおわかりいただけるでしょう。初期の印刷者たちは基礎理念をおさえることにかけてはお手のもので、写本の文字をもとにして、今日のわれわれがほとんどかなわぬような素晴らしいゴシック字体とローマン字体の活字を徐々に作り上げていったのです。もちろん、ローマン字体は改良されてきたし、最高の出来のキャズロン・タイプをしのぐものはまずないでしょう。[1] しかし私が指摘したいのは、ジャンソン、パナルツ、コーベルガーといったような印刷者の場合には形態美がほぼ完璧に実現されているということです。私自身の活字は彼らのものと本質的にはほとんど変わりありません。もちろん同一ではありませんが、まったくの独創でもないのです。デザイナーの活動領域といったものがこのように狭く限られているわけですから、絶対的な独創性を得るというのはどだい無理でしょう」。

「ジャンソン・プレスと自称するアメリカの印刷所についてお聞きになったことがありますか」。

「ああ、あります。その製品を見たこともある。実際にはジャンソンなんてもんじゃありません。あれとほとんどまったく同じ活字をキャズロンが使ったし、もっと最近ではチジック・プレスが使いました。アメリカ人はいやにてかてかした紙で印刷するのが常なのですが、それでジャンソン・タイプなるものを刷ったら馬鹿みたいに見えます[2]」。

「エディンバラのカンスタブル社が最近創業しましたが、あれについては」。

「大したものだとは思いません。カンスタブル社は良質の印刷所ですが、肉太の書体の四角い大文字を本のヘッドラインに使っていて、それはまったくひどいものです。あそこが現在頻繁に使っている活字をキャズロンまがいと呼ぶのは大賛成です[3]。私の見たところではスコットランドで最高の印刷所はクラーク社ですね。実に美しい仕事をして、しかも安価におさえている」。

「ページを装飾なさる時には何が導き手となるのでしょうか」。

「もちろん主題です。例えば、今は『フロワサール〔年代記〕』に精を出していまして、そのために特別なデザインの花模様を作りましたが、その年代記に言及される貴族全員の紋章を使いました。この見本刷りを見れば私の言っていることがおわかりいただけるでしょう」。

「本のページの装飾といえば、バーミンガムの画家たちの新しい派についてはどうお考えですか」。

「そうですね、ギャスキンとニューという、理念と独創性を備えた傑出した人物が二人いると思います。とはいえ、ほとんどの場合、因習への反撥というものにあまりにも隷属的に従いすぎていますね」。

「それをうかがうのは、彼らの装飾が本の内容に少しも注意を払わずに使われているように見えるからです。例えば彼らの本でベアリング＝グールドが編んでメシュイン社から出た『童謡集』がそうです。序文と何ページかの注釈はいずれもきわめて実際的な内容なのに、何とそれに十五世紀風の縁飾りがついている。変な感じです」。

「そう、その点では文句を言うべきところが確かにありますが、あのバーミンガムの連中はまだ本領を発揮できていないのだということを忘れては困ります。これからきっとよい仕事をしていくでしょう。私の『フロワサール』、それに『チョーサー』では、大いに骨を折って、ページの縁飾りが主題と完璧に調和するようにしました。同じデザインを繰り返してまた使っても、ぴったりしているから大丈夫だということがおわかりいただけるでしょう」。

「印刷所をお始めになったのはいつですか」。

「一八九一年の四月ですが、その前に色々と実験を繰り返してきました。この事業に向かうように駆り立ててくれたのはエマリー・ウォーカー氏（図2）で、彼の援助と経験と知識のおかげでずいぶん助かっています。正直言って、ウォーカー氏に導いてもらう前は私はタイポグラファーとして大したものではありませんでした。しかし、少しずつ学んできたし、今後ももっと学びたいものだと思います。何にせよ、私は自分が持ち合わせている最良の技術を仕事につぎこんできました」。

「チョーサーの進行中のシートを少し見せていただけますか。うわさに高い本なので一目見ておきたいのです」。

「喜んで。この書類入れにこれまでに刷り上がったシートを一揃い入れてあります。まったく、私の予想以上に大きな作品になっています。バーン＝ジョーンズが最初五十点から六十点の挿絵を描いたのですが、それが八十点に増えたし、縁飾りや上部や下部に入れる装飾も新たに作る必要がある。本の値段を高くつけたものだからこれで莫大な利益を上げるはずだ、などという話をおそらく聞いていらっしゃるでしょう。言っておきますが、私の利益がどうのこうのとふれまわっている人たちが私の賃借対照表を見たら、がらりと意見を変えるでしょうね。とりわけこの『チョーサー』は、すべて売約済みではあっても、予約金だけでは費用がまかなえないでしょう。私がどんなにたやすく損失をこうむるかを想像してもらうために、『ベーオウルフ』を一つ例にとりましょう。内容見本では二ギニーで出すと予告したのでしたが、本が刷り上がってみると、シートが何枚かだめになっていて、印刷し直さねばなりませんでした。この刷り直しにかかった経費と余分な紙の費用だけで、私の利益は損失に変わってしまったのです――そして制作費に満たぬ料金でその本を売っている」。

「お仕事はお好きだと思いますが」。

「もちろん、大きな楽しみです。ものすごく好きです。自分の大好きな著述家に美しい形が与えられたのを目にし、しかもその形を得るためにみずから骨を折ったのだと思えるのは非常な喜びです」。

「それはきっと、おのれの夢の客観的実現を見る芸術家の喜びということなのでしょうね」。

「そんなふうにおっしゃりたいのなら、まあそうかな」。

「『フロワサール』についてですが、印刷にお使いの本文はどれからお取りになりますか。また、どんな形態で出すおつもりですか」。

「古いバーナーズの本文にまさるものはありません。すぐれた古い英語で、長くもつものでしょう。使う版はリヴィントン社が一八一二年に出した二巻本の四折判。私の復刻版は完全二折判で二巻本になる予定です。また、四部に分けて出すつもり。頑丈な製本をお望みの向きには、チョーサー作品集と『フロワサール』のどちらについても、それが手に入るようにします。白い豚革——これはデザインをほどこすとよく映える美しい素材です——を使い、デザインをコブデン゠サンダースンが手がける予定です」。

「紙の製作は誰が」。

「バチェラーです。私が用意した見本をもとに。彼もわが製本家たちも、私の指示で作業をしており、これ以上すぐれたものは他所では見つからないと思えるような原料と仕事が確保できています。紙は実に美しい性質のもので、製本もしっかりしています」。

「さて、将来についてですが、モリスさん——どんな本を印刷なさりたいか、また印刷予定のものは。まだ新聞雑誌に伝わっていないものについて多少情報が欲しいのです」。

モリス氏は微笑をたたえた。肘掛椅子に収まってパイプをくゆらせ、美しい頭髪が暖炉の火に照らされている。おしゃべりをしている間に日が暮れていて、晴れた十一月の晩の薄明かりが部屋に満ちていた。モリス氏はズボンをたくしあげ、両膝に手のひらをのせて語り始めた。

「私が印刷したい本は、私が読んでとっておきたいと願う本です。古いイギリスのバラッドの本を出せたら嬉しいですね。いつかやってみるつもりです。しかし、どんな本を印刷しようとも、『フロワサール』から得られる喜びの半分も与えてくれないでしょう。これを出せるのは嬉しくてしょうがありません。実に典雅で堂々とした作品で、印刷所から出てくるページのすべてが何とも言えぬ喜びを私に与えてくれます。これには大変に苦心していまして、年来の宿願をかなえるべく全力を尽くしています。私のチョーサー・タイプを使って刷っています。『チョーサー』の本も私には喜びで、バーン＝ジョーンズも私に負けず劣らず強い関心をもっています。目下のところは、私の『地上楽園』に着手しようと思っているところです。何巻かの素晴らしいセットになるだろうと思いますが、いかがでしょう。判型についてずいぶん悩んだのですが、コッカレルがこの新しいサイズにしたらいいと言う——一種の小型四折判ですが、八折判に見える。どう思われるかな」。私たちはコッカレル氏に賛成し、そのサイズがまさに無類のものだと思った。モリス氏がすでに懸命にとりくんできた美しい縁飾りと装飾がすばらしく引き立って見えるものである。「これを八巻本で出し、なるべく安くするつもりです。部数はわずかに紙刷りを三五〇部、ヴェラム刷りを六部だけにします。これまでに私を支えてきてくれた友人たちのお眼鏡にかなえばよいのですが。言っておきますが、私の事業が引き合うようにするにはちょっとやそっとの算段ではすまないのです。それなのに、つけた価格が高めだというので暴利をむさぼっているかのように思われている。それからまた、木版画入り本、初期刊本、それに写本からなる私の蔵書目録を出します。[4] 挿絵には主として蔵書自体の図版とページの複製を入れる予定（図10、12）。もちろんこれは私個人の楽しみのためのちょっとした気まぐれにすぎませんが、それでもその本に喜びを覚える書物愛好家や美術愛好家が多くいるはずだと踏んでいます。ここに見本刷りと木版画が何枚かあります。ご覧のように、最良の複製にするために努力を惜しんでいません」。その本が多くの愛書家や美術の秘宝を求める人々にとって有り難い助けとなるだろうというモリス氏の意見に私たちは賛成した。イギリスで見出しうるタイポグラフィと初期木版画の良質の見本を個人的に所蔵したものとしては、モリス氏の蒐集は最高の部類に入るかもしれない。しかもその見本がすべて本そのもののなかに完全なままで保たれている。それを生涯の間に蒐めてきたことは氏の誇りであり喜びであった。

「さて、今印刷の準備にかかっていて、もてる知識をすべて注ぎ込むつもりでいる本は、私の『〔ヴォルスング族の〕シグルズ』です。これについては今はあまり語りたくないのですが、私のすべての著作のなかでも、とりわけこの本にはできうるかぎり美しい形をもたせたいものだと願っています。バーン＝ジョーンズが挿絵を描き、トロイ・タイプを使って二折判で刷る予定です。仕上がりを目にするのを心待ちにしています」。

「シオドーア・ワッツ氏の詩集はいつ出されるご予定ですか(5)」。

「そうですね」と微笑を浮かべ、「原稿がもらえたらなるべくすぐに。その仕事も楽しいことでしょう」。

「小型本の出来栄えはどうだと思われますか」。

「申し分ありません。意外には思いませんが。人が見に来て、このような本が」――とモリス氏は『チャイルド・クリストファー』のページをやさしく愛撫した――「このような本が一冊七シリング六ペンスで買えることがわかれば、買わないではいられないでしょうね。私は自分の本を愛しており、またそれを作ることを愛しています。そしてこれらの小型十六折判はわが印刷所から出したうちでもまさに白眉の魅力的な本だと思います」。

「もうすべて売り切れてしまっているのではありませんか」。

「ええ、その通りです。ですが、新しいのを準備中です――『サー・デグレヴァント』といって、イギリスの古い韻文ロマンスのひとつを。『サー・パーシヴァル』と同じ体裁にして、十五シリングで出します。バーン＝ジョーンズのデザインによる挿絵を一点つけて」。

「あの素敵な本は何でしょうか」とケルムスコット・ヴェラムで製本された見事な四折判を指さしながら私たちは尋ねた。

「私の『イアソン〔の生と死〕』です。トロイ・タイプで刷り、バーン゠ジョーンズの挿絵を二点入れました。二百部しか刷らなかったのですが、値段が高かったのでしょうね(五ギニーで出しました)、私の本にはめずらしく、残部が少し残っていますから。そうは言っても、刷る部数が少ないので、値段を高くせざるをえなかったのです」。

モリス氏の許しを得て私たちはその本を吟味した。そのページもまた、精選された白い紙の上で美しいブラックレターの活字が輝いて見えた。モリス氏のケルムスコット・プレス本を多く見せてもらったが、高貴な外観と美しい効果の点でこれをしのぐものはないように感じられた。これはモリス氏が書いたほぼ最初の本だったのであり、このたび氏がそれに与えた書物形態は、自身の初期作品に対する愛着を示すものである。

いつのまにか時間がたっていた。タイポグラフィから書物そのものへと話がおよんだ。書物から挿絵に進み、挿絵から美術に、そして美術から自分の好き嫌いへと移った。お茶の前に暖炉を囲んで煙草の煙をくゆらせながらおしゃべりをし、お茶のあとにもまた煙草と会話に戻った。その家は私たちがすごしている間は私たちのものになっていて、そんな気になるようにさせられていた。この快活な紳士が椅子に腰掛けて「自分の思うところと見たことのすべて」を語るのを聞くのは楽しいものだった。私たちへの心づくしに対してたまに一言二言謝意を述べるほかは、私たちは喜びつつ静かに耳を傾けていたのだが、そうしている間、この非凡な人物――多面的な性質をもち、かつまぎれもない才能を備え、それでいて素朴さに満ちているところは、子供のそれのように魅力的で、夏の清冽な小川のように澄んでいる、そんな人物――の生涯と歴史について思いをめぐらさずにはいられなかった。

氏の才能はそれ自体で多岐にわたっており、個々の分野での成果も大変に重要なものであるので、その所産を論評し評価するだけでも、十九世紀後半における美術と文学の最良の影響源を歴史的に概観するに等しいだろう。イギリスでは、そしてイギリス人にとっては、氏は詩人、デザイナー、社会主義者、人道主義者、タイポグラファー、そして美術家をすべて兼ねた存在である。フランスのタピストリー職人とイギリスの石版印刷職人《リトグラファー》はモリス氏を第一級のデザイナーとして知っている。氏のタピストリーと壁紙は工業製品の最優良品の部類に入る。ドイツでは「空虚な時代の無益な詩人」(『地上楽園』中の名高い詩句)として、そして来るべき良き時代に向けての雄弁な言葉と響きわたる歌で知られている。アメリカでも愛され称えられている。至るところで氏は評価され始めている――氏のこれまでの業績によってではないとしても、それを成し遂げた動機の純粋さと努力のひたむきさゆえに確実に。

モリス氏は一八三四年にエセックスのウォルサムストウに生まれた。初期の教育をモールバラ校で受け、モールバラからオクスフォードに進学、エクセター・コレッジの学生となった。モリス氏の最初の公の大仕事が始まったのは一八五七年、二十三歳になった時だった。それはほかでもない、オクスフォード・ユニオン〔大学学生会館〕(6)討議場に数点の壁画を描く仕事だった。共同作業者は、ホルマン・ハント、D・G・ロセッティ、バーン＝ジョーンズといった面々だった。その絵は実物より大きなもので、アーサー王伝説に取材した場面を描くことになった。モリスはまたオクスフォード運動の影響も少し受けた。それというのも、この運動が当時の信仰心にとって意味したことが、ラファエル前派兄弟団が同時期の芸術的感情にとって意味したことに相当したからである。まさにオクスフォードがこの両方の運動の揺籃の地となった。そしてオクスフォードを出ると、モリスは名高い建築家ストリートの弟子となった。十年間美術について研鑽を積み修業にはげんだのち、一八六七年、モリス・マーシャル・フォークナー商会を発足。(7)名前は出ていないが、この商会にはマドックス・ブラウンとロセッティも参加していた。この事業を始めたのは、手芸と建築のなかに美しく素朴なものを導き入れるためだった。醜いもの、そしてそれゆえに害悪となるものに対して戦うことをめざした。そして七名からなるこの商会は一八七四年に解体したが、社は今も活動中で、創立メンバーたちの志は、彼らが最も激しい熱狂のさなかで望んでいたよりも、さらに大きな規模で実現されてきたのである。

とはいえ、ここで特にとりあげたいのは、それら美術品の制作者としてのモリス氏なのではない――私たちのねらいは、活字デザイナーおよび書物の制作者としての職人モリス氏の姿を読者に提示することなのだ。一八八八年にすでに氏は人の労働のこの分野への強烈な関心を見せ始めた。その年に開催されたアーツ・アンド・クラフツ展覧会協会の第一回展覧会に熱心に関わったのである。この展覧会で印刷術の可能性をめぐって活発な議論が交わされ、モリス氏は自身の楽しいロマンス『ウォルフィング族の家』をチジック・プレスでみずからの監督のもとで印刷させることによって、持説を具体的に例証したのだった。この本に続けて一八九〇年に『山々の麓』を出した。どちらに使った活字も、それまで英米の印刷所で使われたいかなる活字ともまったく異なるものだった。とはいえ、それ以来その猿真似をする印刷所が出てきてはいる。

モリス氏は今やのるかそるかやってみなければならぬと感じた。チジック・プレスに備わっている設備では彼の思いを果たすにはどう見ても十分ではなかった。それで自身の印刷所を立て、自身の活字を作り、美しい書物がどうあるべきかを世に示そうと決意した。そして氏が失敗したなどと誰が言うだろうか。かくも見事な成功をとげ、それはつましく目立たぬ成功であったが、これに気をよくしたモリス氏は、これまでにおこなったよりもさらにすばらしい作品を実現しようと試み、氏の「ゴールデン・タイプ」と合うような、ロング・プリマー大の新しい活字をデザインする仕事に目下とりかかろうとしている(8)。この漫文につけたケルムスコット・プレス書誌〔本書では採録せず〕を見れば、モリス氏の「印刷」業の四年間が無駄に費やされたのでないことが読者諸賢におわかりいただけるだろう。そしてこれに「刊行予定」のものを加えるならば、これほどの大仕事をうながした熱意の程と、その衝動を補ってこれほどの上首尾の結果をもたらしたひたむきさには、ただただ驚嘆するほかはない。

モリス氏は話のなかのあちこちで色々と興味深く面白い事実を教えてくれたが、そのなかに次のような格別に興味深いものがあった。以前にモリス氏は極上品の『時禱書』——十三世紀の写本——を購入した。その本を私たちは見せてもらったが、筆遣いが絶妙で、彩色頭文字が光沢のある金で輝く、豪華絢爛たるものである。氏は微笑みを浮かべてこう言った。「私の買ったのは完全本ではなかった。二葉欠けていたのです。それでもそれに完全に満足していました。入手してからしばらくして、友人のなかにこの写本のことを知っていて、二葉の欠落があることも知っているのがいて、本来私の本にあったまさにその二葉がケンブリッジのフィッツウィリアム博物館に額に入って掛かっているのを見たと教えてくれました。急いでケンブリッジに駆けつけてみると、なるほど確かに友人の言う通り。その場ですぐにそれを買いたいと申し出ましたが、博物館当局には売却する権限がないという。向こうはその財産を私に売る代わりに私のを買いたいと言ってきて、これを私は承諾しました——完全本にしたのを一生手元に置いておくことを許してもらうという条件にして。それで今私が所有して使えるようになっているわけですが、死んだらフィッツウィリアム博物館に渡すことになります。もちろん紛失したら弁償しないといけませんが、切り離されていた部分を合わせることができたのは嬉しいことでした。これらの彩飾本を手がけた写字生たちは大したやつらだったにちがいありません。今見ると連中はまちがいをおかすことが不可能であったかのようです。あらゆる細部がまさに完璧で、確固とした趣味がうかがえる[9]」。

「そうですね、ご存じのように、モリスさん、昔は彼らにはたっぷり時間がありましたからね」。

「ええ、しかしそれが謎のすべてではありません。われわれがありったけの時間をかけたとしても、どのみち彼らの域に近づくのは無理だと思います。だめでしょう。ここで肝腎なのは時間ではありません。それはわれわれが未だ発見していない謎なのです。それが何だかわかったら、われわれ自身の暮らしがもっとよく理解できるようになるのでしょうね、きっと」。

「炉だなの上に並んでいるあの赤いモロッコ革の本はなんですか、モリスさん」。

「ああ、あれ。私の原稿[10]。クォリッチ氏の忠告に従って手元にとどめ、製本してもらったものです。放っておいたのですが、クォリッチ氏はもっているべきだと言う。まあ彼は事情通でしょうから」。

「値打ちのあるものなのでしょうね」。

「さて、どうなんでしょうかね。私以外の誰も興味がないものだし。けれど、あの体裁にしたので、私にしてみれば前よりは興味深いものに見えます」。

私たちは許しを乞うてさわらせてもらった。それらは『輝く平原の物語』、『恋だにあらば』、『世界のはての泉』、『ウェルギリウス〔アエネーイス〕』と『オデュッセイア』の翻訳、それに『チャイルド・クリストファー』を美しく製本した二折判（モリス氏は完全二折判で書くのを常としている）からなるものだった。

「なるほど」と私たちはそれらを棚に戻してから言った。「クォリッチ氏の忠告にずっと従っていらっしゃるようにと忠告申し上げましょう。私たちでしたら、この部屋のほかのどれよりもこの六冊が欲しいと思いますね」。

モリス氏は微笑みを浮かべて言った。「そのご忠告にも従うとしますか」。

ハマスミス教会の鐘が七時十五分を告げ、そろそろ本当に帰る支度をしなければならないと思った。着いたのは午後の三時で、今出なければ一晩泊まってしまうことになるだろう。モリス氏の快い歓待と温かいもてなしに礼を言い、またいらっしゃいという親切な言葉をいただいて私たちは家を出た。

外に出ると、穏やかに流れる川が水面に星明かりを映しながら広がっていた。夜のしじまにすべてがとらえられ、マル通りに沿って歩いていると、たった今私たちに「おやすみ

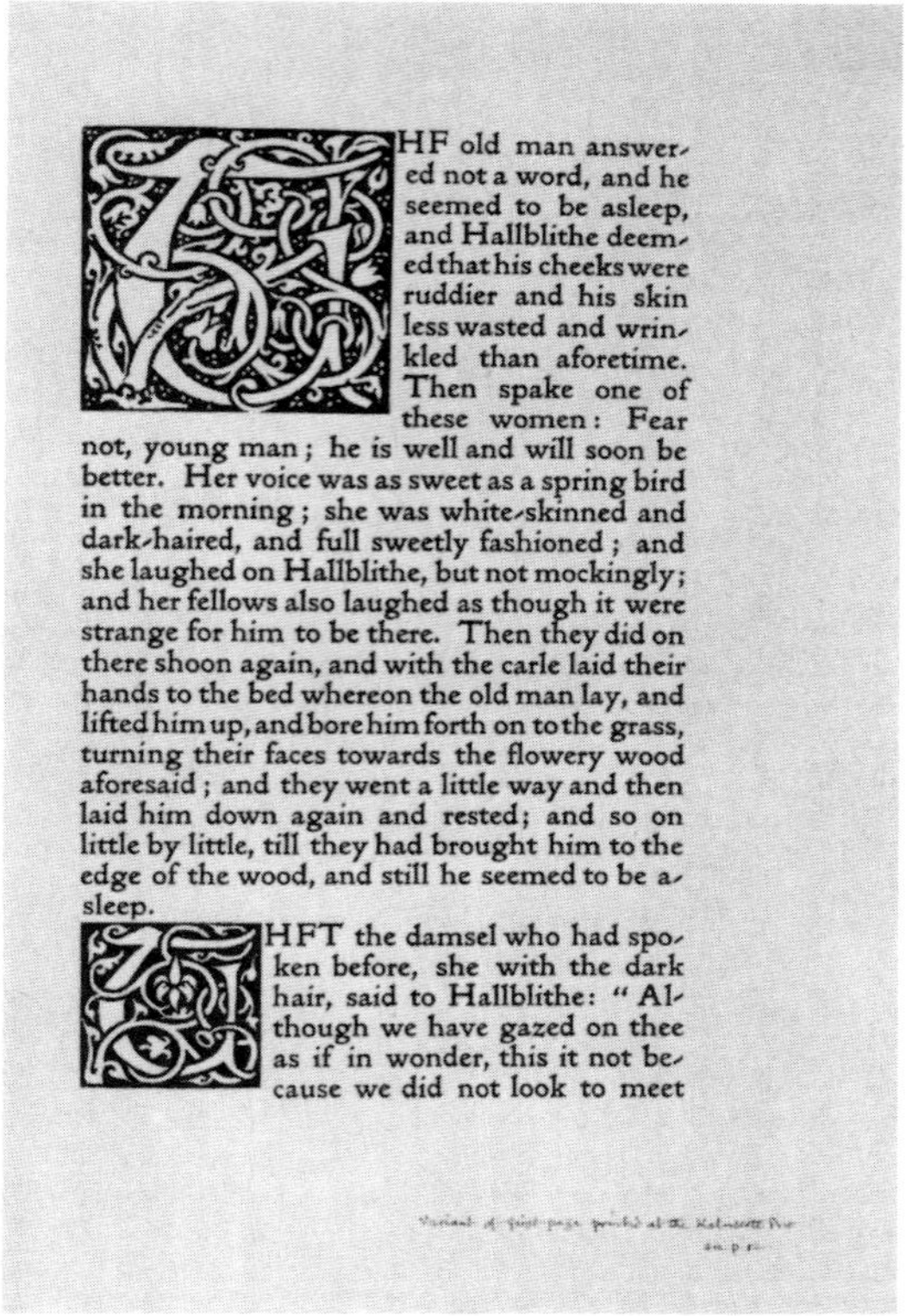

HF old man answer-
ed not a word, and he
seemed to be asleep,
and Hallblithe deem-
ed that his cheeks were
ruddier and his skin
less wasted and wrin-
kled than aforetime.
Then spake one of
these women: Fear
not, young man; he is well and will soon be
better. Her voice was as sweet as a spring bird
in the morning; she was white-skinned and
dark-haired, and full sweetly fashioned; and
she laughed on Hallblithe, but not mockingly;
and her fellows also laughed as though it were
strange for him to be there. Then they did on
there shoon again, and with the carle laid their
hands to the bed whereon the old man lay, and
lifted him up, and bore him forth on to the grass,
turning their faces towards the flowery wood
aforesaid; and they went a little way and then
laid him down again and rested; and so on
little by little, till they had brought him to the
edge of the wood, and still he seemed to be a-
sleep.

HFT the damsel who had spo-
ken before, she with the dark
hair, said to Hallblithe: "Al-
though we have gazed on thee
as if in wonder, this it not be-
cause we did not look to meet

33 〔下の余白に見える〕コッカレルのメモは「ケルムスコット・プレスで刷られた最初のページの一枚」と書いてある。二つの装飾頭文字がいずれもしかるべき位置に刷られておらず、また、ピリオドとコンマのあとに全角クワタ〔空白の詰め物〕が使われている。〔活字はゴールデン・タイプ。テキストはモリスの『輝く平原の物語』第10章より。〕ピアポント・モーガン図書館提供。

なさい」と言ってくれた人物の優しさと強さがいや増してくるように思え、まったく有り難い特権を享受できたものだと感じられた。もがいたり、あくせくしたり、ぶつぶつこぼしたり、むこうみずに事にあたるような類の暮らしはこの人物には縁がない。氏の人生は穏やかでたゆみない努力の持続が純粋な衝動にうながされたものである。それは労働を労働そのもののために愛する衝動であり、それゆえに、労働者が仕事の手を休めて待つことが――芸術家の魂が真に仕事に注ぎこまれるようにするために反省し、楽しみ、力を取り戻すことが――いかに必要であるかを知る衝動なのである。

モリス氏は一人の労働者として傑出した存在である。そしてそうであるがゆえに一人の知識人でもある。息せききって無理やり作って完成品と称するものをでっちあげるような仕事――そんな仕事には思考は必要ない。それなら木綿糸をボビンからほどくのと同じように機械的に片づいてしまう。作る者の喜びとなるべき仕事はその人のもてる力のすべてを、手と心と頭を、必要とするはずである。そのようにして初めて労働は価値あるものとなり、そのようなやり方によって初めて職人は同時に芸術家となるであろう。Soll das Werk den Meister loben.（「仕事が職人を讃えるべし」）[11]。確かに、このシラーの言葉に意味を与える精神がモリス氏の感じるのと同じ精神であるにちがいない。そしてそれを感じつつ、氏はその金言に常に忠実でいることによって、おのれの価値をあらわし、自身の喜びを見出しているのである。

付録C　ウィリアム・モリスの愛読書

〔以下に訳出するのは『ペル・メル・ガゼット』の編集者から求められた「良書百選」のアンケートに対するモリスの返答とブック・リストである。同紙の一八八六年二月二日号に掲載された。〕

拝復

喜んで貴殿のお手紙にお答えします(1)。わが友人のスウィンバーン氏と同様に、私も他人の読書に指図しようなどという気は毛頭ありません(2)。お渡しするリストは、私自身が深い感銘を受けた書物のリストです。このリストにあえて少し注釈を加えさせてもらいましたが、それを身勝手だとかうぬぼれだとか思われませぬように。説明を要すると思えた箇所がいくつかあったのでそうしたのです。全体として私は自説を腹蔵なく示さなければ無意味であるように思えました。ですから読者諸賢には私のリストと注釈をうちとけた雑談の折にふと私の口から漏れ出た告白のようなものだと思って頂きたく存じます。それに何だかんだ言ってもこれは自分の考えをしっかり持たないといけないような問題なのです。まあ、それを表に出さずにいるのが時として賢明なのだということは重々わかっておりますが。

私のリストは短いように見えますが、読み物の量としては厖大なものです。さらに、この手のリストからは除外した方がよいと私が思うような本、あるいは少なくともまったく別のリストに入れた方がよいと思う本があります。そうした本は本というよりはむしろ道具であって、それはあるはっきりした目的のために、何か特別な情報を引き出すために読まれるものです。そうした類の本に含めるべきなのは、哲学書、経済学書、そして近代の評論的な歴史書といった著作です(3)。そうした本を過小評価するつもりは決してありませんが、私見ではそれらは芸術作品ではありません。よく書けているものもあろうし、名文だってあるかもしれませんが、それはそうした本にとって肝腎な点ではないのです。その中身は事実の問題なのであって、趣味の問題ではありません。私のリストは私が芸術作品とみなすものだけから成っています。

敬具　　ウィリアム・モリス

リスト

1 ヘブライ聖書（重複部分や単なるユダヤ教会主義的部分は除く）
2 ホメロス
3 ヘシオドス
4 エッダ（他の古ノルド語のロマンティックな系譜の詩を含む）
5 ベーオウルフ
6 カレワラ、シャー・ナーメ、マハーバーラタ
7 グリムや北欧民話を筆頭とする民話集
8 アイルランドとウェールズの伝承詩集

以上はマッツィーニが「バイブル」と呼ぶ類の書物群(4)。これらは必ずしも文学的基準によって評価できるものではないが、私にはいかなる文学よりもはるかに重要なもの。これらは、いかなる意味でも、一個人の作品なのではなく、民衆の心そのものから生まれ出たものなのだ。

他にもこうした「バイブル」の本性を分かち持つ書物が以下に出てくる。それらには星印＊をつけておいた。

9 ＊ヘロドトス
10 プラトン

11 アイスキュロス
12 ソポクレス
13 アリストパネス
14 テオクリトス
15 ルクレティウス
16 カトゥルス

真に古代の想像力に富む作品群。(5)(告白せねばならぬが)ほとんど、もしくは全然知らない他の作品は除いた。ラテン文学の大半は偽の古典文学と呼ばねばならぬ。それらに多少良質の文学的特質が備わっているとは思うが、それがどの程度あるのか見出すのは難しいと思わずにはいられない。迷信と権威がそれらについてのわれわれの評価に影響を及ぼしてきたために、それが単なる因襲となってしまったのではないか。もちろんそのなかには考古学的価値を有するものがあるということは認める。特にウェルギリウスとオウィディウスがそうだ。(6)

17 プルタルコスの英雄伝
18 ＊ヘイムスクリングラ(ノルウェイの王たちの物語)
19 ＊半ダースほどの最良のアイスランド・サガ

20 アングロ・サクソン年代記

21 ウィリアム・オヴ・マームズベリ

22 フロワサール

評論ではない伝統的な歴史書[7]。これらの書物のほとんどすべてが物語作品として通る。特に部分的にそうだが、言わば荘重な散文叙事詩の域に達しているものもなかにある。例えば、ヘイムスクリングラのなかのオーラーヴ・トリュグヴァソンの最後の戦い[8]、それからフロワサールのなかのヘントの謀反人たちの大結集の場[9]を見よ。

23 アングロ・サクソンの抒情詩群（例えば「廃墟」とか「放浪者」）

24 ダンテ

25 チョーサー

26 農夫ピアズ

27 *ニーベルンゲンの歌

28 ｛デンマーク、およびスコットランド・

29 *｛イングランド辺境地方の伝承バラッド

30 オマル・ハイヤーム（ただしこの美しい詩の魅力がどの程度訳者フィッツジェラルドのおかげであるのか私にはわからない）

31　他のアラブとペルシアの詩
32　狐のルナール
33　最良の韻文ロマンス数点
以上は中世の詩。[10] こう言うのは残念なのだが、私は古いドイツ語でさえ読むのに難儀をしてひどく苦労する。だから中世詩の名作で抜け落ちているものがたくさんある。例えばハンス・ザックス。

34＊アーサー王の死（マロリーの）。これが色々な断篇のまずい要約[11]であることは知っているが、これが種本にしているいくつかの最良の本（ランスロットがそのなかで最高）はあまりに長く、また不必要な内容が多くて大変煩わしいので、結局マロリーは有り難い、ということになる。
35＊千夜一夜物語
36　ボッカッチョのデカメロン
37　マビノギオン
以上は中世の物語本。[12]
38　シェイクスピア

39 ブレイク（彼の内で生身の人間に理解できる部分）

40 コウルリッジ

41 シェリー

42 キーツ

43 バイロン

近代詩人。[13] 現代の詩人は故人であれ存命中であれ省略する。ゲーテとハイネを私は読めない。ドイツ語を知らぬ上に、彼らの詩が翻訳不可能だからだ。ミルトンを入れていないが、[14] そのために私が同国人から排斥されたりしないことを願う。だが彼の作品では冷たい古典主義が清教徒主義と結び付いていて（この二つは私がこの世で最も憎むもの）、胸がむかむかし、それでミルトンを読むことができないのだ。

44 バニヤンの天路歴程

45 デフォーのロビンソー・クルーソー、モル・フランダース、ジャック大佐、船長シングルトン、世界周遊旅行

46 スコットの小説群（死にかかっていた頃に書いた一つか二つは除く）

47 デュマ・ペール（彼のすぐれた小説）

48 ヴィクトル・ユゴー（彼の小説）

49 ディケンズ
50 ジョージ・ボロー（ラヴェングローとジプシー紳士）
以上は近代の物語。[15] ここで言っておきたいが、私はスコットを愛し賞讃することにかけては、たとえラスキンであろうとも、[16] 誰にも引けを取らない。また、現代の小説家のなかではディケンズがはるかに抜きん出ていると思う。
51 サー・トマス・モアのユートピア
52 ラスキンの著作（特にその倫理的部分と政治経済的部分）
53 トマス・カーライルの著作
54 グリムのドイツ神話学
これらの著作をどのように分類してよいのかわからない。[17]
最後の本は上述の「道具」の性質をもつものではあるが、想像力をかきたてる素材がたっぷりつまっているし、またそれ自体で想像力に富む作品でもあるので、書き留めておくべきだと思う。[18]
断っておくが、これらの書物を優秀な順だとか重要な順だとかで書き留めるつもりは——その各部門のなかでさえ——まったくなかった。

注

〔注は煩雑になるのを避け、編者注、モリス自身の注、訳者注を一つにまとめた。特に断りのない限り編者注である。また、索引は原書のものに訳者が多少増補した。〕

・この注では以下の略語を用いる。

AWS—May Morris (editor), *William Morris : Artist, Writer, Socialist*, 2 volumes (Oxford, 1936).

コッカレルの日記—The diaries of Sir Sydney C. Cockerell, 1886-98 (British Library Add. MSS. 52623-35).

KP—Kelmscott Press.

Mackail—J. W. Mackail, *The Life of William Morris* (World's Classics, 1950).

Morgan *Catalogue*—*Catalogue of Manuscripts and Early Printed Books from the Libraries of William Morris...and other Sources, Now Forming a Portion of the Library of J. Pierpont Morgan*, 4 volumes (privately printed. 1906-07).

WMAB—Paul Needham, Joseph Dunlap, and John Dreyfus, *William Morris and the Art of the Book* (New York, 1976).

〔Kelvin, *Letters*—Norman Kelvin (ed.), *The Collected Letters of William Morris*, 4 vols.

(Princeton : Princeton University Press, 1984-96).〕

CW —May Morris (ed.), *The Collected Works of William Morris*, 24 vols. (1910-5).
〔ヘンダースン－フィリップ・ヘンダースン『ウィリアム・モリス伝』川端康雄・志田均・永江敦訳、晶文社、一九九〇年〕

・注に引かれる本の出版地は、特に記していない場合はロンドンである。

・大英博物館のライブラリーというのはもちろん今では大英図書館となっているわけだが、モリスの言及を変更するのは不適当だと思い、そのために両方の名称が注に出てくる。

・本書に挙げる人物の大半は索引中で簡単に説明を加えておいた。

編者序論

（1） Mackail, I, 124-25.〔ヘンダースン、八一頁〕。

（2） コッカレルの日記、一八九二年十一月七日〔ヘンダースン、五〇六頁〕。

（3） Nikolaus Pevsner, *Pioneers of Modern Design : From William Morris to Walter Gropius*, revised edition (Harmondsworth, Middlesex, 1974).〔ペヴスナー『モダン・デザインの展開』白石博三訳、みすず書房、一九五七年〕。

（4） G[eorgiana] B[urne]-J[ones], *Memorials of Edward Burne-Jones* (New York, 1904), I, 161.

（5） 一八九三年十一月七日および九日付のモリスのギア宛書簡（ハンティントン図書館）。

（6） Cockerell's Introduction to Mackail, I, vi.

（7） *Printing Times and Lithographer*, NS 3 (September 15, 1877), 188.

(8) Morison, *John Fell : The University Press and the 'Fell' Types* (Oxford, 1967), p. 203.

(9) 以下を参照。Philip Unwin, *The Printing Unwins : A Short History* [of the] *Unwin Brothers, the Gresham Press, 1826–1976* (1976) ; "Our Portrait Gallery : Andrew White Tuer," *British Printer*, 6 (July-August 1893), 225-26 ; A. F. Johnson, "Old-Face Types in the Victorian Age," in his Selected *Essays on Books and Printing*, edited by Percy H. Muir (Amsterdam, 1970), pp. 423-35.

(10) Vivian Ridler, "Artistic Printing : A Search for Principles." *Alphabet and Image*, No. 6 (January 1948), p. 9.

(11) Ridler, p. 9.

(12) WMAB, p. 139.

(13) Joseph R. Dunlap, *The Book That Never Was* (New York, 1971) およびモリスの *The Story of Cupid and Psyche* (1974) へのA. R. Duftyの序文を参照。ケルムスコット・プレス以前のモリスの本造りの試みについての最上の概説は以下の論文。Joseph R. Dunlap, "Morris and the Book Arts before the Kelmscott Press," *Victorian Poetry*, 13 (1975), 141-57.

(14) ウォーカーの経歴については、シドニー・コッカレルの『英国伝記事典』および『タイムズ』一九三三年七月二十四日号七頁における記述を見よ。また、以下も参照。Colin Franklin, *Emery Walker : Some Lights on His Theories of Printing, and on His Relations with William Morris and Cobden-Sanderson* (Cambridge, 1973) ; Bernard H. Newdigate, "Contemporary Printers, II, Emery Walker," *Fleuron*, No. 4 (1925), pp. 63-69 ; Noel Rooke, "Sir Emery Walker 1851-1933," *Penrose Annual*, 48 (1954), 40-43 ; John Dreyfus (editor), *Typographical Partnership : Ten Letters between Bruce Rogers and Emery Walker, 1907–31* (Cambridge, 1971).

(15) [Wilde], "Printing and Printers. Lectures at the Arts and Crafts," *Pall Mall Gazette*, November 16, 1888, p. 5.〔ワイルド「印刷と印刷業者」『オスカー・ワイルド全集』西村孝次訳、青土社、一九八八年、第五巻、六一―六三頁〕。メイ・モリスのこの折の回想については、彼女の次の著作を参照。May Morris, *Introductions to the Collected Works of William Morris* (New York, 1973), II, 415. この講演のためのウォーカーの覚書は、彼の文書の重要なコレクションの一部として、テキサス大学人文科学研究センター（the Humanities Research Center, University of Texas）に収められている。

(16) Franklin, *Emery Walker*, p. 28.

(17) Viola Meynell (editor), *Friends of a Lifetime: Letters to Sydney Carlyle Cockerell* (1940), p. 231.

(18) 以下は主としてウォーカーの講演のリポート。"The Art of Printing. Illustrations in Relation to Types. A Lecture... at the City of London College," *British and Colonial Printer*, 25 (February 6, 1890), 102, 110; "Typography. A Lecture," *British and Colonial Printer*, 37 (January 2, 1896), 10-11; "Letterpress Printing as a Fine Art," *British and Colonial Printer*, 42 (March 31, 1898), 205-06; "Letterpress Printing as an Art," *British and Colonial Printer*, 74 (January 22, 1914), 6; "Report by Emery Walker, British Juror in Class II: Typography; Various Printing Processes," in *Report of His Majesty's Commissioners for the Paris International Exhibition* (Paris, 1901), II, 26-30; "Address by Emery Walker, Esq., F.S.A., on 'Printing,'" *London County Council Conference of Teachers: Report of Proceedings* (1907), pp. 43-44; "Printing Fine Editions: Some Governing Principles" and "Ornamentation of Books," in *Printing in the Twentieth Century: A Survey* (1930), pp. 67-73.

(19) 『タイムズ』一九三三年七月二十四日付にコッカレルが出したウォーカーの死亡記事（七頁）。コッカレルの日記、一八八九年十二月十日。Colin Franklin, *Emery Walker*, p. 30.

(20) "Fine Book-Work," *Printers' Register*, November 6, 1882, p. 82.

(21) G. D., "Types and Characters. v.—Ornamentals," *Printers' Register*, April 6, 1885, p. 192.

(22) Stevens, *Who Spoils Our New English Books?* (1884). また、以下も参照。Joseph R. Dunlap, "Two Victorian Voices Advocating Good Book Design. I. Henry Stevens and the Shoddimites," *Printing History*, I, No. 1 (1919), 18-25.

(23) *Journal of the Society of Arts*, 38 (April 18, 1890), 527-38.

(24) H. J. L. Massé, *The Art-Workers' Guild 1884-1934* (Oxford, 1935), p. 102.

(25) コッカレルの日記、一八九二年十二月二日。

(26) *Stanley Morison and D. B. Updike: Selected Correspondence*, edited by David McKitterick (New York, 1979), p. 65.

(27) ギルの『タイポグラフィ論』(*An Essay on Typography*, 1936) についてのメネル (Meynell) の書評。*Signature*, No. 5 (March 1937), p. 51.

(28) Needham, "William Morris: Book Collector," in WMAB, pp. 21-22. ニーダムの論文 (pp. 21-47) はモリスの蔵書についての最良の分析である。

(29) Mackail, II, 239-40. また、以下も参照。John Dreyfus, "New Light on the Design of Types for the Kelmscott and Doves Presses," *Library*, 5th Series, 29 (March 1974), 36-41.

(30) *Pi: A Hodge-Podge of the Letters and Addresses Written During the Last Sixty Years by Bruce Rogers* (Cleveland, 1953), p. 12.

(31) Mackail, II, 268.

(32) コッカレルの日記。一八九二年十一月五日。

(33) この契約書は大英図書館に保存されている（書架記号 C.102.h.18）。

(34) この話はジョージ・ウォードルの証言に基づいている（British Library Add. MS. 45350, fol. 4）。

(35) Mackail, II, 270.

(36) Mackail, II, 265; Sydney Ward, "William Morris and His Papermaker, Joseph Batchelor," *Philobiblon*, 7 (1934), 177-80.

(37) *The Journals of Thomas James Cobden-Sanderson* (New York, 1926), I, 211-12, 311.

(38) どちらのヴァージョンも WMAB, Pl. LXXX に転載されている。

(39) Mackail, II, 226.〔ヘンダースン、四九一頁〕。

(40) 書物の余白の問題に関して、時としてモリスの見解と異なる二十世紀の論文二篇については以下を参照。Alfred W. Pollard, "Margins," *Dolphin*, No. 1 (1933), pp. 67-80; F. W. Ratcliffe, "Margins in the Manuscript and Printed Book," *Penrose Annual*, 59 (1966), 217-34.

(41) H. Halliday Sparling, *The Kelmscott Press and William Morris, Master-Craftsman* (1924), p. 84.

(42) H. Buxton Forman, *The Books of William Morris Described* (1897), p. 140.

(43) Morison, *First Principles of Typography*, revised edition (Cambridge, 1967), p. 5.

(44) Charles F. Richardson, "Kelmscott Press Work and Other Recent Printing," *Bookman* (New York), 4 (November 1896), 217. アメリカでのモリスの影響に関する詳細な研究としては以下を参照。Susan O. Thompson, *American Book Design and William Morris* (New York, 1977).

(45) 一八九九年六月八日および十一日付のF・S・エリスのコッカレル宛書簡（British Library Add. MS. 52715, fols. 26-28）。

(46) Martin Harrison and Bill Waters, *Burne-Jones* (1973), p. 138.〔ウォーターズ、ハリスン『バー

ン＝ジョーンズの芸術』川端康雄訳、晶文社、一九九七年、二五〇頁〕。

(47) モリスのウォーカー宛書簡〔一八九四年十月三十日付〕。これにはウォーカーの覚書が添えられている（テキサス大学人文科学研究センター）。

(48) Morison, "The Art of Printing," in his *The Typographic Arts* (Cambridge, Mass., 1950), pp. 96–97.

中世彩飾写本についての若干の考察

Some Thoughts on the Ornamented Manuscripts of the Middle Ages

日付のない未刊のエッセイ。一八九二年かそれ以降に書かれたものか。ハンティントン図書館所蔵の原稿を起こした。初出は一八九四年にニューヨーク、ウーリー・ホエイル印刷所がメルバート・B・ケイリー・ジュニア（Melbert B. Cary, Jr.）の短い序文を附して刊行した私家版。

(1) チョーサー『カンタベリ物語』総序二九四行。

(2) 文人ホレス・ウォルポール（一七一七―九七年）は、十八世紀におけるゴシック建築への興味の復活を促すのに最も影響力をもった。

(3) これはモリスが所有し（現在はモーガン図書館所蔵）Morgan *Catalogue*, IV, 165-67 に記されている『動物寓話集』だったのかもしれない。

(4) これはモリスが所有し（現在はモーガン図書館所蔵）Morgan *Catalogue*, IV, 167-69 に記されているフランスの論文のことかもしれない。

(5) 『テニソン詩篇』は大英図書館所蔵（Add. MS. 24686）。『クィーン・メアリー詩篇』もまた大英図書館所蔵（Royal 2. B. vii）。〔ちなみにここでの「詩篇書」Psalter とは、十一世紀から十四世紀にかけて

（特に十三世紀に）ヨーロッパで一般人（平信徒）向けの祈禱書として広く制作された写本を指す。本文は旧約聖書の「詩篇」を中心とするが、冒頭に暦が入り、讃美歌や聖者の連禱などが加えられている。通常、暦で十二カ月の仕事を図解したり、全ページ大の彩飾画を「詩篇」本文の前に附したり、また本文冒頭の頭文字を彩飾するなど、ふんだんに装飾をほどこしてある。十四世紀以降、次第に「時禱書」に取って代わられた。訳者注〕。

中世彩飾写本覚書

Some Notes on the Illuminated Books of the Middle Ages

初出は *Magazine of Art*, 17 (January 1894), 83-88.

（1）「例、ダブリン、トリニティ・コレッジ所蔵の『ケルズの書』など」〔モリスの注〕。

（2）「例、大英博物館のダーラム福音書〔Cotton MS. Nero D iv〕、ブーローニュの福音書、など」〔モリスの注〕。

（3）「例、大英博物館、ウィンチェスターのニューミンスター設立認許状〔Vespasian A viii〕」〔モリスの注〕。

（4）『アランデル詩篇』は大英図書館所蔵。Arundel MS. 60.

（5）「フランスでは『絵入り聖書《ビブル・イストリオー》』、すなわち絵がふんだんに附された部分訳聖書が、十四世紀後半の最も注目に値する制作物のひとつだった。ポワティエの戦い（一三五六年）の際にフランス王の天幕で獲得した、現在大英博物館が所蔵する聖書はそのすぐれた一例である」〔モリスの注〕。

（6）「もっとも、大英博物館には十四世紀末と十五世紀初頭のイギリスの彩飾画のすぐれた例がいくつか入っている。例えば「ソールズベリー本」。これはいかにもイギリス風の様式で装飾された大型本の聖書

(Harl. i, e. ix)。同博物館のウィクリフ訳聖書［Egerton 617-18］はこの様式の好例」［モリスの注］。

（7）「『べリー公の時禱書』（パリ、国立図書館）および大英博物館の『べドフォード時禱書』［Add. Ms. 18850］はいずれもフランス本だが、この時期のひときわ素晴らしい例である」［モリスの注］。

（8）活字鋳造の基本的プロセスは以下の通り。まず父型彫刻師（パンチ・カッター）が鋼に文字を彫り込んで父型（パンチ）を作る。これを胴の横腹に打ち込んで母型（マトリクス）を得る。この母型を鋳込み器（モールド）に装着してばねで固定し、そこに溶かした地金（鉛を主成分とし、錫とアンチモンを加えた合金）を流し込む。これで活字が一本できあがる〔訳者注〕。

（9）「時禱書」Book of Hoursとは中世末期に一般人（平信徒）向けの祈禱書として多量に制作された彩飾写本（活版印刷で制作された「時禱書」もある）。聖母の時禱を中心とし、十字架の時禱、聖霊の時禱、受難の時禱、悔罪詩篇、聖者の連禱、死者への時禱、などを含む。通常、暦は十二カ月の仕事を図解し、聖母の時禱では「受胎告知」（朝課）、「キリスト降臨」（一時課）、「東方三博士の礼拝」（六時課）、「聖母戴冠」（終課）など、それぞれの祈禱時に合わせて彩飾画が描かれた。十五世紀前半のものが最も美しい〔訳者注〕。

（10）ミニアチュア（ミニアチュール）miniatureという語はラテン語のminium（鉛丹）に由来し、本来は写本の頭文字の彩飾等に使う朱（もしくは朱を入れる作業）を意味したが、minus（より小さな）という語との連想で、本性上細密に描くことが要請される写本挿絵全般を指すようになった。以下「彩飾画」で通す〔訳者注〕。

（11）モリスはここで、ギルバート・スコットを初めとするヴィクトリア朝ゴシック・リヴァイヴァルの建築家たちが押し進めた「修復restoration」工事を示唆している。その推進者たちは、ゴシック様式の中世建築（特に教会建築）に長い年月の間に加えられた別の様式の建て増し部分や修復部分がその建物にとっての悪しき夾雑物であるとみなし、そうした後世の附加部分を取り壊して当初の「純粋」なゴシック様式の形態に「復元」するべきだと主張し、またそれを実践した。それに対してモリスは、古建築は後世の附加部分をも含めて歴史的遺跡として貴重なのであり、そのような処理は建物から生命を削り取ることに他ならぬと反論した。モリスが一八七七年に組織した古建築物保護協会（The Society for the Protection of Ancient Buildings）はそうした修復＝破壊から古建築を保護することを目的とした。そういう次第で、「修復」という語はモリスにとってはほぼ例外なく否定的な価値を有する。詳しくは、ヘンダースン、二九八頁以下を参照〔訳者注〕。

印刷本の初期の挿絵
Early Illustration of Printed Books

一八九五年十二月十四日、ロンドン、フリート街ボールト・コートでのロンドン州議会アーツ・アンド・クラフツ学校でなされた講演（連続講演として、他にコブデン＝サンダースンの「装丁」とエマリー・ウォーカーの「活字」の話があった）。要約が *British And Colonial Printer and Stationer*, 37 (January 9, 1896), 10-11 に出た。出席したコッカレルはこの講演について日記にこう記した。「上首尾で鮮やか。会場は満員。スライドも滞りなくいった」。

（1） 前掲のエッセイ「中世彩飾写本覚書」の注（11）を参照〔訳者注〕。

ゴシック本の木版画
The Woodcuts of Gothic Books

一八九二年一月二十六日に芸術協会で口頭発表された論文。初出は *The Journal of the Society of Arts*,

40 (February 12, 1892), 247-60. AWS, I, 318-38 その他に採録。講演のあった晩、コッカレルは日記に、一八九〇年十一月二十八日にアート・ワーカーズ・ギルドですでに幻燈スライドを見ていたと記した。その前の折について、コッカレルの日記によれば、モリスは「三十七点の美しいスライドを使って印刷本についたゴシック様式の挿絵について……非常に生気あふれる講演」をおこない、「さえた警句としゃれた寸言に満ちていて、聴衆の受けが大変よかった」そうである。使われたスライドが同一のものなので、おそらく講演の内容は一八九二年のものと同じだったのだろう。

(1) この板目木版画は以下の本に翻刻されている。*Fifteenth Century Woodcuts and Metalcuts from the National Gallery of Art* (Washington, D.C., [1965]), No. 124.

(2) ここでの「五人組」(The Five Alls 直訳すると「五つのすべて」)とは、イギリスのパブやインでよく見られる店名とその看板を指していると思われる。看板に描かれたその五人とそれぞれのモットーは、「正装の王(われはすべてを統治す)」、「祭服の司教(われはすべてのために祈る)」、「法服の法律家(われはすべてのために嘆願す)」、「軍服の兵士(われはすべてのために戦う)」、「鎌をもつ農夫(われはすべてのために支払う)」〔訳者注〕。

(3) モリスが所蔵した(現在モーガン図書館所蔵の)『イソップの寓話と生涯』*Fabulae et vita Aesopi*(アントヴェルペン、G・レーウ、一四八六年)には彼の筆跡で以下のメモが記されている。「このイソップの木版画はそれより以前のウルムとアウグスブルクの版からの模倣であるが、そのまま模写したものではない。オリジナルと同じようにうまく彫板されているとは言えないし、下絵も同じ精神で自在に描かれたものだとは言えない。同時に、それらはドイツ版の木版画よりも装飾的効果に対する感覚がすぐれていることを示している。例えば、大抵の場合、このフランドルのデザイナーは、初期のデザインに見られる単なるぼやけた木の梢に代えて、装飾葉飾りをくっきりと描いている。また彼は、靴、腰帯その他の衣服の細部、それに洞窟の背景などを利用して黒い点と黒い広がり《マッス》を入れており、そのことによって色彩としての黒の価値に理解力があることを示している。要するにこれらの木版画は非常に見事な出来栄えの一連の装飾作品なのである。そしてレーウの繊細で美しいブラックレター、および彼の印象的で見事にデザインされた木版頭文字（本書のすっきりして美しく彩色された文字はもちろんのこと）と結びついて、実に美しい本に仕上がっている」。

（4）フレッド・ウォーカー（一八四〇―七五年）は『コーンヒル・マガジン』に連載されたサッカリー作『フィリップ』（一八六一年一月―一八六二年八月）への挿絵で一気に名声を博した。彼の作品の一部を彫ったのがW・H・フーパーで、のちにケルムスコット・プレスの中心的な木口木版彫板師となった人物である。

（5）ウォルター・クレイン（一八四五―一九一五年）はモリスの友人で、ケルムスコット・プレス版『輝く平原の物語』（一八九四年）の木版挿絵をデザインした。ケルムスコット本の挿絵へのクレインの評言については以下を見よ。Walter Crane, "Note on the Work and Life of William Morris," *Magazine of Art*, 20 (December 1896), 91.

（6）バーン＝ジョーンズは一八六二年に義妹に宛てた手紙で同じような見解を表明した。「なぐり書きの作品については、耐え難いほど腹立たしいものです。ほとんどすべての本や定期刊行物にそれが満ちあふれています。どんな類の絵かご存知の通りで、隅から隅まで乱暴な仕事ぶりで、ばかばかしく無感覚な代物。画家が三十秒で描き、彫板師が彫るのに三、四日かかるものです。なにしろなぐり書きを彫るのは恐ろしく手間のかかる仕事ですから。まあ『ワンス・ア・ウィーク』誌の大部分を見てごらんなさい。そのなぐり書きのすべてを彫るのにあわれな彫板師たちが浪費した時間は、正しく使われるならば、イギリスを美しい作品で満たすことになるかもしれないのに」。（G[eorgiana] B[urne]-J[ones], *Memorials of*

Edward Burne-Jones (New York, 1904), I, 254-55.)

十五世紀のウルムとアウグスブルクの木版画入り本の芸術的特性について

On the Artistic Qualities of the Woodcut Books of Ulm and Augsburg in the Fifteenth Century

初出は *Bibliographica*, I (1895), 437-55. コッカレルの編んだ『十五世紀ドイツ木版画集』（ケルムスコット・プレス、一八九七年）に一部採録された。原稿はモリスの筆跡だがコッカレルの直しが多少入っている（とりわけ印刷社名のつづりについて）。現在はハンティントン図書館が所蔵。コッカレルの日記によれば、彼とモリスは一八九四年十月八日にこの論文のための調査に大英博物館に一緒に出かけ、十月二十三日から十一月五日までの間にモリスはこれの執筆にあたり、その草稿が十一月五日にA・W・ポラード（一八五九—一九四四年）——のちに大英博物館の刊本保管官——に渡された。

（1） モリスが所蔵したギュンター・ツァイナーの『黄金伝説』（現在はモーガン図書館所蔵）には彼の筆跡で次のメモが入っている。「この本の版画はツァイナーの初期の画家の手になり、見た目には彩飾画家がデザインしたようである。ゾルクの『鑑』のなかの作品と似て見える。その多くは大変きれいで、断然装飾的な性格をもつ。ただし『人生の鑑』の画家の自由は持ち合わせていない。活字体は、われわれが準ゴシック式と呼んできたものだが、むしろツァイナーの最初のローマン字体を少しだけゴシックの方に代えたものと見てよいかもしれない」。

（2） 実際には一四七六—七七年頃、ウルムでヨハーン・ツァイナーによって刊行された。

（3） 「ところで、グリッチの『四旬節』（一四七五年）では、この道化は、木版の巧妙な継ぎ合わせによって普通の市民に変えられている」［モリスの注］。

（4） 「十二世紀の作品に基づくもう一揃いの装飾頭文字がヨハーン・ツァイナーの二折本に出てくる。アウグスブルクのホーヘンヴァンクが『黄金聖書』その他で用いたものと多少似ており、これらからヒントを得ているのかもしれない。というのもそれらはさほど古い物ではないからである（一四七五年頃の作品）。しかし、全体として多少の陰影があって、四角に囲まれていないという点で、それらはホーヘンヴァンクの作品と異なっている」［モリスの注］。

（5）「シュトラスブルクのクノブロッホツァーとバーゼルのベルンハルト・リヒェルの手になる装飾頭文字をここにあげておいていいだろう」［モリスの注］。

（6）モリスの所蔵した（現在モーガン図書館にある）ゾルクの『イソップの生涯と寓話』（アウグスブルク、一四八四―八五年頃）はヨハーン・ツァイナーの版と同一の板目木版を使用している本だが、そこにモリスの筆跡で次のようなメモが記されている。「このイソップの木版は初版と同じ木版を刷ったものであり、ウルム＝アウグスブルク派――この派自体がドイツのゴシックの木版画の最高の派である――のまさに最良の部類に入る。そのデザインは、表情と動作の両方の表現力の点で見事である。附属品は実に面白く、独特な特徴を備えている。そして要するに物語が常に、限られた方法（それは書物装飾には最良で最も装飾的な方法である）によってなしうるかぎり最も直截で最も明確な方法で語られている。彫板はデザインにふさわしいもの。線は常にしっかりとしていて豊かであり、決して彫り損なったりしていない。そして必要なすべてがあやまつことなくなされている。これらの版画の一部はJ・ツァイナーのボッカッチョ『名婦伝』のそれと同じ手に見える。この人物はまた、ギュンター・ツァイナーの印刷した『人生の鑑』の挿絵の少なくとも一部をデザインしたのかもしれない」。

印刷
Printing

初出は *Arts and Crafts Essays* (1893), pp. 111-33. モリスとエマリー・ウォーカーの二人の署名が入っている。ウォーカー一人だけの名によるこれより短いヴァージョンがこれに先立つ一八八八年のアーツ・アンド・クラフツ展覧会カタログに出ている。一八九三年一月三十日の日付が記され、印刷業者の校正係による多少の訂正と疑問符がついた一揃いの草稿が大英図書館にある(書架記号 Cup.502.f.11)。AWS, I, 251-60に採録。

(1) T・C・ハンサードは、自著の『タイポグラフィア』*Typographia* (1825) において、当時導入されて間もない、キャピタル体と揃えてディセンダー(「理想の書物」、注(5)参照)がまったくない「線状の数字」に対して、似たような不平を述べた(pp. 429-30)。ブラッドショーはイングランド標準鉄道時刻表を出した。

(2) 10ポイント活字。

理想の書物
The Ideal Book

一八九三年六月十九日に書誌学協会で口頭発表された論文。初出は *Transactions of the Bibliographical Society*, I (1893), 179-86. AWS, I, 310-18その他に転載。

(1) コッカレルは、ケルムスコット・ハウスで一日をすごしたあと、一八九三年一月三十一日の日記にこう書いた。「『ウェストミンスター・ガゼット』の創刊号がPMG〔『ペル・メル・ガゼット』〕のスタッフ連中によりひどい緑色の紙で出た」。

(2) チャールズ・リケッツは『印刷の復興の擁護』*A Defence of the Revival of Printing* (1899) でこう述べた。「……uの字の上部のセリフの形態がおのおのの印刷者にいささか当惑を引き起こしている。昔の印刷者たちの間でもこの問題が未解決のままであるということを付け加えておきたい。ケルムスコット・プレスのゴールデン・タイプでは、この字のセリフを斜めにして、nを逆さにしたように見えるのを避けている。これは昔の写字生の流儀に従ったもの。私に言わせれば、この方針はひとつの大事な文字の見た目の高さを減じ、隙間を生じさせる。……」(p. 7)。

(3) 著名なアメリカのタイポグラファーのダニエル・バークリー・アップダイクは、『新旧の印刷の諸相』*Some Aspects of Printing Old and New* (New Haven, 1941) のなかで次のような意見を述べている。「……モリスはボドーニの活字と本について実に意地の悪い不当な発言をした。ボドーニが生きていてモリスの本を見たら、はなはだ無様で野蛮な代物だと思ったことだろう。両人ともタイポグラフィの名人だったが、互いに正反対の方法によって同じことをしようとしていたのである」(p. 28)。

(4) 「パイカ」は12ポイント、「スモール・パイカ」は11ポイントの活字だった。

(5) アセンダー (ascender) とは、b、d、f、hなどに見られるように、小文字xの上限(ミーンライン)より上に突き出る部分、もしくはそうした部分を含む小文字を指す。他方、ディセンダー (descender) とは、j、p、q、yに見られるように、小文字xの下限の線(ベースライン)より下に伸びる部分、もしくはそうした部分を含む小文字を言う〔訳者注〕。

(6) 「私がこの活字で刷られた本を実際に見たのは『英国人バーソロミュー』と一五三二年の『ガウアー』の二冊だけである」[モリスの注]。

ケルムスコット・プレス設立趣意書

A Note by William Morris on His Aims in Founding the Kelmscott Press

初出は *Modern Art*, 4 (Winter, 1896), 36–39. *A Note by William Morris on His Aims in Founding the Kelmscott Press...* (KP, 1898), pp. 1–6 その他に転載。コッカレルの筆跡でモリスの署名の入った草稿が、カリフォルニア州キャマリッロの聖ヨハネ学院のキャリー・エステル・ドヒーニー・コレクションに入っている。直しの入った校正刷りが三部、ボドリー図書館(書架記号は Kelmscott Press b. 4 および d. 32)とカリフォルニア州ロサンジェルスのクラーク図書館に収められている。このエッセイは最初フィラデルフィアのカール・エデルハイムの求めに応じて書かれたもの。この人物が『モダン・アート』にこれを載せた。

(1) 「礬水」の訳語は壽岳文章訳に従った(「書物工芸家としてのモリス」『書物とともに』冨山房、一九八〇年)。原文は "thoroughly well sized"(サイズが十分に引かれた)となっている。「サイズ」とは、印刷時にインクが紙ににじむのを防止するために、また紙の強度を上げるために紙に加えられた物質。「印刷用紙のためには、普通炭酸ソーダの溶液に明礬と樹脂を溶解させ、澱粉質の糊を加えたものが用いられる」(同書一〇九頁)〔訳者注〕。

(2) 原文は "it must be 'laid' and not 'wove'" とある。「簀目型」と「織目型」の訳語は壽岳文章訳を踏襲した。それに附された壽岳氏の訳注も要点を押さえているので(氏は和紙研究の権威者でもあった)以下に引用しておく。「紙漉型には二つの様式がある。一つは『簀目型』("laid" mould)といって、細い針金を縦にして密着して並べたものへ、横にやや太い針金を約十五センチくらいの間隔を置いて交叉させ、これをかがる。十九世紀までは、ほとんどすべての紙がこの漉型によって作られた。他の一つは『織目型』("wove" mould)といい、一枚の金板に無数の穴をあけたもの。簀目型で漉いた紙を光線に当てると、針金が紙の生地よりも白く透いて見え、織目型で漉いた紙ならば、ダイアモンド型の無数の網目をかすかに示す。十九世紀以降の紙はほとんど全部織目である。わが国の手漉紙の場合には、針金の代りに竹を細く削ったものを用いた。国東治兵衛の『紙漉重宝記』の挿絵にも出ている。私はわが国のこの習慣に従って、『簀目型』の訳語を"laid" mouldに当てた」（壽岳文章、前掲書、一〇九―一一〇頁）〔訳者注〕。

（3） チョーサー・タイプを使った本文はこう書いてある。「ケルムスコット・プレスは一八九一年二月にハマスミスで作業を開始した。この活字をデザインしたW・モリスがおのれのモデルとしたのは、十五世紀ヴェネツィアで使われたニコラ・ジャンソンのローマン字体で、それは線の純粋さと読みやすさという二つの必要不可欠な性質を完璧に兼ね備えている。ジャンソンはローマン字体の最高水準をわれわれに与える。彼の死後、タイポグラフィは衰退し、ボドーニの醜悪な文字に至ってどん底に陥った。それ以後イギリスのタイポグラファーたちは多少なりともキャズロンの例にならい、失地をかなり取り戻した。しかし彼らの仕事はほとんど常に機械印刷に適合させられているので、手引き印刷機で刷る仕事の場合は、薄さと細さが極端に出てしまう傾向があり、これは矯正されてしかるべきだろう」〔訳者注〕。

付録A　ケルムスコット・プレス小史

A Short History and Description of the Kelmscott Press

初出は*A Note by William Morris on His Aims in Founding the Kelmscott Press...*（KP, 1898）, pp. 7-20. H. Halliday Sparling, *The Kelmscott Press and William Morris, Master-Craftsman*（1924）, pp. 139-47に転載。直しの入った校正刷り（ボドリー図書館、書架記号 Kelmscott Press d. 32）を見ると、当初の題が「ケルムスコット・プレスに関する附加的注」（"Additional Notes Relating to the Kelmscott Press"）だったのを「ケルムスコット・プレス略説」（"A Short Description of the Press"）に改めている。

（1） これらの見本刷りは WMAB の図版56と57に転載されている。
（2） この一文はこのエッセイの初校刷りには見えない。
（3） これはエマリー・ウォーカーが数年後にダヴズ・プレス・タイプをデザインした際に実行したことである。
（4） ロングマンズ・グリーン社は受託者たちの許可を得て一九〇一年から翌年にかけてモリスの後期作品の限定版八巻をゴールデン・タイプで刷って出した。その後ゴールデン・タイプ、トロイ・タイプ、チョーサー・タイプはいくつかの他の出版に使われた。これらの活字、父型、母型は現在ケンブリッジ大学出版局が所有している。
（5） 初出のケルムスコット版ではこのあとにコッカレルが作成した「ケルムスコット・プレス刊本全点の解題入りリスト」が続くが（pp. 21-65）、本書では割愛した。ただし、それを下敷きにした「ケルムスコット・プレス刊本リスト・解題」を巻末に附してある〔訳者注〕。

付録B　印刷者としての詩人
The Poet as Printer

初出は *Pall Mall Gazette*, November 12, 1891, pp. 1-2.
（1） だが二十一世紀の社会主義的ユートピアのヴィジョンを描いたモリスの『ユートピアだより』では、大英博物館はおおむね打ち棄てられていて、書物への関心を示すイギリス人もごくわずかしかいない。
（2） つまり〔チョーサーが用いた〕中期英語のこと。ケルムスコット版『チョーサー作品集』が底本としたのはW・W・スキート編の『ジェフリー・チョーサー全集』（オクスフォード、一八九四年）だった。

付録B 「印刷親方モリス」——ケルムスコット・プレス訪問

"Master Printer Morris": A Visit to the Kelmscott Press

初出は *Daily Chronicle* (London), February 22, 1893, p. 3. *British Printer*, 6 (March-April 1893), 97に転載。その後まもなくして『デイリー・クロニクル』に出たモリスの見解への反論については、以下をみよ。*British Printer*, 6 (April-May 1893), 98-99.

(1) モリスは一八八五年から一八九〇年まで社会主義同盟の機関紙『コモンウィール』(最初月刊でのちに週刊)の編集者をつとめた。タイポグラフィの点でこの機関紙は特に際立ったものではなかった。

付録B ケルムスコット・プレスのウィリアム・モリス氏

Mr. William Morris at the Kelmscott Press

初出は「朝の訪問」"Morning Calls" の見出しで *English Illustrated Magazine*, 13 (April 1895), 47-5(「A・B」の署名入り)。『レルム』(*Realm*) 誌に出た応答の記事が *Printers' Register—Supplement*, June 6, 1895, pp. iii-iv に転載されている。

(1) 「ウィーパー」Weepers と「ブルーマー」Bloomers はそれぞれ縁飾りと装飾頭文字を指す。

(2) この二つの中世の用語のどちらも、一八八四年七月一日の古建築物保護協会の第七回年次報告でモリスが定義している。「forestaller というのは製品を買い占めて値をつり上げるために押さえておく者。regrater とは、買った品物を同じ市場もしくは五マイル以内の土地で売りつける者」(AWS, I, 133)。

(3) ギャスキンの下絵は不十分な出来のものだと分かり、『世界のはての泉』の挿絵にはバーン＝ジョーンズのデザインした木版画四点が載ることになった。

（4） 一八九六年のモリスの死によって、シェイクスピアの本もフロワサールの本も完成を見なかった。シェイクスピアの試し刷りは二ページ現存しているのがわかっている。ひとつは大英図書館（書架記号C.102.1.22）、もうひとつは個人蔵。フロワサールの方はヴェラムに刷った見本刷り二ページが百六十部、一八九七年十月七日にケルムスコット・プレスから出された。それに加えて、フロワサールの十六ページ分を刷ったものが三十二部モリスの友人に贈られた。大英図書館が所蔵する後者の書架記号はC.43.H.21である。

（5） ケルムスコット・マナーのモリスの四柱式ベッドのための垂れ布。メイ・モリスがリリー・イェイツ（詩人W・B・イェイツの妹）らと共に制作したこの刺繡は、格子垣を背景に果樹と草花と小鳥を配した華やかなデザインで、上部にはモリスの詩がブラックレターで織り込まれている。今もこの屋敷で見ることができる〔訳者注〕。

付録B ケルムスコット・プレス――ウィリアム・モリス氏へのインタヴュー、挿絵つき

The Kelmscott Press: An Illustrated Interview with Mr. William Morris

初出は *Bookselling*, Christmas, 1895, pp. 2-14（「I・H・I」の書名入り）〔インタヴューアーはI・H・I・テンプル・スコット（Temple Scott）であることが以下で特定されている。Nicholas Salmon, *The William Morris Chronology*, Bristol: Thoemmes, 1996, p. 276〕。

（1） この発言はモリスの言葉を誤解して伝えたものか、ひとつの皮肉であるか、いずれかである。

（2） このモリスの発言はいささか正確さにかける。次を見よ。Susan O. Thompson, *American Book Design and William Morris* (New York, 1977), pp. 205-6.

（3） T・アンド・A・カンスタブル社社主のウォルター・ブレイキーへのインタヴューについては次を見

よ。"How the Perfect Book Is Made: Printing as a Fine Art," *Printers' Register—Supplement*, February 6, 1894, pp. iii-iv.「キャズロンまがい」(Bastard Caslon) とはおそらく「ドライデン・タイプ」のことで、これをブレイキーは「モダン・スタイルとオールド・スタイルの中間地点」と説明した。

(4) これは結局未刊に終わった。ただしモリスの蒐めた主要な木版画入り本についての略式目録が、そこから採った図版三十五点を附して、『十五世紀ドイツ木版画集』(KP, 1898) に出た。

(5) ウォルター・シオドーア・ワッツ (一八三二—一九一四年) ——後年ワッツ＝ダントンと改名——のケルムスコット版詩集は結局刊行されなかった。

(6) ウィリアム・ホルマン・ハント (一八二七—一九一〇年) はラファエル前派兄弟団の一員ではあったが、オクスフォード・ユニオンでのこの企画には参加しなかった。

(7) モリス・マーシャル・フォークナー商会の発足は一八六七年ではなく一八六一年。

(8) モリスはよくこれを口にしていたが、実行には至らなかった。「ロング・プリマー」とあるのはおそらくグレイト・プリマーの誤り。

(9) ここでモリスが紹介した時禱書は一三〇〇年頃に英国イースト・アングリアで制作された彩飾写本で、クリフォード家とグレイ家の紋章を装飾に含むことから「クリフォード＝グレイ時禱書」(Clifford-Grey Horae) と呼ばれる。これをモリスは一八九四年七月に四三〇ポンドで購入した。欠落したページがフィッツウィリアム博物館にあるという情報を提供した「友人」とはエマリー・ウォーカーのこと。当時の博物館館長ローズ・ジェイムズとの長い交渉の末、モリスがここで語っているように、彼が博物館に写本を売る代わりに(売却価格は二〇〇ポンド)、博物館所蔵の欠落した二葉を戻した写本をモリスの存命中は所蔵するということで決着した。契約通り、モリス没後に写本は博物館に「返却」された。以下を参照。Mackail, II, 312. Kelvin, *Letters*, IV, 174f.〔訳者注〕。

(10) これらの原稿はメイ・モリスの死後大英博物館が入手した。以下を見よ。R. Flower, "The Morris Manuscripts," *British Museum Quarterly*, 14 (1939-40), 8-12.

(11) シラーの詩『鐘の歌』*Das Lied von der Glocke* の七行目に見える句〔訳者注〕。

付録C　ウィリアム・モリスの愛読書〔訳者注〕

この項は本訳書での追加。初出は *Pall Mall Gazette*, February 2, 1886. 採録は CW, XX, xii-xvi; *The Letters of William Morris*, ed. Philip Henderson, 1950, pp. 244-7; Kelvin, *Letters*, II, 514-7 その他。

(1) 一八八五年末にサー・ジョン・ラボックがワーキング・メンズ・コレッジで講演をおこなったあと、彼の作成した「良書百選」the Best Hundred Books のリストが『ペル・メル・ガゼット』に掲載された。編集長のW・T・ステッドはこのリストを当時の文人たちに送り、それについてのコメントと修正を求めて、返送されてきた回答を同紙に掲載した。モリスの返信と彼自身の作成したリストがこれである。百の数を埋めないで五十四項目で筆をおいているのはいかにも彼らしい、とは娘のメイ・モリスの評言であるが、それに続けて彼女はこうも言っている。「これらの書物は彼の生涯の構成要素を成している。まさに彼の人生の友なのだ」(CW, XX, p. xi)。

(2) スウィンバーンもこのアンケートに回答を寄せ、それが『ペル・メル・ガゼット』一八八六年一月二十六日号に掲載された。そのなかで彼は、「百冊の書物の相対的価値についてのいかなる男性もしくは女性の意見であれ……その男性もしくは女性が罹った知的厚顔やら道徳的無恥やらという病気の診断に関心がない者にすればそれは何の価値もないように思います」と述べた。

(3) ラボックのブック・リストには、「宗教書」や「旅行記」などと並んで「哲学」の項目がもうけられ、デカルト、ロック、J・S・ミル、アダム・スミス、ダーウィンなどの名前が挙がっている。

(4) これらのうち、ラボックのリストと重複しているのは、ホメロス、ヘシオドス、『シャー・ナーメ』、『マハーバーラタ』。モリスはホメロスの『オデュッセイア』の韻文訳を翌一八八七年に出しており、『ベーオウルフ』もワイアットとの共訳でケルムスコット・プレスから一八九五年に刊行している。巻末の「KP刊本リスト・解題」(32)を見よ。また『エッダ』の一部もマグヌソンとの共訳で『ヴォルスンガ・サガ』に添えて一八七〇年に発表している。

(5) これらのうちラボックのリストに見られないのはテオクリトスとカトゥルス。ギリシアの三大悲劇作家をラボックは全員挙げているのに対してモリスはエウリピデスを除いている。

(6) モリスはウェルギリウスの『アエネーイス』のラテン語原文の彩飾写本を一八七五年に制作し、またその英語韻文訳を同年に出しているのだが、ここではこのように保留している(ラボックのリストには含まれている)。またラボックのリストに入っているホラティウスも、モリスは一八七四年に彩飾写本を制作していて愛好した詩人だったと思われるが、ここでは入れていない。

(7) これらのうちラボックと重複しているのはプルタルコスのみ(ラボックのリストでは「古典」に分類されている)。『ヘイムスクリングラ』の英訳をモリスはマグヌソンと共同で一八七二年に始め、それは「サガ双書」の第三〜五巻(一八九三―五年)に収められた。他にアイスランド・サガを何篇かマグヌソンとの共訳で出している。『グレティルのサガ』(一八六九年)、『ヴォルスンガ・サガ』(一八七〇年)、『エイルの人々のサガ』(「サガ双書」第二巻、一八九二年)など。ウィリアム・オヴ・マームズベリは十二世紀イギリスの年代記作者。ラテン語で『イギリス王朝史』*Gesta Regum Anglorum*(一一二五年)を書いた。

(8) ノルウェイ王オーラーヴ・トリュグヴァソンの最後の戦いとは、西暦一〇〇〇年、デンマーク王やスウェーデン王らを相手に回して敗北したスティクレスタズの海戦を指す。谷口幸男『エッダとサガ』新潮社、一九七六年、一二五頁を参照。

（9）一三七九年の「ヘントの反乱」。『フロワサール年代記』第二巻三八〇章以下に記述されている。モリスはこの反乱を排他的な貴族集団の支配に対抗した、クラフト・ギルド（同業者組合）を基盤とする都市市民の革命運動ととらえ、モリスたちの社会主義運動と重ね合わせて見ていたようである。一八八八年一月二十九日に彼はハマスミスの自宅の集会室で「ヘントの反乱」と題する講演（社会主義同盟ハマスミス支部主催）をおこなっている（*The Unpublished Lectures of William Morris*, edited and compiled by Eugene D. LeMire, Detroit: Wayne State University Press, 1969, pp. 269, 312）。『フロワサール年代記』はケルムスコット・プレスから刊行されるはずだったが、モリスの死によって中止となり、見本刷りのみが発売された（巻末の「KP 刊本リスト・解題」(46) を見よ）。モリスによれば、フロワサールは、支配者の陣営にいたにもかかわらず「出来事に対するゴシック的な愛情があったので、事実の説明が損なわれることはなかった。……彼はおのれが仕える主人の権力者然とした傲慢な専制（偽善的な専制は後世の発明だった）の非道さを和らげて書こうなどとはまったく思っていない」("The Lord Mayor's Show," *Justice*, 15 October 1884. AWS, II, p. 143)。

（10）これらのうちラボックのリストと重複しているのは、ダンテと『ニーベルンゲンの歌』のみ。アングロ・サクソンの（つまり古英語の）抒情詩の「廃墟」と「放浪者」はいずれも『エクセター本』と呼ばれる十世紀の写本に収められている詩。ダンテと書いてモリスの念頭にあったのは『神曲』よりもむしろロセッティの訳詩集『初期イタリア詩人たち』（一八六一年）に収められた『新生』やソネット詩篇であったのかもしれない。フィッツジェラルド訳の『オマル・ハイヤーム』をモリスは一八七二年に彩飾写本にしてバーン＝ジョーンズ夫人に贈った。チョーサー、『狐のルナール（レナード）』（キャクストン版）、および「最良の韻文ロマンス」のうちに入ると思われる『ウェールズのサー・パーシヴァル』、『サー・デグレヴァント』、『サー・イザンブラス』はそれぞれケルムスコット・プレスで印刷されている。「KP 刊本リスト・解題」(10)、(33)、(40)、(47)、(48)を見よ。モリスはデンマークのバラッドを数篇英訳し、『折ふしの詩』に収めている。スコットランド・イングランド辺境地方のバラッドの選集もケルムスコット・プレスから出す予定でいたがモリスの死で実現しなかった(本書二五一頁を見よ)。バラッドは英語における最良の詩だとモリスは語った(ヘンダースン、五一八頁)。一八八八年一月二十八日付のブルース・グレイジア宛の手紙の末尾にモリスはこう書いている。「私はバラッドについての講演を考えるつもりです。それら〔バラッド〕にコミュニズム的傾向があるという事実を指摘する必要がしばしばあるので」。

(11) 「ランスロット」とは、キャクストン版『アーサー王の死』第六巻の種本として使われている中世フランス語散文ロマンス『湖のランスロ』*Lancelot du Lac* を指すと思われる。モリスはこれの刊本を少なくとも二つの版で所有していた。以下を参照。サザビー『モリス蔵書競売目録』(横浜、タングラム、一九九一年)売り立て番号七四七、七四八。ちなみに、未刊だがモリスは一八七三年頃に『湖のランスロ』の英訳を試みており、訳した一部をイタリック体で清書してもいる。以下を見よ。*CW*, IX, xxi-xxiii. そこに清書の一ページが出ている。

(12) これらのうち『アーサー王の死』だけがラボックのリストと重複している。『千夜一夜物語』をモリスは複数の英訳で所蔵していたようだが(サザビー『モリス蔵書競売目録』売り立て番号一三〜一五)、メイ・モリスは一家でE・W・レインの訳を読んでいたと伝えている(*CW*, XXII, p. xvii)。

(13) これらのうちラボックのリストと重複するのはシェイクスピアのみ。これらの詩人はブレイクとバイロン以外すべてケルムスコット・プレスで印刷されている。「KP 刊本リスト・解題」(11)、(24)、(29)、(38)を見よ。

(14) ラボックはミルトンをリストに含めている。ついでながら、ラボックはワーズワースを挙げているがモリスは入れていない。ワーズワースもモリスが嫌った詩人の一人だった。

(15) ラボックのリストと重複するのは、『天路歴程』、『ロビンソン・クルーソー』、スコット、ディケンズ。ラボックは他にゴールドスミス『ウェイクフィールドの牧師』、スウィフト『ガリヴァー旅行記』、サッカリー、ジョージ・エリオット、キングズリーなどを挙げた。『三銃士』のデュマ・ペールもモリス家の読み物の定番で、モリスはしばしばこれを家族に読んで聞かせた。デュマといえばわが家では一人しかいなかった、とメイ・モリスが伝えている(CW, XXII, p. xx)。

(16) ラスキンもこのアンケートに答えた(『ペル・メル・ガゼット』一八八六年一月十九日号)。モリスと異なり、ラボックの作成した「良書百選」のリストを添削して編集部に返送したものがそのまま紙面に出た。ラスキンにとって我慢のならない作者名や書名(リストの大半に当たる)をインクで思い切りかき消していて、それは異様に迫力のある回答になっている。そのためかどうか知らぬが、彼が否定したJ・S・ミルその他をめぐって反論の投書が続々と寄せられ、ラスキンの再度の反論がその後二度同紙に出ることになった(二月十五日、二十三日号)。しかしラボックが挙げたウォルター・スコットの名は削除せず、横に「そのすべて」という添え書きを入れている。以下に採録。*The Works of John Ruskin*, eds. E. T. Cook and Alexander Wedderburn, 39 vols., London, 1903-12, vol. 34, pp. 582-88.

(17) これらのうちでラボックのリストと重複するのはカーライルのみ。モアの『ユートピア』とラスキンの『ヴェネツィアの石』中の一章「ゴシックの本質」をモリスはケルムスコット・プレスで印刷している。「KP刊本リスト・解題」(4)、(16)を見よ。

(18) 自ら告白しているようにモリスはドイツ語を(特に近代ドイツ語を)苦手としたから、ヤーコプ・グリムの『ドイツ神話学』(一八三五年)は原書では読まず、まだ刊行途中だったJ・S・スタリブラスの英訳（全四巻、一八八二―八年）を購入して読んでいたと思われる（サザビー『モリス蔵書競売目録』売り立て番号四一九）。実際、この本はモリスの想像力を強く刺激したようである。これから没年までの十年間に彼が続々と書いていく散文ロマンス作品の物語世界のシンボリズム形成にグリムのこの著作は重大な影響を及ぼした。以下を参照。Amanda Hodgson, *The Romances of William Morris*, Cambridge : Cambridge University Press, 1987, pp. 182ff.

謝辞

本書の編纂にあたって多くの方々、多くの団体のご厚情を受け、おかげで作業がずいぶん楽になった。以下の方々は、助言や援助の形で実質的に貢献して下さった。ジョン・ドレイファス氏。ジョーゼフ・ダンラップ博士。デイヴィッド・グリーウッド博士。エドワード・ギリアーノ博士。ジューリア・マーカス博士。ジェイムズ・モーズリー氏。ポール・ニーダム博士。キャロル・パースンズ氏。わが妻アイリーン・ピータースン。そしてピーター・スタンスキー博士。本書〔の原書〕に使った活字を私たちの細かい注文通りにデザインして下さったアイテク社の活字デザイン監督のウォルター・E・リチャードスン氏には特に感謝申し上げる。

ケンブリッジ大学出版局はモリスのゴールデン・タイプを使ったタイトルの清刷《きよず》りを供給して下さった。

大英図書館、アメリカ国会図書館、ピアポント・モーガン図書館、ロンドンの国立肖像画美術館、およびセント・ブライド印刷図書館は図版を提供して下さった。未刊資料の引用を許可して下さったのは、ボドリー図書館、大英図書館、人文学研究センター（テキサス大学）、ヘンリー・E・ハンティントン図書館、およびピアポント・モーガン図書館である。モリスの未刊の書簡の引用も版権所有者である古事物研究協会の承認を受けた。

アメリカ国会図書館稀覯書部門のスタッフ諸氏には色々とご尽力いただいたが、とりわけピーター・ヴァン・ウィンゲン氏にはお世話になった。またメリーランド大学英文科からはタイピストと校正者の供給を受けた（後者を務めて下さったのはイーディス・ボーシャン氏である）。本書のための調査研究は一部アメリカ哲学協会の助成金を受けてなされた。

W・S・P

ケルムスコット・プレスの活字三種（原寸）

After a while I felt that I must have a Gothic as
well as a Roman fount; and herein the task I set
myself was to redeem the Gothic character from

ゴールデン・タイプ

world; so do not I, nor any unblind-
ed by pride in themselves and all that
belongs to them: others there are who

トロイ・タイプ

And Science, we have loved her well, and fol-
lowed her diligently, what will she do? I fear
she is so much in the pay of the counting-

チョーサー・タイプ

一九九二年初版の訳者解説

本書『理想の書物』は、十九世紀イギリスの装飾デザイナー、物語作者、そして社会主義運動家であるウィリアム・モリス（一八三四―一八九六年）による書物芸術を主題とした現存する論文と講演を網羅した書物 William Morris, *The Ideal Book : Essays and Lectures on the Arts of the Book*, edited and introduced by William S. Peterson (University of California Press, 1982) の翻訳である。編者のウィリアム・S・ピーターソンはメリーランド大学教授。モリスと彼の印刷所ケルムスコット・プレスについて、この編著のほかにも『ケルムスコット・プレス書誌』（一九八四年）および『ケルムスコット・プレス――ウィリアム・モリスの活字の冒険の歴史』（一九九一年）といった著作で近年めざましい業績を上げている学者である。本訳書では、原書の本文の他に、新たに付録Cとして『ペル・メル・ガゼット』紙から求められた「良書百選」のアンケートへのモリスの回答の訳、および巻末に訳者が作成した「ケルムスコット・プレス刊本リスト・解題」を加えた。

　モリスがロンドン西郊ハマスミスの自宅近くに「活字の小さな冒険」のための印刷所ケルムスコット・プレスを設けたのは一八九一年一月、モリス五十六歳の時で、同年四月完成の『輝く平原の物語』から一八九六年のモリスの死の三カ月前に出た傑作『チョーサー作品集』をへて、一八九八年の最後の刊本『ケルムスコット・プレス設立趣意書』に至るまで、全部で五十三点の美しい書物を印刷した。八年の短い期間だったが、「理想の書物」の夢の実現を図った書物群の見事な出来栄えは、私家版印刷運動の興隆をうながしただけでなく、商業出版における印刷デザインの質的向上に大いに貢献したと評価される。

　本書に収めたモリスの書物芸術論は、いずれも彼がそのケルムスコット・プレスで実際の本造りの作業に当たっていた期間に書かれ、語られたものである。それゆえ、これらのエッセイと講演は、ケルムスコット刊本がいかなる書物芸術の理念と基本原則によって形作られたものであるかを知る格好の資料になっている。のみならず、これらはモリスの一連の芸術論の最後のものに当たるわけであり、モリス商会での装飾デザイナーとしての長年にわたる実践、そして社会主義同盟をはじめとする社会主義運動組織に属しての活動という、芸術と政治の両面での革新運動を担ってきた人物の最終的な発言として貴重なものである。

　冒頭のピータースン教授の「編者序論」では、ヴィクトリア朝の印刷業界の状況とそのなかでのモリスとケルムスコット・プレスの活動の位置づけ、それに二十世紀の私家版印刷と商業印刷の双方にモリスが与えた影響といった問題を簡潔にまた遺漏なく論じてある。こうした点について訳者がさらに付け加えることはない。ここでは別の観点から二点ほど補足しておくにとどめる。すなわち、ケルムスコット・プレスとモリスの後期散文物語(ロマンス)の創作との関連、シドニー・コッカレルを初めとするケルムスコット・プレスの協力者たち、といった事柄についてである。

一八九五年の雑誌インタヴューでケルムスコット・プレス設立の動機を問われたとき、モリスは「なに、ただ単に、自分が愛していて大切に思う本に、印刷の面でも紙の面でも、そんな思いにふさわしい外見をもたせるような試みがあってもよいのじゃないかという気がしたからです」と答えた(本書二四三ページ)。実際、本書に追加した「良著百選」のアンケートの回答(同二六三—二七〇ページ)でモリスが挙げた五十四項目の著者名と書名のなかには、ケルムスコット・プレスで刷った本、あるいは刷る予定だった本が少なからず見出される。そしてその回答では当然挙げていないが、彼が愛し大切に思った本のうちに自身の作品が含まれていたことは言うまでもない。コッカレルのリストによれば、ケルムスコット・プレスでは五十三点六十六巻、紙刷本だけで総冊数二万一千六百五部が刷られたが、それらを分類してみると、モリスの作品が二十三巻で七千四百六十部と一番多く、次に中世本が二十二巻で七千三百七十五部、近代詩人の詩集が十三巻で四千二百二十部、それ以外のものが八巻で二千五百五十部と続く。モリスが特に愛着をもっていたわけではないが友人や出版社からの依頼があって印刷することにした本も何点かあったが、自分の愛する書物をそれにふさわしい美しい印刷で出そうという目的はほぼ貫かれたと言える。

ケルムスコット・プレスで刷った個々の書物については巻末の「刊本リスト・解題」に当たっていただきたいが、一八五八年の第一詩集『グウィネヴィアの抗弁』から一八九六年に死の床で仕上げた『サンダリング・フラッド』まで、モリスの主要な作品がここでほとんど印刷されている。『ウォルフィング族の家の物語』と『山々の麓』が抜けているが、これらも企画には上がっていた。もっとも、この二点はケルムスコット・プレス設立直前の一八八八年と一八八九年にジャコービのチジック・プレスでモリス自身の監修によって印刷ページの「建築的」配列に注意して印刷しており、それらの印刷の出来にモリスはそれなりに満足していた。あとは旧作と新作のめぼしいものが全部刷られたわけだが、ここでは特に新作の方、つまりモリス晩年のロマンス群と印刷所の関連についてふれておきたい。

モリスは同時代にはまず一番に詩人として、とりわけ「『地上楽園』の著者」として知られていた。けれども、一八七六年に物語詩『ヴォルスング族のシグルズ』を刊行してから以後は、ケルムスコット・プレスの二つめの刊本となった『折ふしの詩』（一八九一年）を除いて新しい詩集は出していない。一八七六年秋の東方問題をめぐる発言を契機に政治活動に参加し、一八七七年には「修復」と称する歴史的建造物の破壊を阻止するための古建築物保護協会を設立し、装飾芸術と社会主義をめぐる一連の講演を開始し、そしてもちろんモリス商会でのデザイナー兼経営者としての激務もあり、一八七〇年代半ばから一八八〇年代後半までの十数年間はモリスにとって生涯のうちで最も忙しい期間であったから、詩作に一定の時間を振り向ける余裕はなかったのかもしれない。一八八五年に『コモンウィール』にパリ・コミューンを舞台にした社会主義的な物語詩『希望の巡礼者』を連載したが（三月号～七月三日号）、モリスはその出来に不満だった。結局これが彼の発表した最後の長編物語詩となる。しかし、翌一八八六年から別の形式で創作を始める。今度は散文形式の物語である。

その端緒は『コモンウィール』に一八八六年十一月十三日号から八七年一月二十二日号まで連載された『ジョン・ボールの夢』である。ハリデイ・スパーリングが伝えるところでは、当初モリスはワット・タイラーの反乱を主題にした物語を自分で書くつもりはなく、社会主義同盟のほかの同志に書くように勧めたそうである。ところがその同志は「自分は叙事詩を書く才に欠けるから」と断った。モリスは腹を立て、「何が叙事詩を書く才だ。ふん。物語を語りさえすればいいのさ」と言い、みずから書き始めたのだという。これで勢いがついて、モリスの生涯の最後の十年間は文学創作の面で二十年前の『地上楽園』の時代にも劣らぬ非常に多産な期間となる。引き続いて『コモンウィール』に『ユートピアだより』を連載（一八九〇年一月十一日号～十月四日号）したばかりでなく、『ウォルフィング族の家の物語』（一八八八年）を皮切りに、彼の「後期散文ロマンス群」を続々と出してゆくのである。

そして、これらの物語創作の時期はモリスがデザイナーとしてのおのれの才能を印刷術の方面で発揮する時期と重なり合う。『ウォルフィング族の家の物語』と『山々の麓』をチジック・プレスで印刷した次第は今述べた。一八九〇年に『ユートピアだより』と並行して『輝く平原の物語』を『イングリッシュ・イラストレイテッド・マガジン』に連載（六月号～九月号）するが、この頃すでにモリスはケルムスコット・プレス設立に向けて活字体や書物装飾のデザインに着手しており、手漉紙やヴェラム、インクその他の印刷材料の準備に当たってもいたのだから、その物語作品も自分の印刷所で印刷することを念頭において書いたものであるにちがいない。実際、翌一八九一年の五月に『輝く平原の物語』はケルムスコット・プレスの第一刊本として出されるのである。また、その後、死の直前までに書きあげる五篇のロマンスもすべてケルムスコット・プレスから刊行された。つまり、九〇年代のモリスは、物語を書いていたとき、ケルムスコット・プレスの印刷形態を常に頭に思い描いていたのだと言える。

物語中に一部使われる詩行を除いて、モリスはそれらを基本的に散文で書いている。韻文でなく散文で書いた理由ははっきりはわからない。他方面の活動で忙しいモリスにすれば、散文というルースな形態が楽だったのかもしれない。しかし『地上楽園』や『シグルズ』の時代だって別に時間が余っていたわけではなかった。『不思議な島々のみずうみ』（一八九五年執筆、一八九七年刊行）のように当初は韻文形式で書き出したが、満足できず初めから散文で書き直したというのもある。散文がルースな形式だと言っても、「魔法の森」や「豊饒の泉」といった象徴的世界を構築するモリスの文体は見かけ以上に緻密である。散文にしたのはタイポグラフィの面でより一層美的な効果が得られるからであったのかもしれない。印刷面の黒と余白の白との対比をモリスは大事にしたが、韻文作品の場合はどうしても行の右端が揃わないわけで、紙面構成上難がある。だからモリスは、ブック・デザイナーとしては韻文よりも散文で印刷することをおそらく好んだ。チジック・プレスで『ウォルフィング族の家の物語』を刷ったときに、タイトルのレイアウトを整えるためにわざわざなくてよい前置詞を追加したというエピソードもあるくらいだから、この理由はまんざら間違いではないのかもしれない。

もう一つ、ケルムスコット・プレスで印刷することに決めた中世の散文作品がモリスの創作に及ぼした働きも大いに考慮すべきだと思う。印刷所の初期に刷られたキャクストン訳の『黄金伝説』、『トロイ物語集成』、『狐のルナールの物語』がまず思い浮かぶ。中世の書物の編集作業は大体F・S・エリスやスパーリングに任せたが、使用テクストの選択や校正刷りのチェックなどのためにモリス自身これらの愛読書を読み直す機会が再三生じたことだろう。バーナーズ卿訳の『フロワサール年代記』も。また印刷を始めずに終わったが、印刷の計画があったというマロリーの『アーサー王の死』も。中期英語によるこれらの物語の文体とモリスの後期ロマンスの文体との類縁関係は明瞭である。また、彼は同じく愛読書であったフランス中世の散文ロマンス三篇の英訳を手がけ、これをケルムスコット・プレスで出してもいる。

散文、韻文の問題を別にしても、ケルムスコット・プレスの印刷活動とモリスのロマンス創作とは、いずれも近代の支配的な趣味に真っ向から逆らう様態をもつという点で、はっきりとした相関関係がある。モリスの印刷観と同時代の印刷業者の「常識」が正反対のものであったように、モリスが選んだロマンス形式は当時主流を占めたリアリズム形式の対極に立つものだった。そして印刷所もロマンス創作も当時の多くの人の目から見てそれ以前のモリスの政治活動からの退行と映った、という点でも共通する。バーナード・ショーの次の発言がその典型であろう。「モリスは、ケルムスコット・プレスのすきっ腹を満たすため、甲冑の騎士や、麗しの貴婦人、非情な一騎打ち、人を獣に変える魔法の城の魔女、恋に破れ山中で狂う主人公、怪奇の森、不可能事の探求といった話を、すべて中世風の背景で、次から次へと作り出していった。……『ジョン・ボールの夢』と『ユートピアだより』と、世界の将来の可能性を論じた比類なき講演原稿のあと、これは文学上のラファエル前派主義への驚くべき退歩だったのであり、社会主義運動自体は何らそれに関わりをもたなかった」。

しかし、モリスの社会主義運動を動機づけたのは産業資本主義制度のもとで否定された伝統的＝民衆的な価値全般を取り戻そうとする意識にほかならなかったのであり、モリスの印刷した本の版面構成と彼の書いたロマンスの物語世界の双方にまさにそうした価値意識が表象されている。その事実にショーは思い至っていない。印刷の理論と実践の提示においてモリスは単に印刷の改善だけを望んでいるのではなく、西洋史の方向を変えたいと思っている、とピーターズンは指摘しているが（本書三〇ページ）、並行しておこなったロマンス創作についても確かに同じことが言える。それは近代産業社会の発達とともに興隆した文学上のリアリズムやナチュラリズムの観念への根底的な批判の身ぶりであり、それに取って代わるべき文学様式の提示だった。この点でモリスの物語は同時期にオスカー・ワイルドが『意向集』（一八九一年）で展開したリアリズム批判と呼応する視点をもっていたと評価できる。*

〔*この問題については、拙稿「世界の果ての泉について――ウィリアム・モリスの社会主義とロマンス」（『現代思想』一九九一年八月号）を参照。また、モリスとワイルドに共通して見られる同時代への批判精神を探り出した先駆的論考として、次のものがある。小野二郎「ウィリアム・モリスと世紀末――社会主義者オスカア・ワイルド」『ウィリアム・モリス研究』(『小野二郎著作集』第二巻) 所収。ちなみに、モリスの後期散文物語のうち、以下のものが日本語に訳されている。『ユートピア便り』五島・飯塚訳、中央公論社(世界の名著四二「ラスキン・モリス」)、一九七一年。『ユートピア便り』松村達雄訳、岩波文庫、一九六八年。『ジョン・ボールの夢』生地竹郎訳、未來社、一九七三年。『サンダリング・フラッド』中桐雅夫訳、月刊ペン社、一九七八年。『世界のかなたの森』小野二郎訳、晶文社、一九七九年。最後の本の巻末に訳者あとがきとして附された「ウィリアム・モリスについて」はモリスのロマンスについてのすぐれた概説となっている。〕

次に、本書に収録した「ケルムスコット・プレス小史」の著者シドニー・カーライル・コッカレル(一八六七―一九六二年)について略述しておく。コッカレルは、前任者ハリデイ・スパーリングの後を受けて、一八九四年にケルムスコット・プレスの二代目の秘書に就任し、印刷所のマネージメントに敏腕を振るった人物であり、モリス没後の一年と数カ月の間に、残された仕事のいくつかを完成させ、最後の刊本として、貴重な書誌的資料を載せた『ケルムスコット・プレス設立趣意書』を出して、印刷所の幕を見事に引いた人物である。そのような大役を彼は青年期に果たした。印刷所を閉めた一八九八年春の時点で、まだ彼は満三十歳の若さだったのである。

コッカレルは一八六七年七月十六日にブライトンで石炭商人の次男として生まれた。ロンドンの名門セント・ポール校を一八八四年末に出たのち、家業のジョージ・J・コッカレル商会に事務員として就職。モリスと親交を結んだのは一八八六年、十九歳の時だった。一八八七年に父親が死去し、必要に迫られて気の進まぬ事務仕事を続けたが、一八八九年に祖父の遺産二千ポンドを受け、一八九二年に商会を辞職。一八九二年十月の二度目のケルムスコット・マナー訪問の折にモリスから週給二ギニー（とケルムスコット版『黄金伝説』一部）の報酬で彼の蔵書の目録作成を依頼され、喜々として十一月からその仕事に取り掛かった。目録作成のための調査は非常に骨の折れるものだったが、二十五歳の彼にとっては書誌学の習練として有意義なもので、のちのめざましい業績の基礎となるものだった。その能力を認めたモリスはまもなくコッカレルを個人秘書に昇格させ、そして前述のように一八九四年にケルムスコット・プレスの秘書も兼任させることになる。

モリスの死後ケルムスコット・プレスの残務整理を果たしたのち、W・S・ブラントの秘書や古書蒐集家ヘンリー・イェイツ・トムスンのアドヴァイザーなどの仕事をしていたが、何にもまして彼の名声を高めることになったのがケンブリッジのフィッツウィリアム博物館館長としての仕事であった。一九〇八年にこの要職に就いたコッカレルは、以後一九三七年に引退するまで二十九年間にわたってケンブリッジにとどまり、博物館の環境をめざましく向上させた。一九三四年にナイト爵に叙せられた。

一九三七年に同博物館を辞めたあと、サリー州キュー（あのキュー・ガーデンがある土地）に移り、そこを終の住処とする。一九六二年五月一日に享年九十五歳で死去。小柄で頑健、けんかっぱやく取っ付きにくいところがあったが、優しさと情の濃やかさを備えていた。モリスはもとより、生涯の間に、ラスキン、オクタヴィア・ヒル、バーナード・ショー、T・E・ロレンス、トマス・ハーディを初めとする名士と親交を結び、手紙を交わした。モリスの秘書であった思い出を終生大事にし、彼の事績を汚すと思えた言動に対して、常に厳しく対応した。一九五五年にモリス協会が発足したとき、彼がその会長となったのは当然の成り行きである（その本部も当初はキューに置かれた）。

さて、コッカレルはモリスの「タイポグラフィの冒険」の大事な協力者であったが、彼のほかにも、エマリー・ウォーカー、F・S・エリス、コブデン＝サンダースン、ハリイ・スパーリング、それにバーン＝ジョーンズといった面々が、何らかの形で印刷所に重要な貢献をなした。これまで私は、ケルムスコット・プレスの活動をモリス一人の「私家版」印刷所として強調しすぎたのかもしれない。彼の存在なくしてこの印刷所が存在しえなかったのは確かだが、複製芸術としての性格上、印刷本の制作はモリスが以前に手がけた写本作りのように個人の力量で成就しうるものではなく、活字・装飾デザイン、父型彫刻、活字鋳造、イラストレイション、木口木版彫板、植字、印刷、製本といった別個の作業の総合によって成立する。モリスがそれらの個々のプロセスの全体的把握をおのれの要請事項としたのであるにしても、実際の制作に当たったのは活字と縁飾り、装飾頭文字、題扉（また最晩年には装丁）などのデザインに限られ、ほかは大体その道の熟達者に委ねている。つまり共同作業の要素が大事となる工芸なのだった（同じことはモリスの商会の活動についても当てはまる）。その意味で、ケルムスコット・プレスの成功の一因は本造りを分担する個々の職人、芸術家の人材確保と組織化の妙にあったのだと言える。

その点、印刷業界に詳しいエマリー・ウォーカー（一八五一―一九三三年）の協力が得られたことはモリスにとって有り難かった。活字デザインに当たっての技術的援助は編者序論に出ているので繰り返さない。ほかにも、紙の供給源をバチェラー社に決め、父型彫刻をエドワード・プリンスに、木口木版彫板をウィリアム・フーパーに依頼し、インクをハノーファーの工場に注文したのは、すべてウォーカーの助言によった。コッカレルが「（ウォーカー）氏の助言と賛同を得ないで大事な一歩を踏むことは決してなかった」（本書二〇一ページ）と述べている通りである。

ウォーカー（図2）は一八五一年四月二日に五人兄弟の長男としてロンドンのパディントンに生まれた。父は馬車大工だったが、その父が一八六四年に失明し失業したため、一家を背負うために進学せず働きに出た。しかし写真製版技術の発明者であるヘンリー・ドーソンに出会ったのが縁で、その方面に進むことになり、同時に印刷技術全般についても大いに学んだ。一八八六年に写真製版会社ウォーカー・アンド・バウトゥル社を設立。事務所はフリート街近くのクリフォーズ・インにあったが、工房は自宅近くのハマスミスのアッパー・マルに置いた（図31）。モリスとの初対面は一八八三年。（社会）民主連盟の同志としてである。社会主義と書物芸術という共通項を介して、また同じハマスミスの住人として、二人は急速に親しくなった。一八八八年のアーツ・アンド・クラフツ展覧会協会の設立メンバーとなり、また古建築物保護協会の幹事も努めた。一八九〇年に設立したハマスミス社会主義協会が主催する日曜講演会の組織運営も彼の役目だった。

モリスの没後四年をへた一九〇〇年に彼の遺業を継ぐべくウォーカーはコブデン゠サンダースンと提携してハマスミス・テラスに私家版印刷工房ダヴズ・プレスを設立。ニコラ・ジャンソンの活字をモデルにしたローマン字体活字を使って、印刷史上に残る傑作である『聖書』（一九〇三―五年）などの書物を十数点印刷したが、一九〇八年にコブデン゠サンダースンと仲たがいして印刷所から抜けた。その後一九三〇年にナイト爵に叙せられ、一九三三年にはケンブリッジ大学ジーザス・コレッジの名誉フェローに選ばれ、一九三三年七月二十二日にハマスミスの地で没した。

トマス・コブデン゠サンダースン（一八四〇―一九二二年）は税査定官であったジェイムズ・サンダースンの一人息子として一八四〇年十二月二日にノーザンバーランド州アニックに生まれた。一八八二年にアン・コブデンと結婚したのを機に、妻の姓をサンダースンの上に付けるようになった。もとは弁護士を生業としており、装丁と印刷に関わるようになったのは、一八八三年にモリス夫人が彼に装丁を学ぶように勧めたからだという。ロジャー・ド・カヴァリーの下で修業したのち、一八八四年にストランド街に工房を開設。装丁技術の腕を急速に上げ、一八九三年にハマスミス、アッパー・マルにダヴズ製本工房を設立。『チョーサー作品集』を初め、ケルムスコット・プレス刊本の特装版をいくつか手がけた。この工房は一九二一年まで続く。一九〇〇年にウォーカーとダヴズ・プレスを設立。彼と分裂した後も一人で活動を続け、一九一六年までの十六年間に五十一点の本をダヴズ・タイプのみを使って印刷した。一九一七年七月にそのダヴズ・タイプの父型と母型の両方をテムズ河に投げ捨てた行為は、遺憾の念とともに多くの人々に記憶されている。ちなみに、一説では彼が「アーツ・アンド・クラフツ」の命名者だったという。著書にダヴズ・プレスで一九〇一年に刷った『理想の書物』などがある。

出版者兼書店主であったF・S・エリス（一八三〇—一九〇一年）とモリスが親交を結んだのは、一八六四年にスウィンバーンを介して彼から古写本を買ってからのことで、エリスを気に入ったモリスは、一八六九年以後の多くの作品を彼の出版社から刊行した。一八七四年にロセッティがケルムスコット・マナーの共同借家権を放棄したあと、エリスが十年間共同借家人となっている。ケルムスコット・プレスが一八九一年に発足したとき、エリスはすでに書店を売却しデヴォン州のトーキーに移り住んでいた。しかし息子がハマスミス・テラス七番地に住んでいたこともあり、ケルムスコット・ハウスには頻繁に訪れていた。ケルムスコット・プレスでの最大の貢献は編集者としてのそれである。『チョーサー作品集』ほか多くの本を校訂し、校正刷りも丹念に読んだ。また、書店経営の経験があったわけだから、印刷所が販売を兼ねるようになったときに彼の助言が大いに役立ったことと思われる。印刷所以外の文学上の業績としては、シェリー詩集の『用語索引（コンコーダンス）』（一八九二年）が今に残っている。彼もウォーカーと同様に高い学歴があったわけではなく、早くして書店に徒弟奉公し、独学で広い知識を身につけた。このように実社会で叩き上げた人間を好んで友としたところはいかにもモリスらしい。

ケルムスコット・プレスの初代秘書、つまりコッカレルの前任者はハリデイ・スパーリング（一八六〇—一九二四年）だった。コッカレルと比べて影が薄い人物で、彼についての資料もそう多くは残っていないが、モリスとの出会いが社会主義運動を通してだったことは確実である。一八八〇年代後半にモリスと同じく社会主義同盟に所属し、機関紙『コモンウィール』の共同編集者となった。モリスの娘メイも父親に従って同盟の一員として運動に加わっていて、彼女とスパーリングが接する機会が多かった。一八九〇年六月、二人は結婚する。しかし結婚生活は四年しかもたず、スパーリングは一八九四年にフランスに行ってしまい、一八九六年にモリスの葬儀のために戻る以外は大陸に留まった。正式に離婚が認められたのは一八九九年のことだった。バーナード・ショーはその破綻の理由が自分のせいだったとほのめかしている。ともあれ、そんな事情があって、印刷所の秘書を務めたのは一八九一年の発足時から一八九四年六月までだった。後任者があまりに有能であったためか、彼の仕事はあまり評価されていないが、『トロイ物語集成』や『狐のルナールの物語』などの本文校訂を担当してもいる。しかし彼の一番の貢献は死の直前に刊行した『ケルムスコット・プレスとウィリアム・モリス、マスター・クラフツマン』（一九二四年）であったかもしれない。途中で抜けたとはいえ、ケルムスコット・プレスの現場に立ち会った人間の証言としてこれは貴重な資料であり、モリスについての様々な興味深いエピソードが記録されている。

そして最後に画家のエドワード・バーン゠ジョーンズ（一八三三―九八年）。彼とモリスの共同作業を詳しく紹介するには改めて一冊の本を書かなければならないだろう。彼は貧しい鍍金《めっき》工の一人息子として一八三三年八月二十八日に工業都市バーミンガムで生を享けた。母親は彼を生んで六日後に死去した。モリスと最初に出会ったのは一八五二年六月のオクスフォード大学入学試験のときで、試験会場で偶然隣同士の席に座って受験したという。翌一八五三年に入学してから交際を始め、一八五五年には聖職者の道から芸術家の志望変更を一緒におこない、それから四十年以上にわたって、もっぱら装飾芸術の側面で共同作業を続けた。画家の仕事としては、テイト美術館〔テイト・ブリテン〕にある《黄金の階《きざはし》》（一八八〇年）、ケルムスコット・マナーに近いバスコット・パークの一部屋を飾る連作《ブライアー・ローズ》(一八九〇年)、プエルトリコにある《アヴァロンのアーサーの眠り》(一八九八年)などが代表作として挙げられるが、モリス商会にとってバーン゠ジョーンズは何よりも、ステンドグラスやタピストリーの下絵作者としてなくてはならぬ存在だった。本の挿絵画家としてもモリスが以前から彼を高く評価していたことは、一八六〇年代後半の『地上楽園』と一八七〇年代初頭の『恋だにあらば』の特装版の計画で多くの挿絵を依頼した件から窺える。メイ・モリスは次のように証言している。「モリスはいつでも自作の詩に挿絵を付けることを切望していた。彼は物語を場面が鮮明に示された絵の状態で見ていたのであり、他人にもそのように見てもらうことを欲していた。『それを可能にしてくれるのはバーン゠ジョーンズをおいてほかにいない』と彼はよく言っていた」。

一八七〇年代後半から始まるモリスの社会主義運動にバーン゠ジョーンズは共感せず、モリスがこの方面で最も忙しくした一八八〇年代の一時期に二人は初めて少し疎遠になったが、晩年のケルムスコット・プレスでの活動で二人は活発に共同作業を再開する。ここにおいてもモリスはバーン゠ジョーンズの挿絵を頼りにした。ピータースンが『ケルムスコット・プレス』でこう述べている通りである。「事実上、バーン゠ジョーンズの挿絵だけが唯一モリスを満足させるものだった。それでモリスはケルムスコット・プレスでほかの画家たちを雇って描かせようとするのはあまり乗り気でなかった。クレインやギアやギャスキンのデザインがいかにすぐれたものであっても、バーン＝ジョーンズの名前こそがいつまでもこの印刷所と結び合わせて考えられることだろう。というのも彼は他の画家以上に多くのケルムスコット本（十一点）の挿絵を手がけたばかりでなく、彼の視覚的想像力がモリスの本の活字とデザインに完璧に調和してもいたからである」。

その二人の共同作業の最大の成果が、言うまでもなく、『チョーサー作品集』である。二十数年前に一緒に作り出そうとして実らなかった、挿絵と活字を「建築的」に調和させた「理想の書物」が、二人の生涯が幕を閉じる直前にようやく実現した。さらに言えば、それはまた四十年以上も前の二人の青春時代に、オクスフォードの地でボドリー図書館の古写本や初期刊本などを眺めながら、一緒に作ることを夢見た類の書物だった。「それはモリスと私がオクスフォードに入って最初の学期に出ていてしかるべきものでした。そうしたら、私たちは歓喜のあまり気が変になってしまったにちがいありません」とバーン＝ジョーンズは言った。

一八九六年十月三日にモリスが病死したとき、バーン＝ジョーンズは落胆して「人生への私の関心は、モリスと共に消えてしまいました。なぜなら私たちは仕事の目論見や計画を生涯ずっと一心同体で進めてきたのですから」と語った。彼自身が世を去るのは一八九八年六月十六日。ケルムスコット・プレスが最後の刊本『ケルムスコット・プレス設立趣意書』を出して幕を閉じてから三カ月後のことだった。

終わりにあたって、訳者の要望を聞いて本訳書の原稿を原文と照らし合わせて細かい点までチェックし、それをすべて指摘して下さったモリス研究家小野悦子先生に感謝申し上げる。お陰で本書にありうる数とは比べようもないほど多くの誤訳や不適切な訳語を世に出さずに済んだ。

文献の提供や引用の出典の調査その他でお手をわずらわせた佐藤清隆（相模女子大学短期大学部）、兼子安弘（明治大学文学部）、橋本克己（十文字学園女子短大）の諸氏にも感謝する。編集担当は晶文社編集部の島崎勉氏と Studio Morris の鷹羽五月氏。お二人のアドヴァイスを受けつつ、モリスの生涯と仕事の紹介に力を入れる書肆から本書を刊行できたことは訳者にとって喜びである。

一九九二年九月。ケルムスコット・プレス設立から百一年後に。

川端康雄

文庫版のためのあとがき

一九九二年の晶文社版初版から十三年をへて、今回ちくま学芸文庫版として改版するにあたり、若干の訂正と訳注の補足をおこなった。

ここで初版の訳者解説に一点補注を加えておきたい。三一一ページでモリス後期散文物語（ロマンス）の邦訳文献について記したが、それは初版刊行後以下のように増えた。『サンダリング・フラッド』（中桐雅夫訳）は平凡社ライブラリーに再録された（一九九五年）。さらに晶文社版の「ウィリアム・モリス・コレクション」（二〇〇〇―二〇〇三年）として、『輝く平原の物語』（小野悦子訳）、『世界のはての泉』（川端康雄・兼松誠一訳）、『不思議なみずうみの島々』（斎藤兆史訳）が初めて訳出され、『ジョン・ボールの夢』（横山千晶訳）、『ユートピアだより』（川端康雄訳）の新訳二冊、『世界のかなたの森』（小野二郎訳）の改版が収録された。なお、物語ではないが、同シリーズにはモリスの一八七〇年のアイスランド旅行をつづった貴重な日誌の初訳『アイスランドへの旅』（大塚光子訳）も収録されている。これらの刊行によって、トールキンの『指輪物語』やルイスの「ナルニア国ものがたり」シリーズなど二十世紀ファンタジーの源流としてのモリス・ロマンスにふれる機会がこれまで以上に増したといえる。『山々の麓』や『ウォルフィング族の家の物語』といった未訳の作品も残っているが、いずれこれらも翻訳刊行したいと考えている。

ケルムスコット・プレス関連の日本語参考文献で付け加えるべきものとしては、『福岡大学図書館特別展「理想の書物」展――W・モリスのケルムスコット・プレス』(福岡大学図書館特別展作業班・藤井哲・前田雅晴編、二〇〇二年)がある。これは二〇〇二年十一月に開催された同名の展覧会のカタログ。ケルムスコット・プレスの解題および刊本の見開き二頁のカラー図版を含む。同図書館のホームページで「電子展示」もなされている(URLは http://www.lib.fukuoka-u.ac.jp/~camp/HomeP2/denshitenji/kp/kp.htm)。

本文庫への収録を快諾してくださった晶文社の故中村勝哉社長ならびに編集部の島崎勉氏に感謝を申し上げたい。中村氏は本書が校正段階であった二〇〇五年十一月六日に急逝された。訳者の師であったモリス研究家の小野二郎(一九二九―八二年)と二人三脚で一九六〇年に晶文社を創立して以来、四十六年にわたって社主を務めてこられた中村氏は、モリスの仕事の意義をよく理解され、上記の「ウィリアム・モリス・コレクション」をはじめ、モリス関連文献の企画出版に精力を注いでこられた。日本での「モリス復興」に多大な貢献をした出版人であったということを、この場を借りて特筆しておきたい。

末筆ながら、本文庫版への収録に際して、尽力された学芸文庫編集部の天野裕子氏に感謝申し上げる。こうして文庫版の形でモリスの基礎的な文献がより多くの読者の目にふれる機会が得られたことは大変ありがたい。

二〇〇五年　師走

川端康雄

d: Oxford U. P., 1984.
William S. Peterson, *The Kelmscott Press: A History of William Morris's Typographical Adventure*, Oxford: Oxford U. P., 1991.
ウィリアム・S. ピータースン『ケルムスコット・プレス――ウィリアム・モリスの印刷工房』湊典子訳、平凡社、1994年。
関川左木夫、コーリン・フランクリン『ケルムスコット・プレス図録』雄松堂、1982年。
小野悦子「ケルムスコット・プレス刊本全解題」『ケルムスコット・プレス創設100周年記念目録』丸善、1991年（同年9月16日～28日に丸善書店東京日本橋店で開かれたモリス展のカタログ)。

（川端康雄編）

Grolier Club, 1996)。

(附記) 見本刷のみを刊行した『フロワサール年代記』のほかにKPで印刷が予定されて実現しなかった本は以下の通り。『シェイクスピア戯曲集』、シオドーア・ワッツ詩集、モリス蔵書目録、モリス『クピドとプシュケ』、モリス『ウォルフィング族の家の物語』、モリス『山々の根』、『聖書』、『ゲスタ・ロマノールム』、バニヤン『天路歴程』、『バラッド集』、『黙示録』(ボドリー図書館の「ダウス写本」の復刻)、『ヘンリー八世の作曲』、フィッツジェラルド訳『ルバイヤートのオマル・ハイヤーム』、スコット小説集、ディケンズ小説集、ラスキン『この最後の者にも』。以上はそれぞれ計画が進められていたことがピータースンによって確かめられている。また裏付けの資料がないがコッカレルが「リスト」で言及しているものに、セヴァスティアン・エヴァンズ訳『聖杯のいみじき物語』、『農夫ピアズ』、キャクストン版『イアソン』、ラテン語詩篇書、中世フランス武勲詩『ボルドーのユォーン』、『平信徒の祈禱書』、マロリー『アーサー王の死』がある。

＊リストの作成に当たって参照した主要文献は以下の通り。

Sydney Cockerell, "An Annotated List of All the Books Printed at the Kelmscott Press in the Order in Which They Were Issued" (シドニー・コッカレル「ケルムスコット・プレス刊本全点の発行順の解題入りリスト」)、上記53番の書物に収録。コッカレルの注釈つきリストは「ケルムスコット・プレス小史」と共に次のスパーリングの本にも再録されている。

Halliday Sparling, *The Kelmscott Press and William Morris, Master-Craftsman* (ハリデイ・スパーリング『ケルムスコット・プレスとウィリアム・モリス、マスター・クラフツマン』), London, 1924.

William S. Peterson, *A Bibliography of the Kelmscott Press* (ウィリアム・S. ピータースン『ケルムスコット・プレス書誌』), Oxfor-

1872年発表の詩劇。正式なタイトルは『恋だにあらば、あるいはファラモンドの失踪——道徳劇』(*Love is Enough or the Freeing of Pharamond: A Morality*)。王ファラモンドが幻影に見た乙女に恋し、「世界中を私は巡り歩こう/彼女を見つけるか、さもなくば世界が空虚であることを知る日まで」と言ってすべてを投げうって彼女を捜し求める物語。何種類もの韻律形式を使って技巧を凝らした作品。初版本が出る前にモリスはバーン＝ジョーンズの挿絵を多く入れた特装版を出す計画をたてたが、これも『地上楽園』の時と同様に実現しなかった。しかしその際に作った挿絵の内1枚がキャタースン＝スミスの修整を受け、フーパーによって彫られてこのKP版の巻末の頁に刷られた(本書198頁を参照)。印刷は1897年7月19日に開始。『聖処女マリア讃歌』(42)に次いでKP本の2冊目の(そして最後の)三色刷本に当たる。

53.**『ケルムスコット・プレス設立趣意書』**(*A Note by William Morris on His Aims in Founding the Kelmscott Press*)モリス著。8折判、フラワー(2)紙(205×143 mm)。80頁。ゴールデン・タイプ。トロイ・タイプとチョーサー・タイプの見本5頁。二色刷。縁飾り4番aと4番。木版口絵バーン＝ジョーンズ。クォーター・ホランド装。紙刷本525部(10シリング)。ヴェラム刷本12部(2ギニー)。奥付日付1898年3月4日。KPより1898年3月24日発売。

KPの最後の刊本。表題にはさらに「S. C. コッカレルによる印刷所の小史とそこで印刷された書物の解題入りリストを併せ含む」(together with a short description of the press by S. C. Cockerell, & an annotated list of the books printed thereat)とある。モリスのエッセイとコッカレルのKP小史は本書で訳出したもの(185-210頁)。コッカレルの原稿は1897年10月20日から12月初旬にかけて書かれた。口絵に使われたバーン＝ジョーンズのデザイン(図29)は1860年代に計画されたが実現を見なかった『地上楽園』特装版用の絵で、キャタースン＝スミスの手で修整が加えられた。9頁には1871年に計画されて実現しなかった『恋だにあらば』特装版用にデザインされて彫られた装飾3点が載っている(図28)。なお、本書はピータースン編による詳注を附した復刻版がある(New York: The

1897年10月にコッカレルがバーン＝ジョーンズに掛け合って供給してもらったもの。冒頭見開き2頁の縁飾りはモリスのほぼ最後のデザイン。それらはモリスが書くつもりでいた散文版の『ウェヌスの丘』に使う予定でいた。その葉飾りはモリスが所蔵した13世紀後半の2つの詩篇書に見える装飾をヒントにしたものだった。第3書冒頭の装飾頭文字Aはフロワサールの本に使うつもりで1893年3月にデザインされ、ほかには出てこない。モリスは、上記の、挿絵を25点入れる予定の『シグルズ』用には縁飾りを2組4点描いてあったが、1組は『チョーサー作品集』(40)の470頁と471頁に転用し、他の1組は(内1点は彫板されたが)使わなかった。

51.**『サンダリング・フラッド』**(*The Sundering Flood*)モリス著。8折判、フラワー(2)紙(140×205 mm)。516頁。チョーサー・タイプ。二色刷。縁飾り10番。線画凸版の地図H. クリップ作成。クォーター・ホランド装。紙刷本300部(2ギニー)。ヴェラム刷本10部(10ギニー)。奥付日付1897年11月15日。KPより1898年2月25日発売。

　モリスの絶筆となった散文ロマンス。大河サンダリング・フラッド(「引き裂く川」の意)の橋のかからぬ上流の両岸に住む青年と乙女の、恋と冒険の物語。邦訳あり(『サンダリング・フラッド』中桐雅夫訳、月刊ペン社、1978年;平凡社ライブラリー、1995年)。モリスは1895年12月21日に書き始め、死の1月前の1896年9月8日に病床で結びの言葉をコッカレルに口述筆記させた。結末近くの「オズバーンとエルフヒルド、仮面を脱ぐ事」の章(KP版で63章、著作集で65章)に入れる予定でいた歌は書かれずに終わった。内表紙に張り付けたクリップ作成の地図はウォーカー・アンド・バウトゥル社によって線画凸版で刷られた。

52.**『恋だにあらば』**(*Love Is Enough*)モリス著。大型4折判、パーチ紙(291×210 mm)。100頁。トロイ・タイプ(本文)、チョーサー・タイプ(ト書)。黒赤青三色刷。縁飾り6番aと7番。木版口絵および挿絵1点バーン＝ジョーンズ画。軟ヴェラム装、絹紐付。紙刷本300部(2ギニー)。ヴェラム刷本8部(10ギニー)。奥付日付1897年12月11日。KPより1898年3月24日発売。

ウグスブルクの木版画入り本の芸術的特性について」(本書 135-156 頁に訳出、その注を参照) の抜粋と組み合わせて出すことに決めた。それがこの本である。図版 31 点のうち 29 点が上記の『蔵書目録』用にモリスが選んだもの、6 点が『ビブリオグラフィカ』への上記論文に附すために同じくモリスが選んだもの。1 点を除き図版はウォーカー・アンド・バウトゥル社で線画凸版で原寸大で刷られている。この本の前評判は高く、発売前の 1897 年 11 月にはもう売り切れた。その頃製本工房のレイトンに宛てた手紙でコッカレルは「〔締め切り後も〕注文が引きも切らず来ます。人々がこんなに熱心に欲しがっているのは、印刷所を閉める知らせを出したからではないかと思っています」と書いている。

50.『ヴォルスング族のシグルズとニーブルング族の滅亡の物語』
(*The Story of Sigurd the Volsung and the Fall of the Niblungs*)
モリス著。小型 2 折判、林檎紙 (328×231 mm)。220 頁。チョーサー・タイプ (本文)、トロイ・タイプ (各巻冒頭の題と見出し)。縁飾り 33 番 a と 33 番。木版口絵および木版挿絵 1 点バーン＝ジョーンズ画。軟ヴェラム装、絹紐付。紙刷本 160 部 (6 ギニー)。ヴェラム刷本 6 部 (20 ギニー)。奥付日付 1898 年 1 月 19 日。KP より 1898 年 2 月 25 日発売。

モリスが 1876 年に発表し自分の最高作だと信じた長編叙事詩。アイスランド・サガの傑作『ヴォルスンガ・サガ』を下敷きにした作品。「ジグムンド」、「レギン」、「ブリュンヒルド」、「グズルーン」の四部からなる。マッケイルは「ホメロス以後書かれた最もホメロス的な詩」と評した。KP でこれを刷る計画は早くから出ていたようだが、刊行が予告されるのは『チョーサー作品集』が完成間近の 1895 年 11 月 26 日付の KP のチラシにおいてだった。そこには「サー・エドワード・バーン＝ジョーンズによる挿絵が 25 点付く」とある (これについてのモリスの談話が本書 253 頁に見える)。バーン＝ジョーンズは病気がちのモリスを喜ばせてやろうと思ってこれを引き受けたのだが、サガの世界へのモリスの熱狂を共有しないバーン＝ジョーンズはこの仕事を苦痛に感じ、なかなか進捗しなかった。結局モリスの死去に伴い予定が変更されて、挿絵は 2 点しか付かなかった。この 2 点も

48.**『サー・イザンブラス』**（*Syr Isambrace*）F. S. エリス編。8折判、フラワー(2)紙（207×143 mm）。52頁。チョーサー・タイプ。二色刷。縁飾り4番aと4番。木版口絵バーン＝ジョーンズ画。クォーター・ホランド装。紙刷本350部（12シリング）。ヴェラム刷本8部（4ギニー）。奥付日付1897年7月14日。KPより1897年11月11日発売。

中世の英語韻文ロマンス。『ソーントン・ロマンス』から刷られた3番目で最後の本。(33）と（47）を参照。若きサー・イザンブラスのもとに天使が現れて青年期に苦悩するか老年期に苦悩するかの選択を求められ、前者を選ぶという教訓的な内容。本文の組み版はモリスが死ぬ3カ月前の1896年6月にはすべて完了し、部分的に刷られてもいたが、このとき『ソーントン・ロマンス』の残りの「サー・エグラムール」も一緒に含めることが目論まれた。しかし結局これは入れなかった。

49.**『十五世紀ドイツ木版画集』**（*Some German Woodcuts of the Fifteenth Century*）シドニー・コッカレル編。大型4折判、パーチ紙（290×213 mm）。72頁。ゴールデン・タイプ。二色刷。木版画35点を線画凸版によって復刻。クォーター・ホランド装。紙刷本225部（30シリング）。ヴェラム刷本8部（5ギニー）。奥付日付1897年12月15日。KPより1898年1月6日発売。

モリスの蔵書中の書物から35点を複製。その主要な木版挿絵入り本の略式目録も附されている。モリスは1892年10月19日に当時25歳だったコッカレルに彼の所蔵する中世写本とインクナブラの蔵書目録作成の仕事を持ちかけている。コッカレルはこの作業を忍耐強く進めた。この作業から、図版をふんだんに載せてコッカレルの記述とモリス自身の注を附した浩瀚な蔵書目録を刊行する企画が生まれた。「これは私個人の楽しみのためのちょっとした気まぐれにすぎませんが、それでもその本〔蔵書目録〕に喜びを覚える書物愛好家や美術愛好家が多くいるはずだと踏んでいます」とモリスは雑誌インタヴューで語っている（本書252頁）。モリスの死によってこれも刊行中止となったが、その代わりコッカレルはすでに用意されてあった図版を『ビブリオグラフィカ』に出たモリスの論文「十五世紀のウルムとア

251頁)。だが結局モリスの死によって中断を余儀なくされた。

これはその未完に終わった本の見本刷り。題扉はなく、奥付に「バーナーズ卿訳フロワサールの企画された版のこれらの試し刷り二頁はウィリアム・モリスの手になるデザインを保存するべく1897年9月にケルムスコット・プレスで印刷された」と記されている。右頁の縁飾り(32番)にはフランスと神聖ローマ帝国とイングランドの紋章、左頁の半縁飾りにはレジナルド・コバム卿、サー・ウォルター・マニー、そしてサー・ジョン・チャンドスの紋章があしらわれている。この見本刷りに先立つ1896年12月24日に、版が組まれてあった32頁のうち16頁分が32部刷られて、今は亡き詩人=印刷者をしのぶよすがとして友人たちに配られた。これを贈られたスウィンバーンは1897年1月20日にコッカレルに宛ててこう書いた。「貴方の美しく貴重な贈り物、感謝に堪えません。なぜモリスはフロワサールにもっと早く取り掛かって完成させなかったのでしょう。それよりも相応しくない作品など刷らないで(例えばシェリー)。しばしばそんなものでケルムスコット・プレスが無駄に費やされてしまったのでした」。

47.**『サー・デグレヴァント』**(*Sire Degrevaunt*) F. S. エリス編。8折判、フラワー(2)紙(207×143 mm)。96頁。チョーサー・タイプ。二色刷。縁飾り1番aと1番。木版口絵バーン=ジョーンズ画。クォーター・ホランド装。紙刷本350部(15シリング)。ヴェラム刷本8部(4ギニー)。奥付日付1896年3月14日。KPより1897年11月12日発売。

中世の英語韻文ロマンス。『ウェールズのサー・パーシヴァル』(33)と同様に、カムデン協会版の『ソーントン・ロマンス』を底本にしている。中世社会のリアルな情景と恋愛を描いたこのロマンスは昔からのモリスの愛読書で、結婚して1859年に建てたケント州ベックスリー・ヒースの館「レッド・ハウス」の室内装飾を友人たちとおこなった際に、二階客間にバーン=ジョーンズが「サー・デグレヴァントの婚礼の行列」を主題にした壁画を描いたというエピソードがある(1860年夏頃)。同じ画家の手になるデグレヴァントと恋人ミルドーアを描いた口絵は仕上がりが遅れ、それが刷られたのは1897年10月、本文の印刷完了後1年半をへてのことだった。

リスの体は相当に衰弱していた。第3部冒頭で使う Empty の白抜きの装飾語のデザインを完成しようとしてできずにいるモリスの姿がコッカレルの日記に伝えられている。「彼は上体を起こして『不思議な島々のみずうみ』の第三部のためのデザインに取り掛かろうとした。だが何とかやりおおせたのは、隙間を黒く塗ることと、その語を大ざっぱに描くことだけだった」(1896年9月4日付)。結局一人では仕上げることができず、第1部冒頭の Whilom の装飾語と共に、キャタースン＝スミスの助けを借りなければならなかった。校正刷りも終わりまで見ることができず、娘のメイがこれを手伝った。この本は『世界のはての泉』(39) と大体同じ造りだが、挿絵を含まず、肩注が赤で刷られている。

46.**『フロワサール年代記』**(*Froissart's Chronicles*) 見本刷り。2折判、ヴェラム刷り (424×283 mm)。4頁。チョーサー・タイプ (本文)、トロイ・タイプ (見出し)。二色刷。二欄組。縁飾り32番。160部 (7ギニー)。奥付日付1897年9月。KPより1897年10月7日発売。

このバーナーズ訳のフロワサールもチョーサーと並んで学生時代からのモリスの愛読書だった。第一詩集『グウィネヴィアの抗弁』(5) には「洪水のなかの干し草」を初めとしてフロワサールに着想を得た詩が何篇か含まれている。モリスの所有した版は1812年版。これを刷る計画はKPの初期からあった。トロイ・タイプが鋳造所から届いた直後の1892年1月にそれを使って試し刷り1頁が刷られているし、1893年の初頭にチョーサー・タイプによる二欄組の試し刷りが刷られている。その頃このための装飾頭文字もデザインしている。1893年12月1日付のKPチラシでは印刷中で150部刷る予定と記されている。しかし1893年10月にバーン＝ジョーンズがフロワサール本のために聖ゲオルギウスその他の大型の紋章デザインを担当しようと申し出て、その準備のためしばらく印刷作業が棚上げされた上に、チョーサーの印刷が始まってこれに全力を傾ける必要があって同じく大きな2折判のフロワサールの印刷にはなかなか取り掛かることができなかった。そうはいってもこれを印刷するのはモリスの喜びで、自身が言うように「年来の宿願をかなえるべく全力を尽くして」いた (本書品の冒頭に『チョーサー作品集』(40) で使った装飾語 (Whan と The) が再び使われている。

44.『**羊飼いの暦**』(*The Shepheardes Calender*) エドマンド・スペンサー著、F. S. エリス編。中型4折判、林檎紙 (234×163 mm)。112頁。ゴールデン・タイプ。二色刷。挿絵12点アーサー・J. ギャスキン画。クォーター・ホランド装。紙刷本225部 (1ギニー)。ヴェラム刷本6部 (3ギニー)。奥付日付1896年10月14日。KPより1896年11月26日発売。

副題に「十二カ月に対応する牧歌十二篇を含む」(Conteyning Twelve Aeglogues, Proportionable to the Twelve Monethes) とある。テオクリトスやウェルギリウスを祖とする牧歌文学の流れを汲むスペンサーの名作 (1579年発表)。ギャスキンの全頁大の挿絵12点はエマリー・ウォーカーの会社 (ウォーカー・アンド・バウトゥル社) で線画凸版によって印刷された。奥付から著者、編者、画家の名が抜ける手落ちがあった。

45.『**不思議な島々のみずうみ**』(*The Water of the Wondrous Isles*) モリス著、F. S. エリス編。大型4折判、フラワー(2)紙 (287×203 mm)。352頁。チョーサー・タイプ (本文)、トロイ・タイプ (奥付と物語の各部の終わりの詞書)。二欄組。二色刷。縁飾り16a、17a、18a、19、19a番。軟ヴェラム装、絹紐付。紙刷本250部 (3ギニー)。ヴェラム刷本6部 (12ギニー)。奥付日付1897年4月1日。KPより1897年7月29日発売。

『世界のはての泉』(39) に次いで二番目に長い散文ロマンス。主人公がバーダロンという少女である点が異色。魔女に誘拐され奴婢として育てられた彼女が、自由を求めて小舟で逃走し、みずうみの島々をへめぐる。邦訳あり (『不思議なみずうみの島々』斎藤兆史訳、全2巻、晶文社、2002年)。モリスはまず1895年2月4日に韻文でこの物語を書き出した。数日後 (2月8日)、バーン＝ジョーンズと会ったあとで韻文と散文の折衷でやり直した。しかしこれにも満足できず、最終的に散文形式で書くことにした。1896年1月のKPのリストに「印刷中」と記されているので、この時までに脱稿していたと思われる。ただし実際の印刷作業が始まったのはその一カ月後。この頃、モ

Trustees of the late William Morris at the Kelmscott Press）と記されるようになった。

42.**『聖処女マリア讃歌』**（*Laudes Beatae Mariae Virginis*）大型4折判、パーチ紙（290×210 mm）。48頁。トロイ・タイプ。黒赤青三色刷。クォーター・ホランド装。紙刷本250部（10シリング）。ヴェラム刷本10部（2ギニー）。奥付日付1896年7月7日。KPより1896年8月7日発売。

13世紀初頭に英国で英国人写字生によって筆写された詩篇書に含まれるラテン語の讃美歌（作者はスティーヴン・ラントンもしくはカンタベリ大司教ジョン・ペッカムと推定される）。モリスはこれを1893年5月25日に115ポンドで購入し、「ノッティンガム詩篇」と呼んでいた。書体の点でも装飾の点でもこれはモリスの所蔵した英国本中最も美しい本のひとつだったとコッカレルは言う。KPで刷った最初の三色刷本。旧約詩篇各節冒頭の1行（ウルガタ訳）が赤で刷られ、それに讃美歌の4行連（quatrain）が続く。各連冒頭の装飾頭文字が1つおきに青で刷られている。

43.**『花と葉／愛の神クピドの書、または郭公と夜啼鶯』**（*The Floure and the Leafe, & the Boke of Cupide, God of Love, or the Cuckow and the Nightingale*）サー・トマス・クランヴォー著（後者の作品）、F. S. エリス編。中型4折判、林檎紙（234×163 mm）。56頁。トロイ・タイプ。二色刷。クォーター・ホランド装。紙刷本300部（10シリング）。ヴェラム刷本10部（2ギニー）。奥付日付1896年8月21日。KPより1896年11月2日発売。

中世の英語詩。いずれもかつてチョーサー作と思われた作品で、15世紀に出たチョーサーの様々な刊本に入っている。前者の作者はおそらく15世紀末頃の女性詩人。後者はスキートの研究によりサー・トマス・クランンヴォー作と推定される（奥付に附された注にその旨が記されている）。モリスは『花と葉』（森に迷い込んだ詩人が花の精と葉の精に出会って両者の優劣を判定させられる寓意詩）を好み、薄い本にするためにこれだけを印刷したいと思っていた。二つを収めたのはエリスの意向か。モリスは1896年10月3日正午前に死去。製本済みの最初の本が届いたのがその1、2時間前のことだった。各々の作

7巻）; 28a、28、29a、29番（第8巻）。軟ヴェラム装、絹紐付。紙刷本225部（各巻30シリング）。ヴェラム刷本6部（各巻7ギニー）。奥付日付1896年5月7日〜1897年6月10日。KPより1896年7月24日〜1897年9月27日発売。

1868年から1870年にかけて発表され、同時代に最も人気を博し詩人としてのモリスの地位を確立した韻文物語集。彼は生前「『地上楽園』の詩人」で通っていた。1860年代後半にバーン＝ジョーンズの木版挿絵を多数入れた特装版を計画したが実現には至らなかった（本書196-198頁を参照）。

内容は以下の通り。第1巻、プロローグ「さすらい人たち」、三月「アタランタの競争」、「王となるべく生まれた男」。第2巻、四月「アクリシオス王の運命」、「高慢な王」。第3巻、五月「クピドとプシュケ」、「像に書かれた文字」、六月「アルケスティスの愛」、「陸の貴婦人」。第4巻、七月「クロイソスの息子」、「鷹の見張り」、八月「ピグマリオンと像」、「デーン人オウジャア」。 第5巻、九月「パリスの死」、「太陽の東と月の西の国」、十月「アコンティオスとキュディッペ」、「二度と笑わなかった男」。 第6巻、十一月「ロドペの物語」、「グズルーンの恋人たち」。第7巻、十二月「黄金の林檎」、「アスラウグの養育」、一月「アルゴスのベレロポン」、「ウェヌスに与えられた指輪」。第8巻、二月「リュキアのベレロポン」、「ウェヌスの丘」、エピローグ、エンヴォイ（反歌）。

このうち、12月と1月の物語、および2月の「リュキアのベレロポン」の物語のみ邦訳あり（『地上楽園』矢口達訳、国際文献刊行会、1926年）。底本はおそらくリーヴズ・アンド・ターナー社の1890年版。「林檎」紙を用いた最初の本。これを4折本で刷るのを薦めたのはコッカレルだったらしい（本書251頁を参照）。モリスの生前に仕上がったのは第3巻まで。10点の縁飾り、および各月を詠んだ詩を囲む半縁飾り4種はこの作品にのみ使用。最初の縁飾りは1895年6月にデザインされた。なお、第4巻（奥付日付1896年11月25日）から後の奥付には、従来の「ウィリアム・モリスによってケルムスコット・プレスにて販売」ではなく、「故ウィリアム・モリスの受託者たちによってケルムスコット・プレスにて販売」（Sold by the

更。1892年12月に出たKPのチラシで初めて刊行を予告。1893年2月上旬にモリスは最初の頁、すなわち『カンタベリ物語』総序のあの「四月がやさしい驟雨で三月の乾きの根元までしみとおり」で始まる頁のデザインを開始。葡萄の模様の縁飾り、冒頭のWhanの装飾語、見出し2行のレタリング、挿絵を囲む飾りを描き、これら全部をフーパーが一枚の版木に彫った。この頁のバーン＝ジョーンズの挿絵（チョーサーの絵）もこの頃出来上がっている。底本には当時の最新で最高の校訂版であるスキート編のオクスフォード版チョーサー全集（*The Complete Works of Geoffrey Chaucer*, ed. W. W. Skeat, 6 vols., Oxford, 1894）を使用。ただし『カンタベリ物語』には「エルズミア写本」（おそらくチョーサー協会から出た *A Six Text Print of Chaucer's Canterbury Tales*, ed. F. J. Furnivall, 1866-77の本文）が使われた。1894年12月6日に印刷開始。翌年早々、アッパー・マル14番地に加えて21番地に建物（サンダーランド・コテッジ）を借り、この両方で印刷作業を継続。バーン＝ジョーンズの挿絵は1895年12月にすべて完成。その下絵はウォーカーの援助によって写真にしたものを版木に転写してから彫った（本書47-48頁を参照）。1896年2月末にモリスは木版題扉のデザインを完成させ、3月にフーパーがそれを彫板。特製豚革装丁のデザインもこの頃進めた。最初のシートが刷られてから1年と9カ月をへた5月8日、ようやく印刷作業が完了。6月2日に最初の2部がモリスとバーン＝ジョーンズのもとに届けられた。モリスがこの本のためにデザインした装飾は、木版題扉1点、大型縁飾り14点、挿絵を囲む飾り18種、それに大型の冒頭装飾語26点などである。これらの多くはC. E. キーツが彫板を手がけ、残りはフーパーとスピールマイアーが担当。

41.**『地上楽園』**（*The Earthly Paradise*）モリス著。全8巻。中型4折本、林檎紙。全1560頁（235×160 mm）。ゴールデン・タイプ。二色刷。第1巻に題扉付。縁飾り27a、27、28a、28番（第1巻）；29a、29、28a、28番（第2巻）；30a、30、27a、27、28a、28、29a、29番（第3巻）；31a、31、29a、29、28a、28、30a、30番（第4巻）；29a、29、27a、27、28a、28、31a、31番（第5巻）；27a、27、30a、30番（第6巻）；29a、29、31a、31、30a、30、27a、27番（第

39.『**世界のはての泉**』(*The Well at the World's End*) モリス著。大型4折判、フラワー(2)紙 (285×204 mm)。504頁。チョーサー・タイプ。二色刷。二欄組。縁飾り16a、16、17a、17、18a、18、19a、19番の各種。木版挿絵4点バーン=ジョーンズ画。軟ヴェラム装、絹紐付。紙刷本350部 (5ギニー)。ヴェラム刷本8部 (20ギニー)。奥付日付1896年3月2日。KPより1896年6月4日発売。

モリスの散文ロマンスの傑作。ラルフとアーシュラの神秘の泉探求の旅路と故郷への帰還の物語。彼の散文ロマンスのなかで最も長い作品でもある。邦訳あり (川端康雄・兼松誠一訳、全2巻、晶文社、2000年)。1892年12月には脱稿。1892年12月16日に印刷開始。普及版として一緒に進めたチジック・プレス印刷のシートをもとに刷った。様々な事情で刊行が遅れた。普及版は1894年には印刷を完了していたが、KP版の完成を待って1896年10月に刊行 (ロングマン社から)。当初ギャスキンに挿絵を依頼したが (本書239頁参照)、その絵はモリスの意に添わず、1895年2月に却下。バーン=ジョーンズに頼むことにした。縁飾り8点と二欄組本文の間の装飾6種はこの本で初めて使用。これらは縁飾り2点を除いて『不思議な島々のみずうみ』(45) で再度使われる。

40.『**ジェフリー・チョーサー作品集**』(*The Works of Geoffrey Chaucer*) F. S. エリス編。2折判、パーチ紙 (425×292 mm)。564頁。チョーサー・タイプ (本文)、トロイ・タイプ (見出し)。二色刷。二欄組。縁飾り20番aから26番まで。木版題扉付。木版挿絵87点バーン=ジョーンズ画。クォーター・ホランド装 (ただしヴェラム刷り2部を含む48部はモリスのデザインによりダヴズ製本工房で白い豚革を使って装丁)。紙刷本425部 (20ポンド)。ヴェラム刷本13部 (120ギニー)。奥付日付1896年5月8日。KPより1896年6月26日発売。

学生時代にバーン=ジョーンズと共に初めて読んで以来モリスが最も愛した詩人 (『イアソンの生と死』で彼は「私が師と仰ぐは常に御身のみ」と書いた) の1巻本著作集。KP発足時からチョーサーを刷る計画がもちあがっていた。当初はトロイ・タイプを使う予定だったが、規模の都合でそれをパイカ大に縮小したチョーサー・タイプに変

部（3 ドル 50 セント）。奥付日付 1895 年 10 月 24 日。英国向けは KP より 1895 年 12 月 12 日発売。米国向けはウェイ・アンド・ウィリアムズ社（シカゴ）から。

ロセッティはこの物語をラファエル前派の機関雑誌『ジャーム』創刊号掲載用に 1849 年 12 月に書いた（わずかに訂正を加えたものが 1870 年 12 月に『フォートナイトリ・レヴュー』に掲載されている）。底本は初出誌。KP 本をアメリカで販売したのはこれが最初で最後。16 折判でヴェラムの装丁にしたのもこの本のみ。肩注はモリスによる追加。

37.『**ロバート・ヘリック詩選**』（*Poems Chosen Out of the Works of Robert Herrick*）F. S. エリス編。8 折判、フラワー(2)紙（207×143 mm）。312 頁。ゴールデン・タイプ。二色刷。縁飾り 4 番 a と 4 番。木版題扉付。軟ヴェラム装、絹紐付。紙刷本 250 部（30 シリング）。ヴェラム刷本 8 部（8 ギニー）。奥付日付 1895 年 11 月 21 日。KP より 1896 年 2 月 6 日発売。

著者が 1684 年に刊行した詩集を底本とする。13 篇の詩を収録。ヘリックはモリスが格別に好きな詩人だというわけではなかったらしい。

38.『**サミュエル・テイラー・コウルリッジ詩選**』（*Poems Chosen out of the Works of Samuel Taylor Coleridge*）F. S. エリス編。8 折判、フラワー(2)紙（206×141 mm）。108 頁。ゴールデン・タイプ。二色刷。縁飾り 13 番 a と 13 番。軟ヴェラム装、絹紐付。紙刷本 300 部（1 ギニー）。ヴェラム刷本 8 部（5 ギニー）。奥付日付 1896 年 2 月 5 日。KP より 1896 年 4 月 12 日発売。

編集作業に当たっていたエリスへの手紙でモリスは、コウルリッジは「支離滅裂の形而上学者」で、「ある奇妙な運命のいたずら」によってほんの一握りの本物の詩を作り出したにすぎない、と述べている。「通して読んでみて私が興味深いと思ったのは次の詩だけでした。1『老水夫の唄』。2『クリスタベル』。3『クブラ・カーン』。4『愛』という題の詩。以上でおよそ 60 頁ほどの小さな本ができるでしょう」。しかしおそらくエリスの希望で結局 13 篇の詩を収録した。テニスン『モード』、ロセッティ、キーツ、シェリー、ヘリックと出してきた一連の詩集の掉尾を飾る本。

のモリスの愛読書。アーサー王円卓騎士団のパーシヴァルの物語としてはマロリーに先立つイギリス最初期の作品。モリスの肩注（ショルダー・ノート）付。

34.**『イアソンの生と死』**（*The Life and Death of Jason*）モリス著。大型4折判、パーチ紙（290×210 mm）。368頁。トロイ・タイプ。二色刷。縁飾り14番aと14番。軟ヴェラム装、絹紐付。木版口絵および挿絵各1点バーン＝ジョーンズ画、スピールマイアー彫板。紙刷本200部（5ギニー）。ヴェラム刷本6部（20ギニー）。奥付日付1895年5月25日。KPより1895年7月5日発売。

1867年に刊行され人気を博したモリスの長編物語詩。イアソンとアルゴナウタイの金羊毛を求める冒険譚と王女メデイアの悲劇に取材。当初『地上楽園』に含めるつもりだったのを長さの関係で独立して先に発表したもの。1868年版と1882年版で改訂したが、1882年版を底本にしたこのKP版でもさらに手が加えられている。これの売れ行きと値段に関するモリスの談話が本書254頁に出ている。

35.**『チャイルド・クリストファーと麗しのゴルディリンド』**（*Child Christopher and Goldilind the Fair*）モリス著。全2巻。16折判、フラワー(2)紙（142×103 mm）。全512頁。チョーサー・タイプ。二色刷。縁飾り15番aと15番。木版題扉付。クォーター・ホランド装。紙刷本600部（15シリング）。ヴェラム刷本12部（4ギニー）。奥付日付1895年7月25日。KPより1895年9月25日発売。

1290年頃の韻文ロマンス *Havelock the Dane*（『デーン人ハヴェロック』）のカムデン協会刊本を翻案した物語。モリスは最初これを韻文で始めたが結局散文に変更。小型版1冊に収めるには長すぎるため2巻にし、追加分の出費を取り戻すために通常の倍の部数を刷った。これのためにデザインした縁飾りは『手と魂』(36) で再度使われるだけである。この本についてのモリスの談話が本書253頁に見える。

36.**『手と魂』**（*Hand And Soul*）ダンテ・ゲイブリエル・ロセッティ著。16折判、フラワー(2)紙（142×102 mm）。66頁。ゴールデン・タイプ。二色刷。縁飾り15番aと15番。木版題扉付。硬ヴェラム装。英国向け紙刷本225部（10シリング）。ヴェラム刷本10部（30シリング）。米国向け紙刷本300部（価格は不明）。ヴェラム刷本11

れたサヴォナローラ書簡の木版画を翻案したもの。奥付もイタリア語で記されている。

32.**『ベーオウルフ物語』**(*The Tale of Beowulf*) モリス、A. J. ワイアット共訳。4折判、パーチ紙(290×210 mm)。128頁。トロイ・タイプ(本文)、チョーサー・タイプ(梗概、肩注、傍注、登場人物名、地名、語彙説明)。二色刷。縁飾り14番aと14番。木版題扉付。軟ヴェラム装、絹紐付。紙刷本300部(2ギニー)。ヴェラム刷本8部(10ポンド)。奥付日付1895年1月10日。KPより1895年2月2日発売。

古英語によるゲルマン民族英雄叙事詩の韻文訳。『コモンウィール』への寄稿文でモリスはこう述べた。「『ベーオウルフ』は英国民族の最初にして最高の詩で、それを彼らは海を渡ってこの地に運んできたのであるが、作者は民衆以外の何物でもない」(1887年9月10日号)。共訳はワイアットが逐語訳したものをモリスが韻文に直すという手順で進めた。モリスの翻訳作業は1893年2月21日に始まり、1894年4月10日に終了したが、梗概をモリスが書いたのは1894年12月10日だった。この本で使われた縁飾りはその後『イアソンの生と死』(34)だけに再度使われた。印刷ミスで損失を被った次第については本書249頁を見よ。

33.**『ウェールズのサー・パーシヴァル』**(*Syr Perecyvelle of Gales*) ハリウェル編、F. S. エリス監修。8折判、フラワー(2)紙(207×140 mm)。112頁。チョーサー・タイプ。二色刷。クォーター・ホランド装。縁飾り13番aと13番。木版口絵バーン゠ジョーンズ画。紙刷本350部(15シリング)。ヴェラム刷本8部(4ギニー)。奥付日付1895年2月16日。KPより1895年5月2日発売。

中世英語韻文ロマンスの1篇。後続の『サー・デグレヴァント』(47)および『サー・イザンブラス』(48)と同様に、リンカーン大聖堂所蔵の「ソーントン写本」のカムデン協会刊本 *The Thornton Romances: The Early English Romances of Perceval, Isumbras, Eglamour, and Degrevant*(『初期英国ロマンス――パーシヴァル、イズンブラス、エグラムール、デグレヴァント』), ed. James O. Halliwell (Camden Society, 1844) を底本にした。この本は学生時代からて赤インクを使わず単色刷り。第3巻もあまり使っていない。

30.**『悔罪詩篇』**（*Psalmi Penitentiales*）F. S. エリス編。8折判、フラワー(2)紙（207×140 mm）。72頁。チョーサー・タイプ。二色刷。クォーター・ホランド装。紙刷本300部（7シリング6ペンス）。ヴェラム刷本12部（3ギニー）。奥付日付1894年11月15日。KPより1894年12月10日発売。

「七つの悔罪詩篇」の中期英語版。「七つの悔罪詩篇」とは旧約聖書詩篇のうち懺悔の思いを表すのに初期教会から使われてきた7篇（現行の章割りでいうと6、32、38、51、102、130、143の各章）を指す。15世紀前半のグロスターの時禱書写本を底本にしているが、言語学者スキートは、その写本がそれより一世紀前の写本の筆写だと推定した。8行を1連とし、各連の頭にラテン語（ウルガタ訳）の詩句が赤で刷られている。モリスはこの作品が「考古学的な価値だけでなく非常に高度な文学的価値」を有していると述べている（本書239頁）。34頁の半縁飾りに使ったデザインは初めて使用したもの。

31.**『俗世厭離の書簡』**（*Epistola de Contemptu mundi*）ジローラモ・サヴォナローラ著、チャールズ・フェアファクス・マリー編。8折判、フラワー(2)紙（207×140 mm）。16頁。チョーサー・タイプ。二色刷。縁飾り1番。題扉の木版挿絵1点マリー画、フーパー彫板。クォーター・ホランド装。紙刷本150部。ヴェラム刷本6部。奥付日付1894年11月30日。1894年12月12日完成。編者マリーのために印刷された非売品。

15世紀後半のイタリアの宗教家の書簡。イタリア語原文。木版で刷られた正式表題は『ドミニコ会に属するフェラーラの修道士イェローニモ（ジローラモ）がその母エレーナ・ブォナコルシに宛てた俗世厭離の書簡。母の兄弟すなわち彼の伯父が他界したことで母を慰めるために送られたもの』（Epistola de Contemptu mundi di Frate Hieronymo da Ferrara dellordine de frati predicatori la quale manda ad Elena Buonaccorsi sua madre, per consolarla della morte del fratello, suo Zio）となっている。本文にはマリーが所有した直筆文を使用。机に向かって手紙をしたためているサヴォナローラを描いたマリーの木版画は、16世紀後半にフィレンツェで刊行さ

16 日発売。

モリスの散文ロマンス。青年ゴールデン・ウォルターが未知の世界を求めて故郷を後にし、魔法の森の中に入り込む。邦訳あり（小野二郎訳、晶文社、1979 年。改訂版、2003 年；宇喜田敬介訳、東洋文化社、1980 年）。1890 年代の彼のすべてのロマンスがそうであるが、KP で印刷することを念頭に置いてモリスはこれを書いた。実際、彼の原稿には装飾頭文字や葉飾りを入れる場所の指定が見られる。印刷は 1894 年春におこなわれたが、バーン＝ジョーンズの口絵がなかなかできなかったために発行が翌年秋にずれこんだ。見開き 2 ページの縁飾りと 10 点の半縁飾り（ハーフ・ボーダー）はこの本で初めて使われた。普及版が 1895 年にローレンス・アンド・ブリン社から出た。

28.**『知恵と虚言の書』**（*The Book of Wisdom and of Lies*）スルカン＝サバ・オルベリアニ著、オリヴァー・ウォードロップ訳。8 折判、フラワー(2)紙（207×140 mm）。276 頁。ゴールデン・タイプ。二色刷。縁飾り 4 番 a と 4 番。木版題扉付。軟ヴェラム装、絹紐付。紙刷本 250 部（2 ギニー）。奥付日付 1894 年 9 月 29 日。バーナード・クォリッチ社より 1894 年 10 月 29 日発売。

クォリッチの依頼によって KP で印刷されることになったグルジアの伝承物語集。聖衣を描いたグルジアの紋章を木版題扉のデザインに使っている。モリスが自宅から長女のジェニー宛に書いた 1894 年 8 月 22 日付の手紙に「今日は『知恵と虚言の書』のタイトル〔題扉のデザイン〕の仕上げにかかっていて、それが出来上がりました」とある。

29.**『パーシー・ビッシュ・シェリー詩集』**（*The Poetical Works of Percy Bysshe Shelley*）F. S. エリス編。全 3 巻。8 折判、フラワー(2)紙（207×140 mm）。全 1264 頁。ゴールデン・タイプ。二色刷。縁飾り 1 番 a と 1 番（第 1 巻）。木版題扉付（第 1 巻）。軟ヴェラム装。紙刷本 250 部（各巻 25 シリング）。ヴェラム刷本 6 部（各巻 8 ギニー）。奥付日付 1895 年 8 月 21 日。KP より 1894 年 11 月 29 日～1895 年 11 月 28 日発売。

シェリーも学生時代からモリスが愛誦した詩人。1855 年 4 月に友人宛に「雲雀に寄せて」を絶賛する手紙を書いている。第 1 巻に限っ

ー)。奥付日付 1894 年 3 月 7 日。KP より 1894 年 5 月 8 日発売。

モリスは学生時代からキーツの詩集(1854 年版)をもちそれを愛唱してやまなかった。キーツの詩はいずれも優れているので精選する必要はない、と彼はエリスに語った。

25.**『カリュドンのアタランタ——悲劇』**(*Atalanta in Calydon: A Tragedy*)アルジャーノン・チャールズ・スウィンバーン著。大型 4 折判、パーチ紙(289×210 mm)。92 頁。トロイ・タイプ(本文)、チョーサー・タイプ(解説と登場人物名)、献辞とアイスキュロスからの題辞のギリシア語はセルウィン・イミッジがデザインした活字を使用。二色刷。縁飾り 5 番 a と 5 番。木版題扉付。軟ヴェラム装、絹紐付。紙刷本 250 部(2 ギニー)、ヴェラム刷本 8 部(12 ギニー)。奥付日付 1894 年 5 月 4 日。KP より 1894 年 7 月 24 日発売。

ギリシア悲劇の形式を使った詩劇。初版は 1865 年刊。モリスは二十歳代でスウィンバーンと親交を結んでいた。KP 版を贈られたスウィンバーンは礼状を出し、「貴兄の類まれな印刷所で出された書物の内でも最高に美しい部類に入ります」と賞賛した。ギリシア語の活字体をイミッジは大英博物館所蔵の 10 世紀の写本などをもとにし、エマリー・ウォーカーの技術的援助を受けてデザインした。

26.**『クースタンス王と異国の物語』**(*The Tale of King Coustans and of Over Sea*)モリス訳。16 折判、パーチ紙(144×105 mm)。144 頁。チョーサー・タイプ。二色刷。縁飾り 11 番 a と 11 番(それぞれ 2 回ずつ使われる)。木版題扉 2 点。クォーター・ホランド装。紙刷本 525 部(7 シリング 6 ペンス)。ヴェラム刷本 20 部(2 ギニー)。奥付日付 1894 年 8 月 30 日。KP より 1894 年 9 月 26 日発売。

中世フランス語散文ロマンスの 2 篇の英訳(21 を参照)。前者の「クースタンス王の物語」はモリスの『地上楽園』のなかの「王となるべく生まれた男 The Man Born to be King」のもとになった話。

27.**『世界のかなたの森』**(*The Wood Beyond the World*)モリス著。8 折判、フラワー(2)紙(207×140 mm)。272 頁。チョーサー・タイプ。二色刷。縁飾り 13 番 a と 13 番。木版口絵バーン゠ジョーンズ画。軟ヴェラム装、絹紐付。紙刷本 350 部(2 ギニー)。ヴェラム刷本 8 部(10 ギニー)。奥付日付 1894 年 5 月 30 日。KP より 1894 年 10 月

文)、チョーサー・タイプ（目次)。二色刷。縁飾り12番aと12番。木版題扉付。木版画挿絵23点ウォルター・クレイン画、A. レヴァリット彫板。軟ヴェラム装、絹紐付。紙刷本250部（5ギニー)。ヴェラム刷本7部（20ポンド)。奥付日付1894年1月13日。KPより1894年2月17日発売。

KPの最初の刊本と同じ作品（正式な表題も同じ)。ただし、最初のものは装飾がほとんどない簡素な造りだったのに対し、こちらは縁飾り、挿絵、挿絵の枠飾りなどをふんだんに使っている。その縁飾り全点、および挿絵の枠飾り7点中6点はこの本でしか使っていない。残りの1点は『恋だにあらば』(52）の2枚目の絵を囲む枠に利用された。数部クォーター・ホランド装で製本された。なお、底本はリーヴズ・アンド・ターナー社の1891年版。コッカレルによれば、モリスはクレインの挿絵の出来に不満だった。

23.**『アミとアミールの友情』**（*Of the Friendship of Amis and Amile*）モリス訳。16折判、パーチ紙（145×104 mm)。80頁。チョーサー・タイプ。二色刷。縁飾り11番aと11番。木版題扉付。クォーター・ホランド装。紙刷本500部（7シリング6ペンス)。ヴェラム刷本15部（30シリング)。奥付日付1894年3月13日。KPより1894年4月4日発売。

中世フランス語散文ロマンスの英訳。『フローラス王と麗しのジャンヌ』(21）の項を参照。この本の案内チラシ（1894年2月28日付）にモリスが書いたと思われる次の注記が見える。「この話は『フローラス王』と同じ頃のもので、文学的歴史的価値も同じように高い。『フローラス王』の場合と同様、英訳は逐語訳である」。アミとアミールの友情の物語は中世に人気を博した。1860年代後半にモリスは『地上楽園』の第2巻に含める予定でこれを下敷きにした「アミスとアミリオン Amys and Amillion」と題する詩を書いていたが、結局収録されなかった。

24.**『ジョン・キーツ詩集』**（*The Poems of John Keats*）F. S. エリス編。8折判、フラワー(2)紙（206×140 mm)。400頁。ゴールデン・タイプ。二色刷。縁飾り10番aと10番。木版題扉付。軟ヴェラム装、絹紐付。紙刷本300部（30シリング)。ヴェラム刷本7部（9ギニ紙刷本310部（価格2ギニー）。ヴェラム刷本6部（10ギニー）。奥付日付1893年10月14日。エリス・アンド・エルヴィ社より1893年11月発売。

青年時代にモリスに多大な影響を与えた画家・詩人の詩集。編者はその弟。（20a）と対になる。かつてブキャナンに「詩の肉体派」（1871年）で罵倒されて詩集から削除していた「婚礼の眠り」を採録するか否かでもめたが、編者は結局採録を拒否した。

20a.**『ソネットと抒情詩』**（*Sonnets and Lyrical Poems*）ダンテ・ゲイブリエル・ロセッティ著、ウィリアム・マイケル・ロセッティ編（20の第2巻）。8折判、フラワー(2)紙（206×142 mm）。216頁。ゴールデン・タイプ。二色刷。縁飾り4番aと1番。木版題扉付。軟ヴェラム装、絹紐付。紙刷本310部（2ギニー）。ヴェラム刷本6部（10ギニー）。奥付日付1894年2月20日。エリス・アンド・エルヴィ社より1894年4月21日発売。

21.**『フローラス王と麗しのジャンヌ』**（*The Tale of King Florus and the Fair Jehane*）モリス訳。16折判、パーチ紙（146×104 mm）。106頁。チョーサー・タイプ。二色刷。縁飾り11番aと11番。木版題扉付。クォーター・ホランド装。紙刷本350部（7シリング6ペンス）。ヴェラム刷本15部（30シリング）。奥付日付1893年12月16日。KPより1893年12月28日発売。

中世フランス語散文ロマンスの英訳。本書と後続の『アミとアミールの友情』（23）および『クースタンス王と異国の物語』（26）の原書は、L. Moland et C. D'Hericault (eds.), *Nouvelles françaises en prose du xiii ème siècle*（『十三世紀のフランスの散文物語』）, Paris, 1856. これらのモリスの翻訳は1896年に *Old French Romances*（『古いフランスのロマンス集』）と題してジョージ・アレン社から1巻本で刊行された。それに附された序文でジョーゼフ・ジェイコブズはこれらの物語を「『地上楽園』という格好の名で私たちみなが知っているあの立派な建造物の、一種の離れの館に相当する」と言っている。

22.**『輝く平原の物語』**（*The Story of the Glittering Plain*）モリス著。4折判、パーチ紙（291×210 mm）。192頁。トロイ・タイプ（本

副題に「アーツ・アンド・クラフツ展覧会協会のための講演」(A Lecture for the Arts and Crafts Exhibition Society) とある。この講演は1889年11月7日におこなわれた。邦訳あり(『民衆の芸術』中橋一夫訳、岩波文庫、1953年)。他のKP本と異なり、この本はロンドン、リージェント街のニュー・ギャラリーでのアーツ・アンド・クラフツ展覧会の会期中に館内で公開印刷された(ただし活字組みはKPで)。会期中に3刷。群衆の好奇の視線を集めての作業に、印刷工のコリンズは相当なプレッシャーを感じたらしい。16折判の最初の刊本。その中に含まれる4行分の装飾頭文字はこれが初出。

19.**『魔女シドニア』**(*Sidonia the Sorceress*) ウィリアム・マインホルト著、フランチェスカ・スペランザ・ワイルド卿夫人訳。大型4折判、フラワー(2)紙 (287×205 mm)。472頁。ゴールデン・タイプ。二色刷。縁飾り8番。軟ヴェラム装、絹紐付。紙刷本300部(4ギニー)。ヴェラム刷本10部(20ギニー)。奥付日付1893年9月15日。KPより1893年11月1日発売。

底本は1849年版。この本の刊行案内のチラシでモリスはこう書いた。「『魔女シドニア』は……多少事実に基づいたひとつの〈歴史的ロマンス〉で、十五世紀後半と十六世紀前半に北部ヨーロッパを悩ませた魔女熱を扱っている。……単なる古好趣味の研究ではなく、しばしば悲劇的である事件を表現したもので、その役者たちは実に生き生きとしている。……われわれはワイルド卿夫人の翻訳を通してマインホルトの非凡な才能を知ったのであり、これは良質で、簡潔で、共感にみちた訳文である」。実際、これはロセッティを初め、ラファエル前派とその周辺の人々が熱中した書物で、バーン=ジョーンズにこれを主題とした水彩画がある。当初、本書の挿絵をビアズリーが描いたが、モリスは出来上がった下絵を嫌い、没にした。これ以後、ビアズリーはモリスとKPを憎悪したといわれる。何部かクォーター・ホランド装で製本されたが、非売品。

20.**『バラッドと物語詩』**(*Ballads and Narrative Poems*) ダンテ・ゲイブリエル・ロセッティ著、ウィリアム・マイケル・ロセッティ編。8折判、フラワー(2)紙 (205×140 mm)。240頁。ゴールデン・タイプ。二色刷。縁飾り4番aと4番。木版題扉付。軟ヴェラム装、絹紐付。

日発売。

ロビンソンの英訳版の初版は1551年だが、1556年刊の第二版（エイブラハム・ヴィール印刷）をモリスは所有しており（サザビーの『モリス蔵書競売目録』647番）、これを底本とした。モリスの序文は1893年7月12日に書かれた。その最後にこうある。「モアがあのような人物になったのはおそらく彼自身の時代の状況に圧迫されてのことだったのであろうが、その圧迫がわれわれに与えてくれるのは、新生の資本主義社会の大勝利の幻影ではなく……彼以前に数多の人々が求めた本当の〈新生〉の（われわれのではなくまさに彼自身が描く）姿なのである」。エイマー・ヴァランスによれば、イートン校から生徒への賞品用として40部の予約注文があったが、モリスのこの「社会主義的」な序文が入っているのに驚いて、キャンセルしてきたという。それでも年内に完売して損失はなかった。

17.『**モード——独白劇**』（*Maud, a Monodrama*）アルフレッド・テニスン著。8折判、フラワー(2)紙（205×140 mm）。80頁。ゴールデン・タイプ。二色刷。縁飾り10番aと10番。木版題扉付。軟ヴェラム装、絹紐付。紙刷本500部（2ギニー）。ヴェラム刷本5部（非売品）。奥付日付1893年8月11日。マクミラン社より1893年9月30日に発売。

富豪の娘モードに恋して不幸に陥る青年の「劇的独白」を綴ったこの詩（初出は1855年）は、大学時代にモリスがバーン＝ジョーンズたちと読んで感激した作品。ちなみにモリスはテニスンの初期作品を最も高く評価していた（というか後年の作品を全然買わなかった）。底本はおそらくモリスが所有した1855年版。冒頭見開き2頁の縁飾りはこのために特別にデザインされた（これは後に『キーツ詩集』(24）で両方を、『サンダリング・フラッド』(51）では右頁だけを再度使っている）。木版題扉を入れた最初の8折判。

18.『**ゴシック建築**』（*Gothic Architecture*）モリス著。16折判、フラワー(2)紙（143×104 mm）。74頁。ゴールデン・タイプ。二色刷。クォーター・ホランド装。3刷。紙刷本1500部（2シリング6ペンス）。ヴェラム刷本45部（10シリングおよび15シリング）。奥付日付1893年。KPより1893年10月21日発売。

を底本にしている。

15.**『ゴドフロワ・ド・ブイヨンとエルサレム征服の物語』**（*The History of Godefrey of Boloyne and of the Conquest of Iherusalem*）テュロスの大司教ギレルムス著、ハリデイ・スパーリング編。大型4折判、フラワー(2)紙（287×205 mm）。476頁。トロイ・タイプ（本文）、チョーサー・タイプ（目次および語彙説明）。二色刷。縁飾り5番aと6番。木版題扉付。軟ヴェラム装、絹紐付。紙刷本300部（6ギニー）。ヴェラム刷本6部（20ギニー）。奥付日付1893年4月27日。KPより1893年5月24日発売。

キャクストンの1481年版の復刻。キャクストンからの5つめの、また最後の復刻本に当たる。1893年4月頃に出た刊行案内でモリスはこう書いた。「本書は文学的観点からいってキャクストンの最重要の作品のひとつとみなさねばならない。それはディブディンやブレイズたちが言うような『ロマンス』ではなく、非常に真面目な史書なのである。その原書はテュロスのウィリアム〔ギレルムス c.1130-85〕の『遠国の戦争の歴史』（*Historia Rerum in Partibus Transmarinis Gestarum*）で、その〔ラテン語版からの〕フランス語訳をもとにキャクストンは英語版を作った。キャクストンはゴドフロワの死の直後で終えているが、テュロス大司教の方はこれよりずっと後までの歴史を綴っている。キャクストン本の文体は活気があって好ましい。読んでいて、あらゆる史書のうちで最も劇的なバーナーズ卿のフロワサール訳を髣髴とさせるところが多々ある。そして実に楽しく読める本なのだ」。出版社に委託せずKPで直接販売した最初の本。そのため、売れ行きがかんばしくなかった（クォリッチとの確執も生じた）。クォーター・ホランド装も数部作られたが、これは非売品。大型の印刷者マークを初めて使用。

16.**『ユートピア』**（*Utopia*）トマス・モア著、ラルフ・ロビンソン訳、F. S. エリス編、序文モリス。8折判、フラワー(2)紙（205×140 mm）。300頁。チョーサー・タイプ（本文）、トロイ・タイプ（題扉の文字）。二色刷。縁飾り4番と2番。軟ヴェラム装、絹紐付。紙刷本300部（30シリング）。ヴェラム刷本8部（10ギニー）。奥付日付1893年8月4日。リーヴズ・アンド・ターナー社より1893年9月8

に五島茂・飯塚一郎訳『世界の名著 42、ラスキン・モリス』中央公論社、1971 年；松村達雄訳、岩波文庫、1968 年；川端康雄訳、晶文社、2003 年など)。リーヴズ・アンド・ターナー社版（1891 年 3 月初版）を底本として数箇所訂正。ギアが描きフーパーが彫ったケルムスコット・マナー（テムズ川溯行の舟旅をする登場人物たちの最終目的地となる）の木版画口絵はよく知られる。本文の印刷はシェイクスピアの本（11）より先に完了していたが、この木版画が遅れたため（それが刷り上がったのは 1893 年 3 月 7 日）後回しになった。

13.『**騎士道**』（*The Order of Chivalry*）ラモン・ルル（ルルス）著、キャクストン訳。フランス語韻文『騎士道』（*L'Ordene de chevalerie*）の原文とそのモリス訳（合本)。小型 4 折判および 8 折判、フラワー(1)および(2)紙（200×138 mm)。156 頁。チョーサー・タイプ。二色刷。縁飾り 9 番 a と 4 番。木版口絵バーン゠ジョーンズ画。軟ヴェラム装、絹紐付。紙刷本 225 部（30 シリング)。ヴェラム刷本 10 部（10 ギニー)。奥付日付 1892 年 11 月 10 日（キャクストン版)、1893 年 2 月 24 日（フランス語版)。リーヴズ・アンド・ターナー社より 1893 年 4 月 12 日発売。

前者の散文はフランス語からの英訳でキャクストンが 1484 年に印刷。本文にチョーサー・タイプを使った最初の刊本。キャクストン版の復刻は『ユートピアだより』（12）が印刷中で『シェイクスピア詩集』（11）を始める前に完了した。キャクストン訳と関連があると思われたフランス語韻文の原文とそのモリス訳は後から追加（それで判型が異なる)。前者は小型 4 折判の最後のもの。後者の韻文英訳をモリスは 1892 年 12 月 3 日に始めた。

14.『**ヨークの枢機卿トマス・ウルジー伝**』（*The Life of Thomas Wolsey, Cardinal Archbishop of York*）ジョージ・キャヴェンディッシュ著、F. S. エリス編。8 折判、フラワー(2)紙（205×140 mm)。296 頁。ゴールデン・タイプ。縁飾り 1 番。軟ヴェラム装、絹紐付。紙刷本 250 部（2 ギニー)。ヴェラム刷本 6 部（10 ギニー)。奥付日付 1892 年 12 月 25 日。リーヴズ・アンド・ターナー社より 1893 年 5 月 3 日発売。

大英図書館が所蔵する著者自筆の原稿（写本記号 Egerton 2402）

の翻訳は文体については彼の作品中まさに最高の部類に入る。また同族語からの訳なので言葉そのものだけでも楽しい。荒々しい陽気さの点で、そして素朴で直截な性格描写の点で、これは名高い古《いにしえ》の〈動物叙事詩〉のまさに格好の代表例なのである」。これ以後の KP 本は初期印刷者たちの流儀（とモリス自身の好み）に従って小口を切り揃えて刊行した。

11.『**シェイクスピア詩集**』（*The Poems of William Shakespeare*）F. S. エリス編。8 折判、フラワー(2)紙（206×140 mm）。232 頁。ゴールデン・タイプ。二色刷。縁飾り 1 番と 2 番。軟ヴェラム装、絹紐付。紙刷本 500 部（25 シリング）。ヴェラム刷本 10 部（10 ギニー）。奥付日付 1893 年 1 月 17 日。リーヴズ・アンド・ターナー社より 1893 年 2 月 13 日発売。

表題はさらに「『ヴィーナスとアドーニス』（1593 年）、『ルクリースの凌辱』（1594 年）、『ソネット集』（1609 年）および『恋人の嘆き』の原本から印刷」（Printed After the Original Copies of *Venus and Adonis*, 1593. *The Rape of Lucrece*, 1594. *Sonnets*, 1609. *The Lover's Complaint*）と続く。試し刷りページが 1892 年 11 月 1 日に組まれた。人気の高い本だったようで、コッカレルは「部数は多かったのだが、これはケルムスコット刊本中最も希少価値の高いうちに入る」と述べている。

12.『**ユートピアだより**』（*News from Nowhere*）モリス著。8 折判、フラワー(2)紙（205×140 mm）。320 頁。ゴールデン・タイプ。二色刷。縁飾り 9 番 a と 4 番。木版口絵 C. M. ギア画。軟ヴェラム装、絹紐付。紙刷本 300 部（2 ギニー）。ヴェラム刷本 10 部（10 ギニー）。奥付日付 1892 年 11 月 22 日。リーヴズ・アンド・ターナー社より 1893 年 3 月 24 日発売。

副題に「もしくはやすらぎの一時代、ユートピアン・ロマンスからの幾章」（Or, an Epoch of Rest, Being Some Chapters from a Utopian Romance）とある。語り手の「私」が夢の中で革命後のイギリスの未来社会を訪ね歩く。モリスの最もよく知られた物語。初出は『コモンウィール』1890 年 1 月 11 日号から 10 月 4 日号までの連載。邦訳は複数あり（初訳は堺利彦『理想郷』平民社、1904 年。他話で、中世の思考と風俗が一杯つまっている。というのも、中世の末期に書かれていてしかも古典世界の神話を扱っているのに、来るべき『ルネサンス』の気配がまったく感じられず、純然たる中世の話になっているのだから。これは中世全体を通してあのように人々の想像力を捕らえて離さずにいたトロイの物語のうちで最後に出された本なのである」。木版題扉の彫板はC. E. キーツ。

9.**『罪なき民の書』**（*Biblia innocentium*）J. W. マッケイル著。8折判、フラワー(2)紙（207×140 mm）。268頁。ゴールデン・タイプ。縁飾り2番。硬ヴェラム装、絹紐付。紙刷本200部（1ギニー）。奥付日付1892年10月22日。リーヴズ・アンド・ターナー社より1892年12月9日に発売。

表題はさらに「我らの主イエス・キリストのこの世への到来以前の神の選民の物語、オクスフォード大学ベイリアル・コレッジの前フェローJ. W. マッケイルによる子供向けの書き下ろし」(Being the Story of God's Chosen People Before the Coming of our Lord Jesus Christ upon Earth Written Anew for Children by J. W. Mackail, Sometime Fellow of Balliol College, Oxford）と続く。著者はバーン＝ジョーンズの娘婿でモリス歿後にその伝記を執筆する古典学者。最初の8折本。『手と魂』(36）を除けば、これが裏張りで硬くした「硬ヴェラム」装の最後の本。また小口未裁（untrimmed）の製本で出した最後の本でもある。

10.**『狐のルナールの物語』**（*The History of Reynard the Foxe*）ウィリアム・キャクストン訳、ハリデイ・スパーリング編。大型4折判、フラワー(2)紙（287×205 mm）。172頁。トロイ・タイプ（本文）、チョーサー・タイプ（語彙説明）。二色刷。縁飾り5番aと7番。木版題扉付。軟ヴェラム装、絹紐付。紙刷本300部（3ギニー）。ヴェラム刷本10部（15ギニー）。奥付日付1892年12月15日。バーナード・クォリッチ社より1893年1月25日発売。

中世に西ヨーロッパで流布した動物寓意詩。狐ルナール（レナード）の悪党ぶりを愉快に描き出している。フランドル版を英訳して印刷したカクストンの版（初版1481年）の復刻。クォリッチ社の1892年のカタログでモリスはこうコメントしている。「キャクストンのこフラワー(2)紙（287×205 mm）。全1310頁。ゴールデン・タイプ。縁飾り5a、5、6aおよび7番。木版題扉付。木版挿絵2点バーン＝ジョーンズ画。クォーター・ホランド装。紙刷本500部（5ギニー）。奥付日付1892年9月12日。バーナード・クォリッチ社より1892年11月3日発売。

中世に成立した諸聖人の伝説を集大成した書物。底本はキャクストン印刷の1483年版。モリスはこれを所有していなかったので、ケンブリッジ大学図書館の所蔵本をエリスの娘フィリスに筆写してもらい、それを原稿にした。この本を印刷する計画は早くも1890年7月、モリスがウィンキン・ド・ウォード版を購入した際に立てられ、KPの最初の刊本にするつもりで1890年9月11日にクォリッチと出版契約を結んでいた（ゴールデン・タイプの名称はこれに由来）。しかし最初に供給された「フラワー」(1)紙がこの本の印刷には不都合で、倍のサイズの「フラワー」(2)紙が入るまで延期され、その間に他のもっと小型の本が先に印刷された。最初のシートの刷り上がりは1891年5月11日。モリスのデザインによる木版題扉を初めて使用。その題扉と木版挿絵がフェアファクス・マリーの修正を受けて版木に彫られたのは印刷の最終段階の1892年7月に入ってからだった。

8.**『トロイ物語集成』**（*The Recuyell of the Historyes of Troye*）ラウル・ルフェーヴル著、ウィリアム・キャクストン訳、H. ハリデイ・スパーリング編。全2巻。大型4折判、フラワー(2)紙（287×205 mm）。全740頁。トロイ・タイプ（本文）、チョーサー・タイプ（目次および語彙説明）。二色刷。縁飾り5a、5および8番。木版題扉付。軟ヴェラム装、絹紐付。紙刷本300部（9ギニー）。ヴェラム刷本5部（80ポンド）。奥付日付1892年10月14日。バーナード・クォリッチ社より1892年11月24日発売。

トロイ・タイプと（本文にではないが）チョーサー・タイプを最初に使った刊本。1892年2月に印刷開始。底本は1473年頃にキャクストンがブリュッヘ（ブリュージュ）で印刷した（フランス語版からの）英訳版。これは英語で最初に印刷された本。この「トロイの包囲戦」をめぐる散文物語は長くモリスの愛読書だった。クォリッチ社のカタログにモリスはこう書いている。「この本の中身は、実に面白い

Guenevere, and Other Poems）モリス著。小型4折判、フラワー(1)紙（200×140 mm）。176頁。ゴールデン・タイプ。二色刷。縁飾り2番と1番。軟ヴェラム装、絹紐付。紙刷本300部（2ギニー）。ヴェラム刷本10部（約12ギニー）。奥付日付1892年4月2日。リーヴズ・アンド・ターナー社より1892年5月19日発売。

モリスの時代には一般に受けなかったが死後に高く評価された第一詩集（初版1858年）。フロワサールとマロリーに着想を得た詩が含まれる。表題作のみ邦訳あり（「グウィネヴィアの弁明」横山千晶訳『ユリイカ』1991年9月号）。1889年のリーヴズ・アンド・ターナー社版を底本とするが、大きな変更が2箇所ある。裏張りで厚くしていない「軟ヴェラム」装にした最初の本。背表紙の書名が手書き文字になっている唯一のKP本でもある。

6.**『ジョン・ボールの夢／王の教訓』**（*A Dream of John Ball and A King's Lesson*）モリス著。小型4折判、フラワー(1)紙（200×140 mm）。132頁。ゴールデン・タイプ。二色刷。縁飾り3a、4および2番。木版口絵バーン＝ジョーンズ画。軟ヴェラム装、絹紐付。紙刷本300部（30シリング）。ヴェラム刷本11部（10ギニー）。奥付日付1892年5月13日。リーヴズ・アンド・ターナー社より1892年9月24日発売。

1381年のワット・タイラーらの農民反乱に取材した社会主義的ロマンス『ジョン・ボールの夢』の初出は『コモンウィール』1886年11月13日号〜1887年1月22日号の連載。『王の教訓』の初出は同紙1886年9月.18日号。いずれも邦訳あり（『ジョン・ボールの夢』生地竹郎訳、未来社、1973年；横山千晶訳、晶文社、2000年）。2作品を併せたリーヴズ・アンド・ターナー社版の単行本（初版1888年）の第3版（1890年）が底本。1892年4月4日に印刷開始。「アダムが耕し、イヴが紡いだとき、ジェントルマンなどいただろうか」の銘（モリスのレタリング）が入った名高いバーン＝ジョーンズの口絵はフーパーが木版に彫り直した（フーパーは彼の下絵のほとんどの彫板を担当）。

7.**『黄金伝説』**（*The Golden Legend*）ヤコブス・デ・ヴォラギネ著、ウィリアム・キャクストン訳、F. S. エリス編。全3巻。大型4折判、フラワー(1)紙（205×142 mm)。264 頁。ゴールデン・タイプ。二色刷。縁飾り 1 番。硬ヴェラム装、絹紐付。紙刷本 300 部（2 ギニー）。奥付日付 1892 年1月 26 日。リーヴズ・アンド・ターナー社より 1892 年 2 月 27 日発売。

表題はさらに「同じ著者による恋愛ソネットを既刊本で削除されたソネット多数を入れた完全版で附す」(with the Love-Sonnets of Proteus by the same author now reprinted in their full text with many sonnets omitted from the earlier editions）と続く。モリス（夫妻）の友人の詩集。最初は主として既刊の『プロテウスのソネットと唄』(1875）と『プロテウスの恋愛ソネット』(1880）の再録を予定していたが、著者の私生活上の問題で変更。装飾頭文字を赤で刷ったのはこの本だけだが、これはモリスの趣味ではなく、著者の要求を容れたもの。

4.**『ゴシックの本質』**(*The Nature of Gothic*）ジョン・ラスキン著、モリス序文。小型 4 折判、フラワー(1)紙（200×141 mm)。136 頁。ゴールデン・タイプ。縁飾り 1 番。硬ヴェラム装、絹紐付。紙刷本 500 部（30 シリング)。奥付日付なし。ジョージ・アレン社より 1892 年 3 月 22 日発売。

副題に「『ヴェネツィアの石』の一章」(A Chapter of *The Stones of Venice*）とあるように、ラスキンの代表作『ヴェネツィアの石』(全 3 巻、1851-3）の第 2 巻 6 章。「労働における人間の喜びの表現としての芸術」の理念を示したこの章はモリスに最も深い影響を与えた。モリスの序文に以下の言葉が見られる。「もう大分昔のことだが、これをわれわれが初めて読んだとき、世界が進むべき新たな道を指し示しているように思えたものだ。そして四十年間の失望にもかかわらず、また、その旅に要する旅支度が何であるか、そしてその支度を済ます前に、いかに多くを変えねばならぬかをわれわれは（とりわけジョン・ラスキンは）思い知ったにもかかわらず、しかし、文明の愚行と堕落から抜け出す道は、依然としてラスキンの示してくれた道以外には考えられないのである」。底本はおそらく『ヴェネツィアの石』1886 年版。本文中の図は線画凸版で印刷。

5.**『グウィネヴィアの抗弁、その他の詩』**(*The Defence of*

1.**『輝く平原の物語』**（*The Story of the Glittering Plain*）モリス著。小型4折判、フラワー(1)紙（199×140 mm）。192頁。ゴールデン・タイプ。縁飾り1番。硬ヴェラム装、鞣革紐付。紙刷本200部（2ギニー）。ヴェラム刷本6部（12ギニーおよび15ギニー）。奥付日付1891年4月4日。リーヴズ・アンド・ターナー社より1891年5月8日発売。

表題はさらに「その地は生ける人々の国、もしくは不死なる者らの土地とも呼ばれる」（Which has been Also Called the Land of Living Men or the Acre of the Undying）と続く。散文ロマンス。主人公ホルブライズが誘拐された許婚を捜し求めて逃避者たちの住む〈輝く平原〉に行く。底本は初出の『イングリッシュ・イラストレイテッド・マガジン』1890年6月号〜9月号（多少の変更あり）。邦訳あり（『輝く平原の物語』小野悦子訳、晶文社、2000年）。1891年1月31日にこれの試し刷り1頁を刷ったのがKPでの最初の印刷作業となった。鉛板の使用等でモリスは最初のうち印刷工たちに従来の習慣を捨てさせるのに苦労した（図33）。最初の1シートを刷ったのはそれから1カ月後の3月2日。モリスは同年1月にこれの縁飾り（1番）をデザインし、W. H. フーパーが彫板を担当。KP本での鞣革紐の使用はこの本のみ。

2.**『折ふしの詩』**（*Poems by the Way*）モリス著。小型4折判、フラワー(1)紙（205×143 mm）。204頁。ゴールデン・タイプ。二色刷。縁飾り1番。硬ヴェラム装、絹紐付。紙刷本300部（2ギニー）。ヴェラム刷本13部（約12ギニー）。奥付日付1891年9月24日。リーヴズ・アンド・ターナー社より1891年10月20日発売。

自作の彩飾写本『詩の本』*A Book of Verse*（1870年）の詩を含む、20数年の間に書かれた（ほとんど単行本未収録の）詩49篇を印刷。当初予定した署名は『黒い花』（*Flores Atramenti*）。比較的長い物語詩「ゴールディロックスとゴールディロックス」はこれに収録するために1891年5月に書いた。最初の二色刷本。小型の印刷者マーク（図25）も初めてこれに使用。

3.**『プロテウスの恋愛抒情詩と歌』**（*The Love-Lyrics & Songs of Proteus*）ウィルフリッド・スコーイン・ブラント著。小型4折判、ケ兄弟社製に切り換えた。赤インクと青インクはシャッケル・エドワーズ社製)。

(vi)『ゴシック建築』(18 番) 以外はすべて KP の印刷所 (ハマスミス、アッパー・マル) で刷られた。

(vii) 縁飾り (ボーダー) はコッカレルの分類による使用順の通し番号を使った。見開きの左頁 (偶数頁) に出るものには "a" の文字を付けてある。ちなみにここでの縁飾りとは図 26 のように欄外の四方を覆う「フル・ボーダー」のことで、三方 (上下と外側) を縁取る「スリー・クォーター・ボーダー」や外側だけの「サイド・ボーダー」など (コッカレルが一括して「ハーフ・ボーダー (半縁飾り)」と呼んでいるもの) は含まれていない。装飾頭文字、装飾語なども一部を除いて割愛する。

(viii) 木版はいずれも小口木版である。

(ix) 装丁は一部例外もあるが大体「クォーター・ホランド」(quarter holland;四半分布張り) 装とヴェラム (仔牛皮紙) の総皮装に大別できる。前者は表紙に青い厚紙を使い背 (スパイン) にリネン (亜麻織物) を張った装丁 (シドニー・コッカレルは「ハーフ・ホランド (半布張り)」と呼んでいるが、リネンが表表紙と裏表紙にほとんど掛かっていないので、ピータースンに従って「クォーター・ホランド」とする)。後者のヴェラム装の方はさらに「硬ヴェラム」(stiff vellum) 装と「軟ヴェラム」(limp vellum) 装に分けられる。「硬ヴェラム」装は板紙で裏張りをして硬く (stiff) したヴェラムの装丁、「軟ヴェラム」 はそうした裏張りをせず軟らかい (limp) ままのヴェラムを使った装丁 (ロンドンのレイトン社製)。

(x) モリスの作品に限って、邦訳があるものについてそのデータを附した。

(xi) KP で印刷が計画されたが実現しなかった本の書名を最後に記した。

(xii) 価格で使われる貨幣の単位は、1 ポンド=20 シリング、1 シリング=12 ペンス、また 1 ギニー=21 シリング (1.05 ポンド)。

ケルムスコット・プレス刊本リスト・解題

(i) 以下はケルムスコット・プレス(KPと略記)で印刷された53点の書物の基礎的なデータである。コッカレルの作成したKP刊本の解題入りリストを基礎にし、ピータースンの詳細なKP書誌などの最近の研究成果に依拠してまとめた(末尾に主要参考文献のデータを記してある)。『フロワサール年代記』の見本刷り(46)は先例に従って含めるが、既刊目録、新刊予告のリーフレット等は除く。著者(訳者)名、書名、判型、本文用紙の種類、1丁のサイズ、ページ数、活字体、縁飾りの種類(縁飾りを含む場合)、挿絵画家名(挿絵を含む場合)、装丁仕様、印刷部数、単価、奥付(コロフォン)日付、販売元、発売日を示し、本文その他について簡単な注を加えた。

(ii) 使用印刷用紙の名称(愛称)とサイズは次の通り。小花(桜草)のすかし模様が入った「フラワー Flower」(1)紙:16×11インチ(406×279 mm)、およびそれを倍のサイズにした「フラワー」(2)紙:16×22インチ(406×559 mm)。川魚パーチのすかし模様が入った「パーチ Perch」紙:16 ¾×23インチ(425×584 mm)。林檎のすかし模様が入った「林檎 Apple」紙:18 ¼×12 ¾インチ(464×324 mm)。もちろんすべて手漉紙である(ケント州リトル・チャートのバチェラー社製)。

(iii) 1丁のサイズ(縦横)はピータースンの測定による。

(iv) 使用活字はモリスのデザインした3種、すなわち、ゴールデン・タイプ(イングリッシュ〔14ポイント〕大のローマン字体)、トロイ・タイプ(グレイト・プリマー〔18ポイント〕大のゴシック字体)、チョーサー・タイプ(トロイ・タイプをパイカ〔12ポイント〕大に縮小したもの)の3種である(図5)。すべてエドワード・プリンスが父型を彫り、リード父子商会のファン街鋳造所で製造。

(v) 二色刷とあるのは黒赤二色刷。特に記述がない本は黒インク一色で刷られている(黒インクはKPの初期にはロンドンのシャッケル・エドワーズ社が供給したが、まもなくハノーファーのイェーネッ

『ロビンソン・クルーソー』(デフォー) *Robinson Crusoe* (1719) 269, 297
ローマ Rome 80, 87, 99, 105, 160-61, 173, 209
ロングマン社 Longmans & Co. (出版社) 164, 289, 337
ロンドン州議会アーツ・アンド・クラフツ学校 London County Council School of Arts and Crafts 280

ワ 行

ワイアット A. J. Wyatt (KP版『ベーオウルフ物語』の共訳者) 294, 340
ワイルド Oscar Wilde (1854-1900; 作家・批評家) 18, 20, 274
ワイルド卿夫人 Lady Francesca Speranza Wilde (1824-96; オスカーの母,『魔女シドニア』の訳者) 225, 346
ワーズワース William Wordsworth (1770-1850; 詩人) 297
ワッツ (=ダントン) Theodore Watts (-Dunton) (1832-1914; 作家) 240, 253, 292, 325
ワットマン紙 Whatman paper (ぼろを原料とする厚地の手漉き画用紙) 200
『ワンス・ア・ウィーク』 *Once a Week* 282

史家） 28
リドラー Vivian H. Ridler 273
リヒェル Bernhard Richel（fl.1474-82；バーゼルの印刷者） 105, 284
リュッツェルブルガー Hans L tzelburger（d.1526；ドイツの木版彫板師） 109
リューベック Lübeck 159
ルクレティウス Lucretius（c.94-c.55B.C.；ローマの詩人・哲学者） 266
ルージュ，ジャック・ル → ルベウス
ルージュ Pierre Le Rouge（fl.1478-92；シャブリとパリで活動した印刷者） 107
ルック Noel Rooke 273
ルドルフス・デ・サクソニア Ludolphus de Saxonia（14世紀の著述家） 85
ルベウス Jacobus Rubeus（fl.1473-89/90；ピネロロとヴェネツィアで活動した印刷者） 33-35, 161, 201-02
ルペルトゥス Rupertus a Sancto Remigio 152
ルル（ルルス）Lull（Lullus）Ramon（c.1235-1316；神学者） 349
『霊魂の園』*Seelenwurzgarten*（ウルム，1483） 141, 153
レイトン社 J. & J. Leighton（ロンドンの製本工房） 42, 209, 329, 356
レイン E. W. Lane（1801-76；アラビア学者） 296
レーウ Gerard leeu（fl.1477-93；印刷者，アントヴェルペン） 106, 113, 162, 281-82
レヴァリット A. Leverett（木版彫板師） 207, 344
レオナルド・ダレッツォ → ブルヌス・アレティヌス
レーガー Johann Reger（fl.1486-99；ウルムの印刷者） 141-42
『歴史の海』*La Mer des histoires*（パリ，1488-89） 107, 113
レザビー William Lethaby（1857-1931；建築家・デザイナー） 95
レディング leading（活版印刷で組み付けの際に行間を空けるために鉛板〔レズ，インテル〕を挿入すること。あるいは鉛板自体も言う） 43, 166, 190, 200
レデンホール・プレス Leadenhall Press（印刷所） 14-15
連結文字と略字 tied letters and contractions 45, 178, 189, 202
『ロザリオ信心会』→『復興したロザリオ信心会』
ロジャーズ Bruce Rogers（1870-1957；アメリカの印刷者） 18, 35
ロセッティ William Michael Rossetti（1829-1919；ゲイブリエルの弟，評論家） 345-46
ロセッティ Dante Gabriel Rossetti（1828-82；画家・詩人） 9, 10, 239, 256, 295, 338-39, 345-46
『ロードスの包囲についての記述』*Obsidionis Rhodiae urbis descriptio*（ウルム，1496） 141
ロビンソン Ralph Robinson（モア『ユートピア』の英訳者） 347-48

「理想の書物」"The Ideal Book" 29, 43, 50–51, 171–84, 285
モリス，ジェインJane Morris (1839-1914;モリス夫人) 10, 41
モリス，メイMay Morris (1862-1938；モリスの次女) 241, 244, 271–72, 291, 293, 296–97
モリス商会Morris & Co. (1875-1940) 48
モリス・マーシャル・フォークナー商会Morris, Marshall, Faulkner & Co. (1861-75) 256, 292
モリスンStanley Morison (1889-1967；「タイムズ・ニュー・ローマン」で知られる活字デザイナー」 14, 29, 46, 50, 273, 276–77
モールバラ校Marlborough College (ウィルトシャのパブリック・スクール，モリスの母校) 256
『モル・フランダース』(デフォー) *Moll Flanders* (1722) 269

ヤ　行

ヤコブス・デ・ヴォラギネJacobus de Voragine (c.1230-98；ジェノヴァの大司教) 353
ユークリッド (エウクレイデス) Euclid (古代数学者) 63
ユゴーVictor Hugo (1802-85；フランスの作家) 269
『ユートピア』 *Utopia* (モア著，KP, 1893) 270, 297, 348
『ヨークの枢機卿トマス・ウルジー伝』 *The Life of Thomas Wolsey, Cardinal Archbishop of York* (KP, 1893) 349
『ヨセフ，ダニエル，ユディット，エステルの物語』 *Historie von Joseph, Daniel, Judith, und Esther* (バンベルク，1462) 104
『四つの王国』→『俗語のテルツァリーマによる四つの王国』
余白margins 18, 22, 27, 43, 45, 167–68, 173–74, 179–80, 192, 200, 233, 276

ラ　行

ライトFrank Lloyd Wright (1869-1959；アメリカの建築家) 12
『ラヴェングロー』(ボロー) *Lavengro* (1851) 270
ラスキンJohn Ruskin (1819-1900；美術批評家) 13, 16, 30, 95, 214, 238–39, 270, 297, 326, 354
ラトクリフF. W. Ratcliffe 276
ラファエル前派Pre-Raphaelites (19世紀中葉にハント，ミレイ，ロセッティらが組織した革新的画家集団) 9, 256, 292, 338, 346
ラボックSir John Lubbock (1834-1913；銀行家・自由党下院議員) 293–97
リヴィントン社Rivington (出版社) 250
リーヴズ・アンド・ターナー社Reeves & Turner (ロンドンの出版社) 341, 345–48, 353–55
リケッツCharles Richetts (1866-1931；デザイナー，1896-1904，ヴェイル・プレスを主催) 286
リチャードソンCharles F. Richardson 276
リードTalbot Baines Reed (印刷

『ヴォルスング族のシグルズとニーブルング族の滅亡の物語』*The Story of Sigurd the Volsung and the Fall of the Niblungs* 203, 208, 253, 329
『ウォルフィング族の家の物語』*The House of the Wolfings* 28, 33, 44, 46, 198, 200, 206, 232, 257, 326
『折ふしの詩』*Poems by the Way* 205, 209, 212-13, 217, 225, 238, 355
『輝く平原の物語』*The Story of the Glittering Plain* 202, 206-09, 225, 237-39, 260-61, 282, 345, 355
『グウィネヴィアの抗弁』*The Defence of Guenevere* 206, 225, 238, 354
「ケルムスコット・プレス設立趣意書」"A Note by William Morris on His Aims in Founding the Kelmscott Press" 185-93, 196-97, 199, 287, 327
『恋だにあらば』*Love Is Enough* 17, 197-98, 260, 328
『ゴシック建築』*Gothic Architecture* 238, 347
「ゴシック本の木版画」"The Woodcuts of Gothic Books" 97-133, 280
「十五世紀のウルムとアウグスブルクの木版画入り本の芸術的特性について」"On the Artistic Qualities of the Woodcut Books of Ulm and Augsburg in the Fifteenth Century" 135-56, 283, 329-30
『ジョン・ボールの夢/王の教訓』*A Dream of John Ball and A King's Lesson* 225, 238, 353
『世界のかなたの森』*The Wood Beyond the World* 343
『世界のはての泉』*The Well at the World's End* 12, 206, 225, 239, 260, 290, 337
『地上楽園』*The Earthly Paradise* 17, 33, 196, 198-99, 206, 208, 251, 255, 336
『チャイルド・クリストファーと麗しのゴルディリンド』*Child Christopher and Goldilind the Fair* 241, 253, 260, 339
「中世彩飾写本覚書」"Some Notes on the Illuminated Books of the Middle Ages" 52, 67-80, 278
「中世彩飾写本についての若干の考察」"Some Thoughts of the Ornamented Manuscripts of the Middle Ages" 51, 55-65, 277
『引き裂く川』*The Sundering Flood* 207, 328
『不思議な島々のみずうみ』*The Water of the Wondrous Isles* 206, 333
『北欧の三つの恋物語』(翻訳) *Three Northern Love Stories* 201
『ホメロスのオデュッセイア』(翻訳) *The Odyssey of Homer* 231, 260, 294
『山々の麓』*The Roots of the Mountain* 33, 201, 233, 257, 326
『ユートピアだより』*News from Nowhere* 289, 350

グスブルク，日付未記入）　144
マロリー Thomas Malory（c.1410-71；騎士・作家）　268, 326, 339, 353
マンションColard　Mansion（fl. 1450-84；ブリュッへの印刷者・カリグラファー）　106
ミュア Percy H. Muir　273
ミラー・アンド・リチャード社 Miller & Richard（エディンバラの印刷所）　21, 164, 232
ミラノ Milan　116, 161
ミルトン John Milton（1608-74；詩人）　269, 297
『瞑想録あるいはいとも敬虔なる黙想』 *Meditationes seu Contemplationes devotissim*（ローマ，1467）　104, 108
メネル Violla　Meynell（1886-1956；作家）　274
メネル Francis Meynell　30, 275
『名婦伝』（ボッカッチョ）*De claris mulieribus*（ウルム，1473）　109, 138, 142-43, 146, 149, 284
メシュイン社 Methuen　&　Company（出版社）　248
メンテリン Johann　Mentelin（fl. 1460-78；シュトラスブルクの印刷者）　79, 160, 177, 189
モア Sir　Thomas　More（1478-1535；政治家・著述家）　270, 297, 348
モーレム Stephen　Mowlem（KPの印刷職人）　244
モーガン図書館 Pierpont　Morgan Library（富豪ピアポント・モーガン［1837-1913］の蒐集した美術品，稀覯本の遺贈品を収めるニューヨークの図書館）　38, 49, 52, 60, 72, 75, 85, 110, 140, 143, 151, 154, 271, 277, 281, 284
『黙示録』*Apocalypse*（中世木版刷本）　103-04
木版（刷り）本 block books　158
『モード』 *Maud*（テニスン著，KP，1893）　239, 347
モリス，ウィリアム William　Morris（1934-96）
愛読書　243, 263-70, 293-98
インタヴュー　52, 211-62
機械観　40, 47-50
現代タイポグラフィへの影響　46-50, 276-77
写真の使用　34-35, 47-48, 52, 207, 231
肖像　11
書物制作の初期の試み　17, 196-98, 230-33, 273
政治観　30-31, 215
蔵書　10, 24, 32, 201, 213, 218-20, 228, 231, 241-42, 252
中世主義　9-16
著作
『イアソンの生と死』*The　Life and　Death　of　Jason*　216, 254, 339
「印刷」“Printing”　22, 28, 51, 157-70, 285
「印刷本の初期の挿絵」“The Early Illustration of Printed Books”　52, 81-95, 280
「ウェルギリウスのアエネイス」（翻訳）*The Aeneids of Virgil*　260, 294

印刷職人，父） 202
ボーデン William Henry Bowden（KPの印刷職人，息子） 202, 216, 244
ボッカッチョ Giovanni Boccaccio（1313-75；イタリアの作家・人文主義者） 138, 143, 268, 284
ボドーニ Giambattista Bodoni（1740-1813；イタリアの活字デザイナー・印刷者） 25, 163-64, 286, 288
ボドリー図書館 Bodleian Library（オックスフォード） 17, 33, 48, 76, 287-88
ホーヘンヴァンク Hohenwang, Ludwig（fl.1476-90；アウグスブルクの印刷者） 138, 145, 284
ホメロス Homer 265, 294
ポラード Alfred W. Pollard 276, 283
『ポリフィルスの狂恋夢』 *Hypnerotomachia Poliphili*（ヴェネツィア，1499） 108, 181
ホルバイン Hans Holbein（c.1465-90；ドイツの画家） 109, 127
ホレ Lienhart Holle（fl. 1482-84；ウルムの印刷者） 141-42
ボロー George Borrow（1803-81；作家） 270
ボローニャ Bologna 188
ホーンビー St. John Hornby（印刷者，アシェンディーン・プレスを創設） 39
ホラティウス Horatius（65-8B.C.；ローマの抒情詩人） 198, 294

マ 行

マインツ Mainz 105, 155, 159, 178, 189, 204, 224
マインホルト Wilhelm Meinhold（1797-1851；ドイツの神学者・著述家） 225, 347
『マガジン・オヴ・アート』 *Magazine of Art* 278, 282
マグヌソン Eirikr Magnusson（1833-1913；アイスランド・サガの研究者） 294
『魔女シドニア』 *Sidonia the Sorceress*（マインホルト作・ワイルド夫人訳，KP，1893） 225, 343
マセ H. J. L. Massé 275
マッキターリック David McKitterick 275
マッケイル John W. Mackail（1859-1945；古典学者，モリスの伝記作者） 271-72, 275-76, 351
マッツィーニ Giuseppe Mazzini（1805-72；イタリアの革命運動家） 265
マヌティウス Romanus Aldus Manutius（1450-1515；ヴェネツィアの印刷者） 25, 108, 161
『マハーバーラタ』 *Mahabharata*（古代インドの叙事詩） 265, 294
『マビノギオン』 *Mabinogion*（ウェールズの神話・古伝説集） 268
マリー Charles Fairfax Murray（1849-1919；画家，モリスの協力者） 207, 341
『マルガリータ・ダヴィティカまたは詩篇注解』 *Margarita Davitica seu Expositio Psalmorum*（アウ

the Fair Jehane（中世フランス散文ロマンスのモリス訳, KP, 1893） 345
フロワサール Jean Froissart（c. 1337-1410?；フランスの年代記作者, 詩人, 宮廷人） 210, 240, 291, 295, 331-32, 348, 353
『フロワサール年代記』*Froissart's Chronicles*（KP の見本刷り, 1897） 210, 240, 247-48, 250-51, 267, 291, 295, 331-32
ベアリング＝グールド Sabine Baring-Gould（1834-1924；著述家, 宗教家） 248
『ヘイムスクリングラ』*Heimskringla*（スノリ・ストルルソン著, 北欧諸王の歴史） 266-67, 294
ペヴズナー Nikolaus Pevsner（1902-83；美術史家, モリス再評価に貢献） 12, 272
『ベーオウルフ』*Beowulf*（イギリス最古の叙事詩） 265, 340
『ベーオウルフ物語』*The Tale of Beowulf*（モリス・ワイアット共訳, KP, 1895） 249, 294, 340
ヘシオドス Hesiodos（前8世紀末頃；ギリシアの詩人） 265, 294
『ペストに対する政策』*Regimen wider die Pestilenz*（ウルム, 1473） 142
ベックフォード William Beckford（1759-1844；著述家, 政治家） 16, 32
『ベドフォード時禱書』*Bedford Hours* 279
ペトラルカ Francesco Petrarca（1304-74；イタリアの詩人・人文主義者） 114, 137, 142
ベームラー Johann Bämler（1425/1430-1503, アウグスブルクの印刷者） 83, 138-39, 145, 152
ペラギウス Alvarus Pelagius（c. 1280-1352；スペインの高位聖職者・教会法学者） 141
『ベリアル』*Belial*（『罪人たちの慰め, あるいは進み出たベリアル』*Consolatio peccatorum, seu Processus Belial*（アウグスブルク, 1472） 139
ペリクレス Pericles（紀元前5世紀のアテナイの政治家・将軍） 84
『ベリー公の時禱書』*Très riches heures*（c.1413-16） 279
ヘリック Robert Herrick（1491-1674；詩人） 240
『ヘリック詩選』*Poems Chosen Out of the Works of Robert Herrick*（KP, 1896） 240, 338
『ペル・メル・ガゼット』*Pall Mall Gazette*（夕刊紙, 1865-1923） 18, 211, 263, 285, 289, 293, 297
『ペル・メル・バジェット』*Pall Mall Budget*（週刊紙, 1868-1920） 217
ヘロドトス Herodotos（c.484-c. 428B.C.；ギリシアの歴史家） 265
ヘンダースン Henderson, Philip（1906-77；伝記作者） 272, 276, 280, 293, 296
ボーヴェ Bauvais 60, 205
『宝庫』→『至福の真なる財宝の蔵』
ボーデン William Bowden（KP の

141-42, 144-45, 197-99, 205-06, 217, 229, 248, 290, 355-56 KPの個々の刊本の縁飾りについては「KP刊本リスト・解題」を参照。
『ブックセリング』*Bookselling*（月刊, 1895-96） 241, 291
ブック・デザイン（ヴィクトリア朝の）Victorian book-design 24-27, 42-44
『復興したロザリオ信心会』*Erneuerte Rosenkranz-Bruderschaft*（アウグスブルク, 1476-77） 83, 139, 152
『プトレマイオス』→『宇宙誌』
フーパー William H. Hooper（木版彫板師） 198, 207, 237, 282, 327, 336, 341, 355
プフィスター Albrecht Pfister（c. 1420-c.1470；バンベルクの印刷者） 104
プフランツマン Jocodus Pflanzman（fl.1475-77；アウグスブルクの印刷者） 138
『ブライデンバッハ』→『聖地巡礼』
ブライデンバッハ Bernhard von Breydenbach（d.1497；マインツ大聖堂参事会員・聖地巡礼の経験者） 105, 155
ブラウニング Robert Browning（1812-89；詩人） 26
ブラウン Ford Madox Brown（1821-93；画家） 256
ブラッドショーの『時刻表』Bradshaw's *Guide* 166
プラトン Plato（c.427-c.347B.C.；ギリシアの哲学者） 265
フラワー R. Flower 293
フランクリン Colin Franklin（古書珍籍商・書誌学者） 273-74, 325
プランタン Christophe Plantin（c. 1520-89；アントヴェルペンの印刷者） 25, 176
ブラント Wilfrid Scawen Blunt（1840-1922；著述家，モリス夫妻の友人） 205, 209, 215, 238, 355
『プリニウス』→『博物誌』
ブリュッヘ（ブリュージェ）Bruges 106, 352
プリンス Edward P. Prince（父型彫刻師，KPの活字父型を作製）
『プルタルコス英雄伝』*Plutarch's Lives* 266, 294
ブルヌス・アレティヌス Leonardus Brunus Aretinus（1369-1444；イタリアの著述家） 34-35, 201
ブレイキー Walter Blaikie（エディンバラの印刷業者） 291-92
ブレイク William Blake（1757-1827；詩人・画家） 269, 296
フレッツィ Federico Frezzi（d. 1416；イタリアの司教・詩人） 115
プロクター Robert Proctor（1863-1903；書誌学者・図書館員） 155
『プロテウスの恋愛抒情詩と唄』*The Love-Lyrics and Songs of Preteus*（ブラント著，KP, 1892） 205, 209, 215, 238, 355
ブロムフィールド Reginald Blomfield（1856-1942；建築家） 28
『フローラス王と麗しのジャンヌ』*The Tale of King Florus and*

282, 295
ハンティントン図書館 Huntington Library 51, 272, 277, 283
ハント William Holman Hunt (1827-1910; ラファエル前派の画家) 256, 292
バンド Henry Band (ヴェラムの製造業者) 209
バンベルク Bamberg 104
ビアズリー Aubrey Beardsley (1872-98; 挿絵画家) 346
『ピクウィック・ペイパーズ』(ディケンズ) *Pickwick Papers* (1836-37) 243
ビザンティウム Byzantium 64-65, 68-69, 86-87
ヒース G. Heath (KP の印刷職人) 244
『羊飼いの暦』*The Shepheardes Calender* (スペンサー著, KP, 1896) 207-08, 333
『ビドパイの寓話の書』*Fable-book of Bidpay* (ウルム, c.1486) 112, 153
『ビブリオグラフィカ』*Bibliographica* 283, 330
ビュイック Thomas Bewick (1753-1828; 木口木版画家) 129
ピュージン A. W. N. Pugin (1812-52; 建築家) 16
ビニング T. Binning (KP の印刷職人) 244
『貧者の聖書』*Biblia pauperum* (中世木版刷本) 103-04
ピンソン Richard Pynson (d.1530; ロンドンの印刷者) 240
ファーニヴァル Frederick J. Furnivall, [1825-1910; 学者・編者, チョーサー協会その他の文芸団体の創設者] 218, 240
フィッツウィリアム博物館 (ケンブリッジ) Fitzwilliam Museum 259
フィッツジェラルド Edward FitzGerald (1809-83; 詩人・翻訳家) 267, 295, 326
『フィリップの冒険』(サッカリー) *The Adventure of Philip* (1861-2) 117, 130, 282
フィレンツェ Florence 108, 113, 115-16
『フィレンツェ史』*Historia Florentina* (ヴェネツィア, 1476) 34-35, 201
フォークナー C. J. Faulkner (1834-92; 数学者, モリスの友人で協力者) 198
フォークナー父子商会 Messrs. George Falkner & Sons (印刷所) 14-16
『フォートナイトリ・レヴュー』*Fortnightly Review* (月刊誌, 1865-1954) 201, 338
フォーマン Buxton H. Forman (1842-1917; 官吏・書誌学者) 276
フス Jan Huss (1373頃-1415; ボヘミアの宗教改革者・殉教者) 153
『二つの運命の治療』(ペトラルカ) *De remediis utriusque fortunae* 114
縁飾り (ボーダー, フレーム) borders and frames 42, 70, 113-14,

スの寓話詩） 267, 326
ノリッジ詩篇 Norwich Psalter　76

ハ　行

ハイネ Heinrich Heine（1797-1856；ドイツの詩人） 269
バイロン George Gordon Byron（1788-1824；イギリスの詩人） 269, 296
ハウズ H. Howes（KP の印刷職人） 244
ハウダ Gouda　106
『博物誌』*Historia naturalis*（プリニウス著，ヴェネツィア，1476） 33, 179, 202
バスカーヴィル John Baskerville（1706-75；英国の印刷者・活字デザイナー） 25, 163
バースレット Thomas Berthelet（d.1555；印刷者，ロンドン） 177
バーゼル Basel　105, 159, 284
バーゼル・ローマン・タイプ Basel Roman type　28, 33, 44, 200, 232
バチェラー父子商会 Messrs. Joseph Bachelor & Sons（KP の手漉紙を供給） 29, 40, 188, 202, 250, 357
パチーノ Piero Pacino　115
バーデン Elizabeth Burden（1842-1924；ジェイン・モリスの妹） 198
バードウッド Sir George Birdwood（1832-1917；英国領インド官吏・インド美術研究家） 127
バトラー Charles Butler　60
バーナーズ卿（バウチャー） Berners, 2nd Baron（John Bouchier）（c.1469-1533；フロワサール『年代記』の英訳者） 240, 250, 348
『花と葉』*The Floure and the Leafe*（KP, 1896） 208, 334
パナルツ Arnoldus Pannartz（fl. 1465-77；ローマとスビアーコで活動した印刷者） 37, 160, 205, 232, 246
バニヤン John Bunyan（1628-88；イギリスの宗教作家） 269, 326
ハバード Elbert Hubbard（1856-1915；アメリカの印刷者） 46-47
バラッド ballads（伝承物語唄） 101, 251, 267, 296, 326
『バラッドと物語詩』*Ballads and Narrative Poems*（ロセッティ著，KP, 1893） 239, 346
パリ Paris　107, 159-60
ハリウェル James Halliwell（1820-89；文学研究者） 340
ハリスン Martin Harrison　276
パルマ Parma　161
ハーン Ulrich Han（c.1425-c.1478；ローマの印刷者） 104, 108
ハンサード T. C. Hansard（1776-1823；印刷者・印刷研究家） 285
バーン＝ジョーンズ Sir Edward Burne-Jones（1833-98；画家，モリスの協働者，KP 本の主要な挿絵画家） 9, 12, 17, 42, 48, 192, 196, 198-99, 206, 216, 225, 240, 249, 251, 253-54, 256, 282, 290
バーン＝ジョーンズ Georgiana Burne-Jones（1840-1920；エドワードの妻，モリスの友人） 272,

1528；ドイツの画家） 32, 98, 127, 136
デュランドゥス Guilelmus Durandus（c.1237-1296；フランスの教会法学者） 141
テレンティウス Terentius（c.195-159BC；ローマの喜劇作家） 112, 141, 153-54
『天路歴程』（バニヤン）*The Pilgrim's Progress*（1678, 84） 269, 297, 326
『デーン人ハヴェロック』*Havelock the Dane*（中世英語韻文ロマンス） 339
『ドイツ神話学』（ヤーコプ・グリム）*Teutonic Mythology*（英訳, 1882-8） 270, 297
トゥアー Andrew Tuer 15
ド・ヴィン Theodore Low De Vinne（1828-1914；アメリカの印刷者） 191
『動物寓話集』*Bestiaries* 63, 74, 277
『トゥレクレマータ（トルケマーダ）の瞑想録』 → 『瞑想録あるいはいとも敬虔なる黙想』
トムスン Susan O. Thompson 276, 291
ドライデン・タイプ Dryden type 292
トリニティ・コレッジ Trinity College（ダブリン） 278
ドレイファス John Dreyfus 271, 275
トロイ・タイプ Troy type（モリスがKP用にデザインしたグレイト・プリマー〔18ポイント〕大のゴシック字体活字） 37-38, 189, 203-04, 236, 253-54, 289, 357
『トロイ物語集成』The Recuyell of the Historyes of Troye（KP, 1892） 203-04, 206, 239, 352

ナ 行

『七つの大罪と美徳の書』*Das Buch von den 7 Todsünden und der Tugenden*（アウグスブルク, 1474） 139, 152
ニーダム Paul Needham（書誌学者） 32, 271, 275
『ニーベルンゲンの歌』*Nibelungenlied*（ドイツ中世の英雄叙事詩） 267, 295
ニュー Edmund H. New（1871-1931；挿絵画家） 247
ニュー・ギャラリー New Gallery（ロンドン，リージェント街に1888年開設の美術館） 18, 51, 200, 346
ニューディゲイト Bernard H. Newdigate 273
ニュールンベルク Nuremberg 98, 105, 112, 204
『ニュールンベルク年代記』*Liber chronicarum*（ニュールンベルク, 1493） 98, 112
『年事暦（1472年からの）』*Calendarium pro anno 1472*（アウグスブルク, 1472-3） 144
ノートン Charles Eliot Norton（1827-1908；アメリカの美術史家・文学者） 16
『農夫ピアズ』（ラングランド）*Piers the Plowman*（中世イギリ

シェンディーン・プレス，1909）50
ダンラップ Joseph Dunlap 271, 273, 275
『知恵と虚言の書』*The Book of Wisdom and Lies*（KP，1894）209, 342
『知恵の書』（『老賢者の知恵の書』）*Buch der Weisheit der alten Weisen*（ウルム，1485） 141, 153
チジック・プレス Chiswick Press（モリスの著作を印刷） 14, 27-29, 164, 198, 201, 232-33, 246, 257, 337
『秩序の書』*Büchlein der Ordnung* →『ペストに対する政策』
チョーサー Geoffrey Chaucer（c. 1340-1400） 16, 155, 218, 277, 289, 295, 332, 334, 337
『チョーサー作品集』*The Works of Geoffrey Chaucer*（KP，1896） 16, 42, 48, 50, 189, 192, 203, 206, 208, 210, 218, 225, 229, 240, 248-49, 251, 289, 337
チョーサー・タイプ Chaucer type（KPのためにモリスがデザインしたパイカ〔12ポイント〕大のゴシック字体活字） 37-38, 48, 190-91, 204, 236, 251, 289, 357
ツァイナー，ギュンター Günter Zainer（fl.1468-78；アウグスブルクの印刷者） 91, 110, 12, 138-40, 142, 144-47, 149-52, 160, 189, 204, 283-84
ツァイナー，ヨハーン Johann Zainer（fl. 1472-93；ウルムの印刷者） 137-39, 141, 143-44, 146-47, 283-84
つなぎ語 catchwords 45
『罪なき民の書』*Biblia Innocentium*（KP，1892） 209, 351
デイ Lewis F. Day（1845-1910；装飾デザイナー） 124, 131
ディケンズ Charles Dickens（1812-70；小説家） 245, 270, 297, 326
ディド François Ambroise Didot（1330-1804；フランスの印刷者・活字デザイナー） 163
ティペット J. Tippet（KPの印刷職人） 244
ティベリウス Johannes Matthias Tiberius 139, 147
『デイリー・クロニクル』*Daily Chronicle*（日刊紙，1855-1930） 220, 290
ディンクムート Conrad Dinckmut（fl. 1482-93；ウルムの印刷者） 112, 141, 153-54
テオクリトス Theokritos（前3世紀前半；ギリシアの牧歌詩人） 266, 294, 333
『デカメロン』（ボッカッチョ）*Decameron*（1348-53） 139, 268
『手と魂』*Hand and Soul*（ロセッティ著，KP，1895） 339
テニスン Lord Alfred Tennyson（1809-92；詩人） 239, 338, 347
『テニソン詩篇』*Tenison Psalter* 63, 76, 277
デフォー Daniel Defoe（c.1660-1731；作家） 269
デュマ・ペール Dumas Père（1802-70；フランスの作家） 269, 297
デューラー Albrecht Dürer（1471-

Captain Singleton (1720)　269
『戦闘の樹』*Aubre des batailles* 114
セント・ポール大聖堂 St. Paul's Cathedral　190
『千夜一夜物語』*The Thousand and One Nights*（中世アラビア語の説話集）　268, 296
『ゾイゼの書』*Das Buch genannt der Seuse*（アウグスブルク, 1482）　113, 139, 145, 152
装飾頭文字（イニシャル）・説話的頭文字 Initials, decorated and historiated　17, 42, 44, 49, 58, 70, 80, 112-13, 141-42, 144-45, 148, 198, 205-07, 217, 258, 290
装丁（製本）bindings　29, 41-42, 209, 222-23, 250, 356 KP の個々の刊本の装丁については,「KP 刊本リスト・解題」を参照。
草木書 Herbals　74, 105
『俗語のテルツァ・リーマによる四つの王国』*Quatriregio in terza rima volgare*（フィレンツェ, 1508）　115-16
『俗世厭離の書簡』*Epistola de Contemptu mundi*（サヴォナローラ著, KP, 1894）　341
『ソネットと抒情詩』*Sonnets and Lyrical Poems*（ロセッティ著, KP, 1894）　239, 345
ソポクレス Sophocles（c.496 - c. 406B.C.; ギリシアの悲劇作者）　266
ゾルク Anton Sorg（fl.1475-93; 印刷者, アウグスブルク）　112-13, 138-39, 145, 152, 284
ソールズベリー大聖堂 Salisbury Cathedral　87
『ソールズベリー本』*The Salisbury Book*　278
『ソロモンの歌』*Song of Solomon*（中世木版刷本）　103-04, 109

タ　行

大英図書館 British Library　36, 272, 276-78, 285, 291
大英博物館 British Museum　63, 76, 207, 215, 272, 278, 283, 289, 293
題扉 title-pages　27, 42, 200, 206, 233 KP の個々の刊本の題扉については「KP 刊本リスト・解題」を参照。
『タイポグラフィ論』（ギル）*Essay on Typography*（1936）　30
ダヴズ製本工房 Doves Bindery（コブデン＝サンダースンが 1893 年にハマスミスに設立）　41-42, 337
ダヴズ・プレス Doves Press（コブデン＝サンダースンとエマリー・ウォーカーが 1900 年にハマスミスに設立した私家版印刷工房）　42, 289
タスカー L. Tasker（KP の印刷職人）　244
ターニー社 Turney, & Co.（KP にヴェラムを供給）　209
ダフティ A. R. Dufty　273
ダーラム福音書 Durham Gospels　278
ダンテ Dante Alighieri（1265 - 1321）　267, 295
『ダンテ著作集』*Tutte le opere di Dante Alighieri Fiorentino*（ア

University of Texas
『人類救済の鏡』*Speculum humanae salvationis*（アウグスブルク，1473） 104, 138, 142, 150-51
『人類救済の鏡』*Speculum humanae salvationis*（バーゼル，1476） 105
スヴァインハイム Conradus Sweynheym（fl.1465-77；ローマとスビアーコで活動した印刷者） 39, 159-60, 205, 232
スウィンバーン Algernon Swinburne（1837-1909；詩人） 239, 343
数字の字体 165-66, 285
スキート W. W. Skeat（1835-1912；言語学者・中世英文学者） 289, 334, 336, 341
スコット Walter Scott（1771-1832；物語作者） 269, 297, 326
スコット Gilbert Scott（1811-78；建築家） 279
スタナス Hugh H. Stannus（1840-1908；建築家・著述家） 126
スティーヴンズ Henry Stevens（1819-1886；アメリカの書誌学者） 27, 275
ステッド W. T. Stead（1849-1912；ジャーナリスト） 293
ストリート George Edmund Street（1824-1881；モリスが入門したゴシック・リヴァイヴァルの建築家） 256
スパーリング H. Halliday Sparling（1860-1924；モリスの追随者・娘婿） 45, 241, 244, 276, 288, 326, 348, 351-52
スビアーコ Subiaco（ローマの東方の町，パナルツとスヴァインハイムの印刷地） 37
スピーラのヴィンデリヌス Vindelinus de Spira（fl.1469-77；ヴェネツィアの印刷者） 57, 160
スピーラのヨハネス Johannes de Spira（d.1469；ヴェネツィアの印刷者） 160
スピールマイアー W. Spielmeyer（木版彫板師） 207, 336, 339
『全ての王と皇帝の書』*Chronica von allen Königen und Kaiseren*（『シュヴァーベン年代記』，ウルム，1486） 112, 141, 152-53
スペンサー Edmund Spenser（c.1552-99；詩人） 207, 333
聖史劇 Mystery Plays（聖書を題材にした中世民衆演劇） 62
聖書 Bibles 76-77, 138, 144, 158-59, 172, 178, 265, 278, 284, 326, 341
『聖処女マリア讃歌』*Laudes Beatae Mariae Virginis*（KP, 1896） 334
『聖体大全』*Summa de sacramento eucharistae*（ウルム，1474） 142
『聖地巡礼』*Peregrinato in terram sanctam*（マインツ，1486） 105, 155
『聖務論』*Rationale divinorum officiorum*（デュランドゥス著，ウルム，1473-1475） 141
『新世界周遊旅行』（デフォー）*A New Voyage round the World*（1724） 269
『船長シングルトン』（デフォー）

シャッケル・エドワーズ社 Shackell, Edwards & C.（ロンドンのインク製造会社） 356-57
『ジャック大佐』（デフォー） *Colonel Jack*（1722） 269
『シャー・ナーメ（王書）』 *Shahnameh*（中世イランの民族叙事詩） 265, 294
写本 manuscripts
アイルランド写本 64-65, 68-69, 101
アングロ・サクソン写本 65, 70
カロリング朝写本 69-70
中世写本 55-65, 67-80, 101, 158-60
ビザンチン写本 64-65, 68-70
『ジャーム』 *The Germ*（ラファエル前派の機関誌, 14号, 1850） 338
シャルル, ブルゴーニュ勇胆公 Charles the Bold (Charles le Téméraire), Duke of Burgundy (1433-77) 106
ジャンソン Nicolaus Jenson（c. 1420-1480；ヴェネツィアの印刷者） 28, 33, 35-36, 46, 57, 99, 160-61, 165-66, 172, 176, 179, 188, 202, 204, 213, 223, 235, 246-47, 288
『シュヴァーベン年代記』→『全ての王と皇帝の書』
『十五世紀ドイツ木版画集』 *Some German Woodcuts of the Fifteenth Century*（KP, 1897） 83, 91, 207, 283, 292, 330
シュタインヘーヴェル Heinrich Steinhöwel（1412-c.1482；ドイツの翻訳家・著述家） 142
修復 restoration 80, 92, 279-80
壽岳文章（1900-91；英文学者） 287-88
シュッスラー Johann Schüssler（fl. 1470-73；印刷者, アウグスブルク） 162, 172
シュトラスブルク Strassburg 105, 159-60, 189, 284
『主の祈り』 *Lord's Prayer*（中世木版刷本） 104
シュパイアーのヨハーン → スピーラのヨハネス
シュプレンガー Jacob Sprenger (fl.1476-1500；ケルンのドミニコ会宗教裁判官） 83, 139
『書簡と福音書』 *Epistolae et Evangelia*（アウグスブルク, 1474） 140
『初期イタリア詩人たち』 *The Early Italian Poets*（ロセッティ訳, 1861） 295
書誌学協会 Bibliographical Society 285
書物の大きさ 180-82, 251
ジョンソン A. F. Johnson 273
シラー Johann Christoph Friedrich von Schiller（1759-1805；ドイツの詩人・劇作家） 262, 293
『人生の鏡』 *Speculum vitae humanae*（アウグスブルク, 1471） 109, 283-84
『人生の鏡』 *Spiegel des menschlichen Lebens*（アウグスブルク, 1475-78） 110-11, 139-40, 144, 146, 149-50
人文科学研究センター, テキサス大学 Humanities Research Center,

は「KP刊本リスト・解題」を参照。
サッカリー William Thackeray (1811-63；小説家) 117, 282, 297
サックス J. Sachs 127
ザックス Hans Sachs (1494-1576；ドイツの詩人) 268
『サー・デグレヴァント』*Sire Degrevant* (中世ロマンス, KP, 1897) 253, 296, 331
『サー・パーシヴァル』→『ウェールズのサー・パーシヴァル』
ザモレンシス Rodericus Zamorensis 110, 140
シェイクスピア William Shakespeare (1564-1616) 240, 268, 291, 296, 350
『シェイクスピア詩集』*The Poems of William Shakespeare* (KP, 1893) 350
ジェイコブズ Joseph Jacobs, (1854-1916；文学研究者) 345
シェッファー Peter Schoeffer (fl. 1449-1502；印刷者, マインツ) 79, 159, 172, 178, 189, 204, 215
ジェフリー社 Messrs. Jeffrey & Co. (モリス商会の壁紙をプリント) 39
シェリー Percy Bysshe Shelley (1792-1822；詩人) 269, 331, 338, 342
『シェリー詩集』*The Poetical Works of Perch Bysshe Shelley* (KP, 1894-5) 342
シェーンスペルガー Johann Schönsperger (fl.1481-1524；印刷者, アウグスブルク) 138
字間の空き letter-spacing 173-74, 190
シーザー (カエサル) Julius Caesar (100-44 B. C.) 90, 92
『四旬節』*Quadragesimale* (ウルム, 1475) 283
『自然の書』*Buch der Natur* (アウグスブルク, 1475) 139, 152
シーダム (スヒーダム) Schiedam (ロッテルダムの西方の町) 106
時禱書 Book of Hours 79, 98, 113-14, 258, 279, 341
『死の舞踏』(『図解され物語られた死の諸相』) *Les simulachres et Historié es faces de la mort* (リヨン, 1538) 109
『至福の真なる財宝の蔵』(『宝庫』) *Schatzbehalter der wahren Reichtümer des Heils* (ニュールンベルク, 1491) 98, 112
『ジプシー紳士』(ボロー) *Romany Rye* (1857) 270
詩篇書 Psalters 60-61, 63, 72-76, 99, 277-78, 326, 334
『シモンと呼ばれたる至福の子の物語と伝説』*Geschichte und Legende von dem seligen Kind gennant Simon* (アウグスブルク, c.1475) 139, 147, 150
ジャイルズ Giles (KPの印刷職人) 203
社会民主連盟 Social Democratic Federation (モリスが属した社会主義運動団体) 22
ジャコービ Charles T. Jacobi (1853-1933；印刷者, チジック・プレス経営者) 28-29, 40, 174

（モリスが1877年に発足） 280, 290
『ゴシックの本質』 *The Nature of Gothic*（ラスキン著，KP，1892） 13, 209, 214, 238-39, 297, 354 『ヴェネツィアの石』の項も参照。
コスター Lourens Coster（15世紀にハールレムで印刷術を発明したと伝えられる） 215
コッカレル Sir Sydney Cockerell（1867-1962；モリスとKPの秘書） 10, 21, 29, 36, 39, 41, 47, 52, 191, 195-210, 242, 244, 251, 261, 271-76, 281, 283, 285, 287, 289
コッカレル Douglas Cockerell（1870-1945；装丁家，シドニーの弟） 41
『ゴドフロワ・ド・ブイヨンの物語』 *The History of Godefrey of Boloyne*（KP,1893） 42, 225, 239, 348
『古美術研究』 *Antiquary* 14
コブデン＝サンダースン Thomas J. Cobden-Sanderson（1840-1922；装丁家・印刷者，ダヴズ・プレスの共同設立者） 18, 23, 41, 94-95, 250, 276, 280
コーベルガー Koberger, Anton（c. 1445-1513；印刷者，ニュールンベルク） 98, 112, 204, 246
コマン Vincent Commin 107
『コモンウィール』 *The Commonweal*（モリスが所属した社会主義同盟の機関紙，1885-94） 223, 290, 340, 350, 353
コリンズ F. Collins（KPの印刷職人） 244
コリンズ W. Collins（KPの印刷職人） 216, 244
ゴールデン・タイプ Golden type（モリスがKP用にデザインした「イングリッシュ〔14ポイント〕」大のローマン字体活字） 26, 33-38, 47, 187, 202, 204-05, 236, 246, 257, 261, 286, 289, 357 KPの個々の刊本での使用については「KP刊本リスト・解題」を参照。
『コンスタンツ公会議』 *Concilium zu Constanz*（アウグスブルク，1483） 139, 152
コンスタンティノープル → ビザンティウム
『コーンヒル・マガジン』 *Cornhill Magazine*（月刊誌，1860-1939） 117, 282

サ 行

『サー・イザンブラス』 *Syr Isambrace*（中世英語韻文ロマンス，KP，1897） 296, 330
「サガ双書」 "Saga Library"（モリス，マグヌソン共訳，6巻，クォリッチ社，1891-1906） 203, 294
サザビーズ Sotherby's（古書・古美術競売商） 39, 296, 298
挿絵（イラストレイション）と装飾（デコレイション），印刷本への illustration & decoration of printed books 28-29, 32, 37, 43, 81-156, 170, 182, 184, 192-93, 196-99, 205-07, 225, 229, 231, 239, 247-48, 252-53, 259, 277-84 KPの個々の刊本の挿絵と装飾について

1863) and Wilhelm Grimm (1786-1859)（ドイツの言語学者・民間伝承研究家） 265, 270, 297
『クレア詩篇』*Clare Psalter* 72-73, 75
クレイン Walter Crane (1845-1915, 挿絵画家） 35, 118, 128, 206, 239, 282, 344
グレシャム・スティーム・プレス Gresham Steam Press（アンウィン兄弟が経営した印刷所） 15
グロピウス Walter Gropius (1883-1963；美術工芸学校バウハウスを組織したドイツの建築家） 12
グンラウグのサガ（「蛇の舌のグンラウグ」） Gunnlaug Saga ("Gunnlaug the Wormtongue") 200
芸術協会 Society of Arts 27, 280
ケイリー Melbert B. Cary Jr. 277
ケスラー伯 Count Harry Kessler (1913年にワイマールにクラナッハ・プレスを設立） 18
『決断の騎士』*Le Chevalier délibéré*（パリ，1488；シーダム，1500） 106, 114
ゲーテ Goethe (1749-1832) 269
ゲーリング Ulrich Gering (c.1440-1510；印刷者，パリ） 160
『ケルズの書』*The Book of Kells*（アイルランド装飾文字による8世紀頃の4福音書の写本） 278
ケルムスコット・ハウス Kelmscott House（ロンドン，ハマスミスのモリスの住居） 10, 20, 24, 39, 193, 211-12, 220, 227-28, 242, 285-98
ケルムスコット・プレス Kelmscott Press 13, 21, 24, 27, 29, 31-50, 83, 91, 183, 185-262, 282-83, 287-92, 325-57
「ケルムスコット・プレス小史」（シドニー・コッカレル） "A Short History and Description of the Kelmscott Press" (1898) 52, 195-210, 288
ケルムスコット・マナー Kelmscott Manor（オックスフォード州テムズ河上流川辺のモリスの別荘） 223, 228, 291, 349
ケルン Cologne 92, 162
ケンタウロス・タイプ Centaur type（ブルース・ロジャーズが1929年にデザインした活字体） 35
ケンブリッジ大学出版局 Cambridge University Press
『恋する二人グィスカルドゥスとジギスムンダについて』*De duobus amantibus Guiscardo et Sigismunda*（ウルム，c.1478-77） 139, 152
コウルリッジ Samuel Taylor Coleridge (1772-1834；詩人） 240, 269, 338
『コウルリッジ詩選』*Poems Chosen out of the Works of Samuel Taylor Coleridge* (KP, 1893) 240
語間の空き word-spacing 18, 22, 43-44, 166-67, 170, 174, 190
古建築物保護協会 Society for the Protection of Ancient Buildings

207, 336, 351
キーツ John Keats（1795-1821；詩人） 269, 338
『キーツ詩集』*The Poems of John Keats*（KP, 1894） 344
『狐のルナールの物語』*The History of Reynard the Foxe*（KP, 1893） 224, 239, 268, 298, 351
キャヴェンディッシュ George Cavendish（c.1500-c.61；イギリスの伝記作者） 349
キャクストン William Caxton（c.1422-91；印刷者，ブリュッへ，ケルンおよびロンドンのウェストミンスターで活動） 14-16, 45, 106, 162, 215, 224, 229, 236, 239, 296, 348-49, 351-53
キャクストン活字 Caxton types 162, 177, 201
キャクストン展 Caxton Exhibition 14
ギャスキン A. J. Gaskin（1862-1928；バーミンガム出身の挿絵画家） 207, 239, 247, 290, 333, 337
キャズロン William Caslon（1692-1766；イギリスの活字鋳造者） 21, 163, 247, 288
キャズロン・タイプ Caslon type 14-15, 21, 32-33, 163-65, 176-77, 198, 246, 292
キャタースン＝スミス Robert Catterson-Smith（1853-1938；デザイナー） 206-07, 327, 332
キャンプフィールド G. F. Campfield（モリス商会の職人頭） 198, 207
『教会の嘆きについて』*De planctu ecclesiae*（ウルム，1474） 141
『キリスト伝』Vita Christi（アントヴェルペン，1487） 85, 113
ギル Eric Gill（1882-1940；批評家・活字デザイナー）
ギレルムス，テュロスの大司教 Guilelmus, Archbishop of Tyre（c.1130-85） 348
『クィーン・メアリー詩篇』*Queen Mary's Psalter* 63, 76, 227
クォリッチ Bernard Quaritch（1819-99；古書籍商） 39, 72, 217, 259-60, 339, 348-49, 348
『クースタンス王と異国の物語』*The Tale of King Coustans and of Over Sea*（中世フランス韻文ロマンスのモリス訳，KP, 1894） 343
グーテンベルク Johann Gutenberg（c.1425-1468；マインツの印刷者） 79, 99, 158, 215, 232
クノブロッホツァー Heinrich Knoblochtzer（fl.1478-1500；ハイデルベルクとシュトラスブルクで活動した印刷者） 284
クラーク社 T. & T. Clark（スコットランドの印刷所） 247
『グラフィック』*The Graphic*（挿絵入り週刊紙，1869-1932） 129
クランヴォー Sir Thomas Clanvowe（fl.1394-1404；詩人） 334
『グリセルダの物語』*Historia Griseldis*（ペトラルカ作，ウルム，1473） 137, 142
グリッチ Johannes Gritsch（fl.1430；『四旬節』の作者） 283
グリム兄弟 Jakob Grimm（1785-

292
オクスフォード運動 Oxford movement（19 世紀中葉の英国の教会改革運動） 256
『男と女』（ブラウニング） *Men and Women*（1855） 26
『男は妻帯すべきか否か』 *Ob einem Mann sei zu nehmen ein ehelich Weib oder nicht*（アウグスブルク，c.1473） 144
『オマル・ハイヤームのルバイヤート』 *The Rubâiyât of Omar Khayyâm*（中世ペルシアの詩のフィッツジェラルド訳，1859） 198, 267, 295, 326
オーラーヴ・トリュグヴァソン Olaf Tryggvason（969-1000；ノルウェイ王） 267, 294
オールド・スタイル活字体 Old Style type 14-15, 21, 25, 28, 164, 176

カ 行

『悔罪詩篇』 *Psalmi Penitentiales*（KP, 1894） 239, 341
『カウルシン』 *Caoursin* → 『エルサレム軍の擁護』
カスタルディ Pamfilo Castaldi（1398-c.1490；イタリアの詩人・人文主義者。印刷術の創始者と思われていたことがある） 215
カーズン Robert Curzon（1810-73；外交官） 32
活字デザイン type-design 14-15, 20, 22-23, 33-39, 43, 119-20, 125, 158-66, 172-78, 188-92, 202-05, 213-14, 223-24, 231-36, 257, 285-86, 288
カトゥルス Catullus（c.84-c.54；ローマの抒情詩人） 266, 294
カーペンター Carpenter（KP の印刷職人） 244
紙 22, 27, 29, 39, 41, 68, 119, 132-33, 169, 174, 181, 186, 188, 202, 208-09, 222-23, 227, 232, 237, 250, 357
『神の国』（アウグスティヌス） *De civitate Dei*（スビアーコ，1467） 39, 205
カムデン協会 Camden Society（上代英国の文献刊行のため 1838 年創立） 328, 340
カラー印刷 color printing 29, 99
カーライル Thomas Carlyle（1795-1881；評論家） 270, 297
カリグラフィ（能書法） calligraphy 29, 64, 68-69, 78, 101, 159, 186
『カリュドンのアタランタ』 *Atalanta in Calydon*（スウィンバーン著，KP, 1894） 239, 343
『カレワラ』 Kalevala（フィンランドの民族叙事詩） 265
『宦官』 Eunuchus（テレンティウス著，ウルム，1486） 112, 141, 153-54
カンスタブル社 Constable & Company（スコットランドの印刷所） 247, 291
ギア Charles M. Gere（1869-1957；バーミンガム出身の挿絵画家） 12, 206, 272, 349-50
『騎士道』 *The Order of Chivalry*（KP, 1892） 208, 349
キーツ C. E. Keates（木版彫板師）

24, 26, 28-29, 33-35, 39-40, 48-49, 52, 200-01, 221, 231, 244, 248, 273-74, 277, 280, 285, 289, 333, 336, 343
ウォーカー Fred Walker（1840-75；挿絵画家） 117, 120, 130, 282
ウォーカー・アンド・バウトゥル社 Walker & Boutall（写真製版会社） 201, 221, 325-26, 333
ウォーターズ Bill Waters 276
ウォード Sydney Ward 276
ウォードル George Y. Wardle（モリス商会のマネージャー） 198, 276
ウォルポール Horace Walpole（1717-97；著述家） 16, 58, 277
『宇宙誌』（プトレマイオス） *Cosmographia*（ウルム，1482） 141-42, 178
ウーリー・ホエイル印刷所 Press of the Wooly Whale 277
ウルム Ulm 105, 109, 112, 135-56, 162, 178, 281, 284
エウリピデス Euripides（c.484-406B.C.；ギリシアの悲劇作者） 294
エクセター・コレッジ Exeter College（オックスフォード大学のモリスの母校） 256
エクセター本 Exeter Book（10世紀の古英語写本） 295
エセックス・ハウス・プレス Essex House Press（アシュビーが創設した私家版印刷工房，1898-1910） 47
『エッダ』Edda（古ノルド語による北欧神話・伝説の詩集およびスノリによる散文の解説書） 265, 294
エディンバラ Edinburgh 164
エデルハイム Carl Edelheim 287
エリス Phyllis Ellis（F. S. エリスの娘） 352
エリス Frederick S. Ellis（1830-1901；書籍商，出版者，編集者） 33, 44, 126, 225, 236, 240, 276
エリス・アンド・エルヴィ社 Ellis & Elvey（ロンドンの出版社） 345
『エルサレム軍の援護』 *Stabilimenta militum Hierosolymitanorum*（ウルム，1496） 142, 155
エルゼヴィール家 Elzevier family（16〜18世紀オランダの印刷・出版業者） 163, 176
エンデヴァー・タイプ Endeavour type（アシュビーがエセックス・ハウス・プレス用にデザインした活字体） 47
オウィディウス Ovidius（43B.C.-18A.D.；ローマの詩人） 266
大型版 large-paper editions 41, 180, 200, 231
『黄金伝説』 *The Golden Legend*（KP，1892） 39, 42, 202, 206, 208-10, 217, 224, 236, 238-39, 353『黄金の劇』の項も参照。
『黄金の劇』 *Das goldene Spiel*（アウグスブルク，1472） 91, 138, 150-52, 283『黄金伝説』の項も参照。
『往生術』 *Ars moriendi*（中世の木版刷本） 103, 104, 109
オクスフォード・ユニオン Oxford Union（大学学生会館） 9, 256,

アントヴェルペン（アントワープ）Antwerp　85, 106, 281
イェーネッケ兄弟社 Gebrüder Jänecke（ハノーヴァーのインク製造業者）　209, 357
イートリー R. Eatley（KP の印刷職人）　244
『イソップの生涯と寓話』*Aesopus Vita et Fabulae*（アウグスブルク，c.1480）　112, 139, 146 - 47, 149, 152, 284
『イソップの寓話と生涯』*Fabulae et Vita Aesopi*（アントヴェルペン，1486）　281
『古の書物からとられた古風な挿絵千点』（トゥアー）*1,000 Quaint Cuts from Books of Other Days*（1886）　15
イミッジ Selwyn　Image（1849 - 1930；デザイナー）　343
イーリー大聖堂 Ely Cathedral　88
インク　18, 27, 40-41, 209, 237, 356-57
『イングリッシュ・イラストレイテッド・マガジン』*English Illustrated Magazine*（月刊，1883 - 1913）　227, 290, 355
印刷用紙 → 紙
インテル → レディング
ヴァランス Aymer Vallance（1892 -1943；デザイナー）　347
ヴィチェンティーノ→ アリーギ
『ウィラビー卿夫人の日記』*The Diary of Lady Willoughby*（チジック・プレス，1844）　164
ウィリアム・オヴ・マームズベリ William of Malmesbury（c.1095 -c.1143；イギリスの年代記作者）267, 294
ウィンキン・ド・ウォード Wynkyn de Worde（d.1535；ロンドンで活動した印刷者）　162, 177, 352
ウィンデリン → スピーラのヴィンデリヌス
ウェイ・アンド・ウィリアムズ社 Way and Williams（シカゴの出版社）　338
ヴェシー男爵一世ウィリアム William, 1st Baron de Vescy　75
『ウェストミンスター・ガゼット』*Westminster Gazette*（ロンドンの夕刊紙，1893-1928）　174, 285
ウェッブ Matthew Webb　126, 130
ヴェネツィア Venice　80, 99, 108, 116, 160-61, 176, 188, 202, 213-14, 223-24, 235
『ヴェネツィアの石』（ラスキン）*The Stones of Venice*（1851-3）13, 214, 297, 354『ゴシックの本質』の項も参照。
ヴェラム vellum（仔牛皮紙）　41, 70, 74, 114, 201, 209, 223, 237, 252, 254, 291, 355 - 56 KP の個々の刊本でのヴェラムの使用については「KP 刊本リスト・解題」を参照。
ウェルギリウス Virgil（70-19B.C.；ローマの詩人）　266, 294, 333
『ウェールズのサー・パーシヴァル』*Syr Perecyvelle of Gales*（中世英語韻文ロマンス，KP，1895）240, 253, 296, 340
ウォーカー Sir　Emery　Walker（1851-1933；KP の協力者）　18-

索引

（＊略記号の c. は推定年号, d. は没年, fl. は活動期 を示す。
また、KP とあるのはケルムスコット・プレスの略）

ア 行

アイスキュロス Aeschylus（525-456B.C.；ギリシアの悲劇作者） 266, 343
アイスランド・サガ Icelandic Sagas 266, 294, 329
アイルランド Ireland 64-65, 68-69, 86, 101, 265
アウグスティヌス Augustinus（354-430；キリスト教教父） 204
アウグスブルク Augsburg 83, 91, 105, 109-10, 112-13, 135-56, 160, 162, 189, 204, 224, 281, 283-84
『アーサー王の死』（マロリー）*Le Morte D'Arthur* 106, 268, 296, 326
アシェンディーン・プレス Ashendene Press（ホーンビーが創設した私家版印刷工房，1895-1935） 39, 50
アシュビー C. R. Ashbee（1863-1942；建築家，デザイナー） 47
アセルスタン Athelstan（895-940；英国王） 65
アーツ・アンド・クラフツ展覧会協会 Arts and Crafts Exhibition Society 18, 21-22, 28, 158, 200, 231-32, 257, 285, 346
『アーツ・アンド・クラフツ論集』*Arts and Crafts Essays*（1893） 22, 285
アップダイク Daniel Berkeley Updike（1860-1941；アメリカの活字デザイナー） 286
アート・ワーカーズ・ギルド Art-Workers' Guild 28, 281
『アミとアミールの友情』*Of the Friendship of Amis and Amile*（中世フランスのロマンス，モリス訳, KP, 1894） 344
『アランデル詩篇』Arundel Psalter 76, 278
アリーギ Ludovico degli Arrighi（d.1527, カリグラファー） 20
アリストパネス Aristophanes（c. 445-c.385B.C.；ギリシアの喜劇作者） 266
アルヴァルス → ペラギウス
アルドゥス → マヌティウス
アルベルトゥス・マグヌス Saint Albertus Magnus（1193/1206—80；ドイツのスコラ哲学者） 142
アレティーノ → ブルヌス・アレティヌス
アンウィン，フィリップ Philip Unwin 273
アンウィン兄弟社 Unwin Brothers（印刷会社） 14-15
『アングロ・サクソン年代記』*The Anglo-Saxon Chronicle*（古英語で書かれたイギリス年代記） 267

本書は一九九二年一一月二五日に晶文社より刊行された。

空間の経験　イーフー・トゥアン　山本浩訳

人間にとって空間と場所とは何か？　それはどんな経験なのか？　基本的なモチーフを提示する空間論の必読図書。（A・ベルク／小松和彦）

個人空間の誕生　イーフー・トゥアン　阿部一訳

広間での雑居から個室住まいへ。回し食いから個々人用食器の成立へ。多様なかたちで起こった「空間の分節化」を通覧し、近代人の意識の発生をみる。

自然の家　フランク・ロイド・ライト　富岡義人訳

いかにして人間の住まいと自然は調和をとりうるか。建築家F・L・ライトの思想と美学が凝縮された名著を新訳。最新知見をもりこんだ解説付。

マルセイユのユニテ・ダビタシオン　ル・コルビュジエ　山名善之／戸田穣訳

近代建築の巨匠による集合住宅ユニテ・ダビタシオン。そこには住宅から都市まで、ル・コルビュジエの思想が集約されていた。充実の解説付。

都市への権利　アンリ・ルフェーヴル　森本和夫訳

都市現実は我々利用者のためにある！――産業化社会に抗するシチュアシオニスム運動の中、人間の主体性に基づく都市を提唱する。（南後由和）

場所の現象学　エドワード・レルフ　高野岳彦／阿部隆／石山美也子訳

〈没場所性〉が支配する現代において〈場所のセンス再生の可能性〉はあるのか。空間創出行為を実践的に理解しようとする社会的場所論の決定版。

シュルレアリスムとは何か　巖谷國士

20世紀初頭に現れたシュルレアリスム――美術・文学を縦横にへめぐりつつ「自動筆記」「メルヘン」「ユートピア」をテーマに自在に語る入門書。

マタイ受難曲　礒山雅

罪・死・救済を巡る人間ドラマを圧倒的なスケールで描いたバッハの傑作。テキストと音楽の両面から、秘められたメッセージを読み解く記念碑的名著。

バロック音楽　礒山雅

バロック音楽作品の多様性と作曲家達の試行錯誤。バッハ研究の第一人者が、当時の文化思想的背景も踏まえ、その豊かな意味に光を当てる。（寺西肇）

ちくま学芸文庫

理《り》想《そう》の書物《しょもつ》

二〇〇六年二月十日　第一刷発行
二〇二三年十二月十五日　第三刷発行

著　者　ウィリアム・モリス
編　者　ウィリアム・S・ピータースン
訳　者　川端康雄（かわばた・やすお）
発行者　喜入冬子
発行所　株式会社　筑摩書房
東京都台東区蔵前二―五―三　〒一一一―八七五五
電話番号　〇三―五六八七―二六〇一（代表）
装幀者　安野光雅
印刷所　株式会社精興社
製本所　株式会社積信堂

ISBN4-480-08964-0 C0100